河南财政税务高等学校出版基金首批资助项目

从规范到跨越

——中国期货市场功能发挥研究

高 勇 著

经 济 科 学 出 版 社

图书在版编目（CIP）数据

从规范到跨越：中国期货市场功能发挥研究/高勇著．
—北京：经济科学出版社，2015.2
ISBN 978 - 7 - 5141 - 5457 - 3

Ⅰ.①从…　Ⅱ.①高…　Ⅲ.①期货市场 - 研究 -
中国　Ⅳ.①F832.5

中国版本图书馆 CIP 数据核字（2015）第 032418 号

责任编辑：王长廷　袁　澈
责任校对：杨　海
版式设计：齐　杰
责任印制：邱　天

从规范到跨越
——中国期货市场功能发挥研究
高　勇　著

经济科学出版社出版、发行　新华书店经销
社址：北京市海淀区阜成路甲 28 号　邮编：100142
总编部电话：010 - 88191217　发行部电话：010 - 88191522
网址：www. esp. com. cn
电子邮件：esp@ esp. com. cn
天猫网店：经济科学出版社旗舰店
网址：http：//jjkxcbs. tmall. com
北京密兴印刷厂印装
710×1000　16 开　16.25 印张　280000 字
2015 年 2 月第 1 版　2015 年 2 月第 1 次印刷
ISBN 978 - 7 - 5141 - 5457 - 3　定价：56.00 元
（图书出现印装问题，本社负责调换。电话：010 - 88191502）
（版权所有　侵权必究　举报电话：010 - 88191586
电子邮箱：dbts@ esp. com. cn）

序

    本书作者是我的博士研究生，他诚恳为人，踏实做事，坚持将他的研究视角和时代保持一致，他将期货等衍生品作为他的研究兴趣，并且始终守一，坚持不懈。本书的主要内容就来自于他在博士和博士后研究阶段的成果。

    博士期间，恰逢中国期货市场从规范发展阶段进入持续增长阶段，他敏锐地发现了这一阶段最有意义的选题——期货加工企业的套期保值问题，并探索出这一问题的解决方案。博士后研究期间，他基于中国期货市场的实际，对新的发展阶段如何实现期货市场的跨越式发展进行研究，即"中国期货市场功能发挥及其影响因素研究"一文，这一研究得到中国证监会的关注，就因为此项研究，他入选"中国证监会十二五规划期货功能评估课题组"，这项研究还得到了中国博士后基金的资助。

    据我所知，这是在为数不多的关于中国期货市场的研究中，最有价值的、最贴近现实、最具有实用性的有深度的研究之一。

    2014 年即将过去，恰在前不久，我非常高兴地看到中国股市的日交易金额突破美国跃居世界第一，为中国资本市场的迅猛发展而惊叹，刚好得知这两个有价值的研究即将成书，甚为欣慰。承蒙作者盛情，邀我作序，我自知在这两个研究中没有作者认识深刻，同时也深知这两项研究的价值，读过本书，发现其中不乏真知灼见。我欣然提笔，也算是为我国期货市场的跨越式发展尽一点微薄之力。

2014 年 12 月

前　言

从新中国开始酝酿发展期货市场开始，我国期货市场经历了理论研究与政策准备阶段（20 世纪 80 年代中后期）、初始发展阶段（1990 ~ 1993 年）、治理整顿与结构调整阶段（1994 ~ 1998 年）、规范发展阶段（1999 ~ 2002 年）、持续快速增长阶段（2003 ~ 2009 年）、跨越式精细发展阶段（2010 年以来）六个阶段。

本书的两项研究分析了上述中国期货市场发展历程中的两个阶段，博士时期研究了从规范发展阶段到持续增长阶段的中国期货市场，博士后时期研究了从持续增长阶段到跨越式精细发展阶段的中国期货市场，具有很强的连续性。这两项研究放在一起，也展现了我的成长过程，本书即命名为"从规范到跨越——中国期货市场功能发挥研究"。

也愿我能够不断地实现人生的跨越，以此自勉，是为前言！

作者
2014 年 12 月

目　　录

研究一 基于中国期货市场的加工企业套期保值策略研究

研究二　中国期货市场功能发挥及其影响因素研究

第1章

绪　　论

本章首先对两个研究的背景①进行描述，提出问题，并阐明研究意义、目标及关键问题；其次对相关概念进行界定，并对相关问题加以说明；最后对本书的结构安排和主要创新点进行说明。

1.1　研究一的背景、问题提出、意义、目标及关键问题

1.1.1　背景

经济一体化浪潮席卷全球，我国企业与国际的融合进一步加深，商品的市场价格受国际的影响也越来越大，呈现出剧烈的波动态势，我国企业时时面临巨大的价格风险，迫切需要参与期货交易以规避价格风险。相关企业如果不懂期货市场规律，不能及时采取有效的规避市场风险的手段将会造成巨大亏损，甚至对整个行业的生存造成灾难性的损失。2004 年的"大豆风波"② 就是一个典型的

---

①　因为本书是笔者博士和博士后阶段两个研究的合集，所以此处描述为"两个研究的研究背景……"，博士阶段的研究题目为"基于中国期货市场的加工企业套期保值策略研究"，博士后阶段的研究项目为"中国期货市场功能发挥及其影响因素研究"，为叙述方便，本章以下分别以"研究一"和"研究二"作为这两项研究的简称。

②　2003 年 8 月~2004 年 8 月，在美国大豆上市前后，作为国际大豆贸易定价基准的美国芝加哥期货交易所（CBOT）的大豆期货价格发生剧烈波动，导致大量中国大豆加工企业高位采购，但没有做相应的套期保值对冲风险。在随后的一个月，大豆价格跌至 3 100 元/吨，致使中国油厂每 1 吨进口大豆亏损达 500~600 元。中国绝大多数企业由此被送上绝路。并在随后的价格回落过程中因无力支付货款或高成本带来的巨额亏损而陷入危机。据了解，许多国内大豆加工企业在 4 000 元/吨的最高价格区间购买进口大豆，此后，大豆价格骤降，每生产 1 吨豆油就会亏损 500~600 元，有数据称，国内压榨企业 70% 停产，进口合同违约，造成了中国的"大豆危机"。据悉，还有一些企业如榨油业采购海外原材料，频频遭遇期货价格波动拉动现货价格上涨，因为成本大幅提高蒙受灾难性打击。

例子：

第二次大豆风波滞后杀伤力显现

改革开放以来，我国经济快速发展，人民生活水平不断提高，对植物油和肉、蛋、奶的需求日益增长，从而推动和促进了大豆压榨业的快速发展，尤其是想成为东亚大豆压榨中心的冲动和大豆已经提前入世（除了3%的关税、13%的增值税和《转基因管理条例》以外，没有其他类似于配额的人为控制措施）的市场情况，使得我国大豆进口量猛增。目前我国的大豆年进口量已经达到2 000多万吨。是世界第一大进口国，进口量占国际市场贸易量的1/3左右，但与之不相称的是，我国大豆进口企业对国际大豆市场价格的制定没有影响力；同时我国企业无序采购和无序竞争问题严重，避险能力不强，致使从2001年至今，国内先后发生了两次"大豆风波"。尤其最近刚刚发生并正在发展中的这一次，在业内震动颇大。

中国植物油行业协会的有关人士透露，从今年（2004年）5月开始，国内大多数加工企业出现生存困难，大豆加工业经受着一场严峻考验。黑龙江九三油脂有限责任公司市场研究人士用详尽的数据告诉记者，由于进口价高及库存大豆不断贬值，全国90%以上的大豆压榨企业严重亏损，其中至少有半数以上濒临破产倒闭。他预计，今年上半年，我国大豆加工企业光是在大豆高价进口、无力接货而"洗船"（违约退货）方面的损失，可能高达50亿元以上，更不要说加工后的亏损了。业内人士指出，问题的严重性在于，今年以来我国大豆的进口，绝大部分是以每蒲式耳1 000美分左右的高点从美国订购的，到岸价格折合人民币平均达到每吨4 000元以上，还没等入库和加工，其价值立即缩水20%以上。据海关统计，今年前5个月，我国大豆进口量达到839万吨。压榨行业人士分析，根据目前市场大豆、豆油和豆粕的价格，按进口大豆每吨亏损500元计算，全国大豆压榨企业今年上半年进口大豆的亏损总额至少有40多亿元，这还是保守估计。

这次遭受重创的大部分榨油厂商是实力较强的民营企业。东海粮油集团的一位负责人告诉记者，东海粮油的大豆进口和往年一样照常进行。业内分析人士认为，中粮系统的这些公司本身具有国际贸易背景，对国际贸易比较熟悉，他们也在大连和芝加哥市场上做跨市套利和套期保值，现货亏损了，可以在期货市场上赚回；而民营大豆企业，如汇福、华良、华农等，他们通过嘉吉、帮吉等跨国贸易商代理，没有在期货市场做套保，一旦遇到前半年这样的损失，打击就是致命的。一位在油厂做过长期考察的研究人士说："东海粮油的老总就有晚上盯外盘的习惯，而国内的民营油厂老总还停留在排斥期货市场的认识层次上。"

上海汇易咨询公司副总经理金志宏说："大豆作为农产品，在现有的生产条件下，受到自然条件的限制，土地资源、播种面积、降雨情况等自然因素对其产量的影响较大。因此，大豆供给变化的不确定性也就较大，相应的价格波动风险也较大。最近芝加哥期货的价格从最高的 1 000 多点，跌到目前的 500 多点。国内大豆压榨企业经过这一次震荡，大量民营的大豆加工企业将被淘汰出局，而由跨国粮油巨头 ADM 和丰易公司等主导的收购兼并将在大豆加工行业中渐次展开。"

（资料来源：新浪财经，2004 年 11 月 22 日，格林集团）

基于这一背景，中国加快了发展期货市场的步伐，2004 年"国九条"的出台更有力的推动了我国期货市场的发展[121]，期货成交量和成交金额稳步上升（如图 1-1-1）；很多大型企业及机构积极参与期货交易，据中国期货业协会公告，我国现有的期货经营机构上百家，期货经纪公司近 200 家，上市品种由 2000 年的 12 种发展到如今的 20 种，涵盖农林产品、工业品和能源产品三类，期货交易金额自 2003 年突破 10 万亿元大关以后，一直不断攀升；以三大交易所为代表的我国期货市场已经步入了规范发展的道路，国际地位不断提高，上海期货交易所（SHFE）已发展成为世界三大铜定价中心之一，大连商品交易所（DCE）的玉米期货交易量仅次于芝加哥商品交易所（CBOT）位居世界第二。

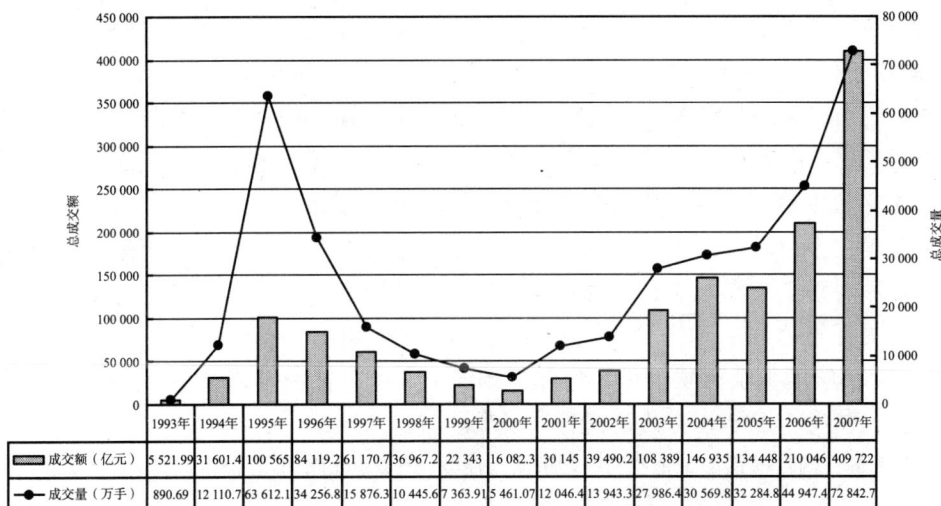

	1993年	1994年	1995年	1996年	1997年	1998年	1999年	2000年	2001年	2002年	2003年	2004年	2005年	2006年	2007年
成交额（亿元）	5 521.99	31 601.4	100 565	84 119.2	61 170.7	36 967.2	22 343	16 082.3	30 145	39 490.2	108 389	146 935	134 448	210 046	409 722
成交量（万手）	890.69	12 110.7	63 612.1	34 256.8	15 876.3	10 445.6	7 363.91	5 461.07	12 046.4	13 943.3	27 986.4	30 569.8	32 284.8	44 947.4	72 842.7

图 1-1-1 中国期货市场历年交易情况统计

资料来源：根据国研网和中国期货业协会统计数据整理而成。

我国期货市场的发展为我国企业参与期货交易创造了较好的条件，然而，与期货市场的快速发展相比，相关企业套期保值实践的状况却不尽如人意，决策方法千差万别，有很多决策仅仅是靠直观的认识，而非基于科学的研究。

案例一：一家金属加工企业"零库存"背后的故事

"期货市场的保证金交易和规范化运作，极大地缓解了企业购销资金紧张的问题，期现的良好结合使我们实现了铜的零库存！"广东精艺金属股份有限公司董事长冯境铭自豪地告诉记者。

该公司是一家集科研、制造、投资为一体的多元化高科技股份制民营企业，主要生产空调与制冷专用无缝铜管，空调用连接管及空调专用各种工艺管。据介绍，该公司从2004年开始利用国内期铜市场进行套期保值，2006年才逐渐参与到国内期铝市场中来。虽然参与期货市场的时间不算很长，但已经实现了采购、销售、库存等方面的套期保值"一条龙"。

说起套期保值，冯境铭自有他独特的一套经验："我们的保值主要分为两大块——宏观保值和微观保值。宏观保值是对仓库整体进行保值，主要是根据企业的库存量以及库存成本来决定保值的数量和策略，当期现货价差大的时候，就全部进行保值，反之，则不保值或者部分保值。微观保值则是根据每日的流动量进行保值。"

在该公司总经理办公室里，挂在墙上的一块大黑板吸引了记者的目光。黑板上面记录着库存数量、库存单价、本月销售价格，近期的铜、铝期货价格，9月份和10月份的销售和采购计划以及上一交易日公司持仓排名。"套期保值是一项系统工程，没有固定的模式，要考虑库存、加工周期、采购和销售模式、结算模式等因素。"冯境铭说，"我们主要根据客户结算价、结算模式和公司的采购模式来确定保值方法。否则，不仅不能保值，还会贬值。"

冯境铭介绍说，以前为了降低成本，公司往往只能在现货市场价格较低时囤积一批原料以备长期耗用，不得不占用大量的流动资金，使本来资金就紧张的企业背上更沉重的利息和仓储费用的重负。然而有了期货市场，通过买入套期保值，仅以5%的保证金便确保了货源，降低了成本，减少了资金占用和原料库存的负担，使得企业零库存的设想得以实现。

（资料来源：摘自《铝加工企业利用期市渐入佳境——珠三角铝下游企业套期保值考察》[94]）

案例二：企业套期保值的保值力度问题

所谓"保值力度"，是指企业参与保值的数量占企业消耗量（对消费企业）或产量（对生产企业）的百分比。保值力度介于0与100之间，零代表"不保"，100 代表"全保"。如果超出 100 以上，就是所谓的"保值过度"。保值过度也是一种投机。

套期保值策略一般分为"牛市套保"与"熊市套保"两种，这是对市场处于"牛市"或是"熊市"的不同状态而做出的不同策略。一般而言，不同企业保值力度的大小，目前主要取决于企业决策层的态度，通常情况下，50% 的力度可以考虑作为一个经常的立足点。当后市发展比较乐观时，可以考虑压缩到 1/3（牛市中）；当后市比较悲观时，可以考虑增大到 80% 乃至更多。

总之，既要考虑企业经营的稳定性，又要考虑企业经营的灵活性。如果是初步参与，可将保值力度控制在 20% ~30%，以便在尝试中逐渐积累经验。

（资料来源：摘自《高铜价下涉铜企业套期保值业务探讨》[101]）

案例三：明确套保目标制订套保方案

制定合理的套保目标是做好套保的前提，目标应尽可能与市场相吻合，否则，可能错过套保时机。确定合理的保值量，是做好套保交易的另一个重要因素。在卖出套保时，当市场处于熊市，价格在套保目标之上则可将全部产量抛出以锁定利润；而当市场处于牛市时，宜进行部分套保，一般保产量的 1/4 ~1/3，这样既可回避市场风险亦可减少失去应得利润的机会，可谓是进退自如。

在明确保值目标后，再来确定具体的操作方案。方案内容包括：保值量、均价、操作策略、止损点、资金运用及风险控制等。在进行套保的同时，交易者可视市场变化情况，抓住机会进行一些风险较小的套利交易，进一步提高套保效果。

（资料来源：摘自《铜加工企业套期保值案例》[106]）

从以上三个案例可以看出：现有实务界对于套期保值需要结合企业面临的市场环境和期货市场的状况这一点上是一致的，但具体如何结合市场环境、期货市场的状况如何判断这些问题没有明确答案，而对套期保值比例的决策则是完全不一致。案例二和案例三讲的都是涉铜企业的套期保值，且都认为结合市场状况分为"熊市套期保值"和"牛市套期保值"，案例二中认为一般应以 50% 为基准进行调整，初次参与套期保值以 20% ~30% 为基准；而案例三中部分套期保值比例为 1/4 ~1/3。

上述案例中"保值力度"和"保值目标"的含义本质上是一样的，它在学术上称为套期保值比率，实质上，对不同的期货市场进行操作的套期保值比率往往不同，用不同的套期保值比率进行操作得到的套期保值效果也有很大差异，如果不对中国期货市场的套期保值进行深入研究，再结合具体的市场状况，仅凭感觉进行套期保值，所得到的套期保值效果就可想而知了。

事实上，利用期货等金融衍生产品进行套期保值以规避其所面临的潜在风险，已成为企业竞争力的一部分，如果不能做到这一点，我国企业必然在国际竞争中败下阵来。因此，结合我国期货市场发展的实际状况，研究相关企业的套期保值策略以帮助企业有效地应对风险、提高企业利用期货市场的套期保值效果，不仅是非常值得深入研究的课题，更是必须做的、迫在眉睫的工作。

1.1.2 问题提出

期货商品相关企业利用期货市场要想取得好的套期保值效果，首先必须明确期货市场的套期保值绩效，进而结合企业生产实际和企业面临的市场环境，采取适当的套期保值策略。以对应商品本身为界，期货商品相关企业可分为生产企业和加工企业，生产企业的生产可控性强，这类企业的套期保值问题比较简单，已经得到了充分的研究，这些套期保值所要考虑的主要问题就是明确期货市场本身的套期保值绩效。相对于生产企业的套期保值而言，期货商品加工企业的套期保值问题更为复杂，对这类企业的套期保值问题研究还比较少见。因此中国期货商品相关企业要想在激烈的国际竞争中取胜，必须对以下问题要有明确的答案：企业赖以利用的中国期货市场的套期保值绩效如何？如果明了期货市场的套期保值绩效，又该如何根据企业所面临的不同市场环境做出合适的套期保值决策？这些问题，至今也没有得到很好的解答。

本研究将对这些问题进行一些研究，概括起来讲，就是研究基于中国期货市场的相关加工企业的套期保值策略问题。

本研究所提问题的研究主要包含两个主要方面：期货市场的套期保值绩效的度量和企业套期保值策略的确定。现有相关的研究也对应包含两个方面：期货商品相关企业的生产和套期保值决策研究，以及期货市场最优套期保值比率与绩效的研究。尽管期货套期保值是所有关于期货研究中研究最多的方向之一，然而从企业套期保值实践角度来看，这一类研究仍然存在很多不足：

首先，对期货商品加工企业的套期保值策略研究较少。现有大部分期货商品相关企业的生产和套期保值决策研究仅仅局限于生产和套期保值研究，且主要是从期货生产企业的角度来考虑问题，缺少对期货加工企业的决策研究。

其次，将企业套期保值策略和期货市场套期保值绩效相结合的研究较少。现有套期保值策略研究大多仅仅基于期货市场本身，关于企业套期保值策略的研究和期货市场的最优套期保值比率与绩效的研究显得十分独立，实质上，将二者结合起来进行研究，亦即研究分别应该在什么样的市场状况下采用哪一种策略？可以更有效地指导企业实际，更具有应用价值。

再次，现有研究一直没有找到普遍适用的、确定市场最优套期保值比率的方法。关于期货套期保值比率与绩效的研究一直是研究的焦点，很多学者提出了自己的改进方法，尽管从理论上讲每一次改进都要更准确，遗憾的是，对于不同的期货品种，学者们的实证结果显示：并不能得到比其他任何一个都要好的方法，而且不同方法得到的套期保值绩效的比较仍然缺少理论支持，目前仍有很多研究用一种方法，对一个期货市场进行研究，得到对应的套期保值绩效，得出某一市场的绩效是好还是不好，从逻辑上讲是缺乏根据的。

最后，现有关于中国企业套期保值策略和期货套期保值绩效的研究在结合中国实际方面还很欠缺。中国期货市场是典型的新兴市场，不同品种的情况存在极大差别，其套期保值绩效也有很大差别。现有这方面的研究一方面大多孤立研究某一品种，得到的结论不够客观，另一方面，这些研究较少提到这些方法的适用范围，缺少实用性。

本研究以期货商品加工企业套期保值策略为研究对象，从管理的角度看，为便于应用，应将期货商品加工企业的套期保值策略分为保守型套期保值和进取型套期保值两类，一般而言，为保证生产的平稳性，企业应优先考虑采用保守型套期保值，采用这种套期保值需要市场比较完善，套期保值绩效较好，否则，可能起不到规避风险的作用；而对于套期保值绩效不好的品种，应采取进取型的套期保值策略，本研究建立了一个进取型套期保值策略模型，给出企业在采取此种策略时的具体期货头寸的确定方法。此外，在整个经济运行方面，提出如何更好地发展我国的期货市场的一些建议，以利于我国经济更快、更好、更科学、更和谐的发展。

1.1.3 研究意义

显然，本研究具有重要的理论价值和实践意义：

第一，通过对期货加工企业套期保值策略的研究，可以使人们更深刻地认识期货市场，促使更多企业和个人参与期货交易，进而促使期货市场的不断完善和进一步发展，以更有效地规避价格风险，促进我国金融市场的健康运行，推动我国经济的繁荣发展。

国际上看，近年来，期货交易以每年30%的速度增长[93]，期货市场发挥着越来越重要的作用。世界新经济浪潮不断兴起、市场变化万端、网络经济与电子商务、知识经济与全球化，使得世界变得越来越小，市场价格的波动风险越来越大，如果不能有效应对，将会导致巨大的损失甚至引发全球性的经济动荡。

美国企业在经营中，不仅集团总部充分利用期货市场对经营风险进行管理，下属企业也充分利用期货市场对经营风险进行管理。世界上最大的油料经营公司ADM，在芝加哥目前就有560多个交易员为其现货头寸进行风险管理，每年支付佣金费 500 多万元[118]。

自 2004 年"国九条"发布以来，我国期货市场得到不断的规范、繁荣稳定的发展，期货品种日益增多，总成交金额自 2003 年冲过 10 万亿元大关后，一直不断攀升，股指期货已经做好准备，开张交易指日可待。资料[118]显示，从事大豆、小麦、铜和橡胶等生产、加工、流通的骨干企业，有很多都参与了期货市场的运作，希望因此降低企业的经营风险，提高企业的经济效益。但效果并不理想。主要有以下原因[120]：

（1）我国期货市场的不够完善，结构不合理，影响期货市场功能的有效发挥。

根据世界掉期与衍生品协会（ISDA）的研究报告[102]，世界 500 强中有 92% 的公司有效利用衍生品来管理和对冲风险，这些公司分布于全球 26 个国家，从宇航业到办公与电子设备批发业，涉及行业十分广泛。从地域的角度来看，世界 500 强中美国共有 196 家公司，其中运用衍生品工具控制风险的占 94%；日本共有 89 家公司，其中运用衍生品工具控制风险的占 91%：法国共有 37 家公司，其中运用衍生品工具控制风险的占 92%；英国共有 35 家公司，其中运用衍生品工具控制风险的占 100%：德国共有 34 家公司，其中运用衍生品工具控制风险的占 94%。另有统计数据表明，早在 20 世纪 80 年代末，期货投资基金在全球利率期货交易头寸所占比例就占到 50% 左右，其他品种也达到约 10% ~ 20%。近几年，投资基金在国际期货交易中的头寸比例越来越大，有些投资基金在期货、期权市场上异常活跃。由此可见，国外成熟期货市场的投资者中，参与套期保值的各类企业以及期货投资基金所占比例较高，个人投资者相对弱小。这一方面可以使套期保值者和投机者的比例相对合理，有利于期货市场的基本功能发挥，另一方面又可使期货交易者更理性地研究相关品种供求关系和价格波动情况，有利于避免投机风气过强和"非理性繁荣"危及期货市场。

中国期货市场投资者结构不合理主要表现在以下几个方面：第一，交易所会员行业结构不合理，不能有效地反映上市品种的行业供求信息，使得某些品种成为炒作的对象，不能反映基本面供求信息；第二，会员的地区结构也不合理，各地与品种供求相关的企业不能参与期货交易，难以形成具有全国影响的权威、合理的期货价格；第三，期货市场上套期保值者和投机者都不充分，且两者之间结构失衡，在需要进行套期保值的企业中，一部分因为合约设计不合理不想参与期货交易，另一部分想参与交易却因为政策限制进不来。部分品种投机者占主要地位，一方面使得市场缺乏流动性，容易被操纵；另一方面容易造成"非理性繁荣"，不利于市场健康发展。

（2）相应的研究较少，企业因缺乏有效的指导，不愿或不敢参与期货交易，因而缺少风险规避手段。

期货作为高端的衍生品交易市场，需要大量的有相关专业背景的技术分析、操作和研发方面的人才。国内一些大型证券公司研发力量相当强劲，高级人才云集，一些公司拥有十几名或数十名博士，有的公司甚至还拥有自己的博士后流动站。期货业与证券业相比，高级人才真是少之又少，人才的短缺严重制约了我国期货市场的发展。很多公司不重视研发，甚至没有研发部门，这使市场与行业所存在的问题容易被忽视，即使发现问题，也没有力量去研究和解决，也没有足够的力量投入对国外期货市场最新趋势的研究；若能在事前进行充分的研究，"中航油事件"、"中储棉巨亏"、"2004 大豆风波"、"铁矿石涨价事件"、"国储铜事件"等一系列残酷的风险事件也许就能降低损失，甚至完全避免损失。

总而言之，期货市场的发展滞后和期货相关研究的缺乏使得我国期货市场出现许多问题，它们不仅影响我国期货市场功能的发挥，还可能使中国经济面临巨大风险时束手无策，而与国外期货市场的差距甚至会直接危害中国经济的安全增长。

本研究对期货加工企业的套期保值这一现实问题进行研究，一方面可以使人们更深刻、全面的认识期货市场，把握期货市场规律，促使更多企业和个人参与期货交易，有利于改善我国期货市场的不合理结构，进而促使期货市场的不断完善和进一步发展，以更有效地发挥套期保值和价格发现功能，促进我国金融市场的健康运行，推动我国经济的繁荣发展。

第二，对中国加工企业套期保值决策的研究是对现有期货套期保值理论的发展和补充。

随着世界经济融合的不断加深，中国经济越来越成为世界经济的一部分，金融领域尤其如此，随着中国经济的逐渐崛起，作为新兴市场典型的中国金融市场越来越引起广大研究者的关注，而作为金融市场一部分的期货市场由于其在套期保值、价格发现等方面的重要作用，也是研究者关注的重点之一，本书对中国期货市场的几个代表性品种的套期保值绩效进行研究，运用同一个计量方法——多元协整序列共同趋势模型，不仅成功地得到了几个期货品种的套期保值绩效，还利用同一方法对美国的两个典型期货品种——COMEX 铜和 CBOT 玉米进行研究，并按照国内不同品种和国内外对应品种两个分类对所得结果进行比较研究，避免了现有研究中以不同方法研究同一品种的片面性，所得结果不仅更为客观，而且比现有研究更进一步得到了更有意义的结果，是对现有关于期货套期保值研究的一个补充。

现有大部分关于期货商品相关企业套期保值的研究大多是从期货商品生产企业（以下简称期货生产企业）的角度来进行的[70,79,81]，2000 年以前很长一段时间内缺少对期货加工企业的套期保值策略研究。事实上，生产企业的生产成本相对固定，生产过程也较为简单，生产周期固定，影响其收益的主要因素是产品的

（期货或现货）价格，可以通过期货交易进行套期保值以规避风险。而相关加工企业原材料价格和产品的价格都处于不断地变化之中，生产流程也是影响其收益的一个重要因素，给企业的套期保值决策带来很大的挑战，在社会分工越来越细、相关研究越来越深入的今天，与期货生产企业相比，对期货加工企业的研究还显得远远不够。

本研究把企业的套期保值行为分为保守型套期保值和进取型套期保值，实质上，这两类不同的行为需要不同的财务处理方式和制度规范，现有研究大都停留在套期保值行为的表面现象，这必然在应用和日常管理上带来一些问题，本研究对两类不同行为的区分使得研究的可操作性大大增强，在对期货市场的套期保值绩效进行研究的基础上，本研究对进取型套期保值行为进行抽象，建立理论模型并进行求解，应用数值模拟方法，分析了进行进取型套期保值操作的一些关键因素。它不仅发展了套期保值理论，更为重要的是，本研究的主要结果可直接用于生产实践，相关管理人员可利用研究中所列的数学和计算程序进行决策。

第三，鉴于期货商品相关企业在国民经济中的重要地位，本研究对于企业制订策略，国家制定政策有一定的指导意义。

商品之所以称为期货商品，是因为它具有交易量大、参与者众多以及价格波动剧烈等特点[111]，因此期货商品对任何一个国家，乃至世界都具有极端重要的影响，期货相关企业的顺利发展，期货市场的不断壮大，对国民经济的增长具有不可替代的作用，期货商品相关企业在国民经济中的地位是不言而喻的。本研究的结果表明，期货市场的套期保值绩效是期货商品加工企业选择不同套期保值策略的重要依据和基础，它对加工企业的收益有直接的影响，国家应该在经济政策、制度建设和法律法规方面为期货市场的健康发展提供保障，促进期货市场的不断完善，提高期货市场的套期保值绩效，吸引企业和投资者积极参与期货交易。企业要想通过期货交易真正提高企业的市场竞争力，需要在生产管理、财务管理和期货知识学习等方面加以改进。本研究在这些方面进行了一些深层次的思考，提出一些有针对性的建议，对企业制订策略，国家制定政策有一定的参考价值。

1.1.4　研究目标及关键问题

1.1.4.1　研究目标

在对企业套期保值策略理论回顾和梳理的基础上，分析中国的加工企业的套期保值策略问题。首先对中国不同期货市场的套期保值绩效进行比较研究，根据不同的套期保值绩效，决定相关企业的套期保值策略，由于保守型套期保值策略已得到比较充分的研究，而对于进取型套期保值策略现有研究较少，本研究将建立加工企业的进取型套期保值策略模型，并利用数理工具进行求解，利用计算机进行数值模拟，不仅详细阐明了进取型套期保值策略，而且还给出了采用这一策略的具体方法。通过研究，进一步深化对期货市场作用的理解和认识，以便充分利用期货市场；通过对相关问题的研究，提出政策建议，以利于我国相关企业的正确决策，利于我国经济的稳定、快速、科学、和谐发展。

1.1.4.2 关键问题

（1）客观评价中国期货市场的套期保值绩效。利用最适合研究期货市场套期保值绩效的计量方法，分别对中国不同期货品种、中国和美国代表性期货品种的套期保值绩效进行比较研究。

对于期货市场的套期保值绩效，不仅不同方法得到的绩效有差别，而且不同方法之间缺少可比性，没有任何一种方法明显优于其他方法。不仅如此，同一品种、不同的套期保值期限的套期保值绩效也不同，大多数方法对数据的依赖性较强，不能得到任意期限的套期保值绩效。要客观评价中国期货市场的套期保值绩效，只有将中国不同期货品种、中美相同期货品种放在一起进行比较研究，还要同时用有限的结果说明不同市场、不同品种的任意期限的套期保值效果比较关系都成立，这就需要特殊的计量方法。根据作者了解，目前只有基于多元协整关系的共同趋势模型可以得到任意期限的套期保值绩效，对数据的要求也不高，数据选取方法比较适合企业实际应用，但一直没有得到相应的重视，至今也没有可以直接完成的软件问世，由于它需要自己编程处理，给研究带来极大的困难。

（2）建立并求解企业进取型套期保值策略模型，通过数值模拟阐明采取进取型套期保值策略的方法。

现有的企业决策和期货套期保值研究大多集中于生产企业，而极少涉及加工企业，甚至有学者认为，二者是同一问题[68]，随着人们认识的不断提高，加工企业的套期保值决策问题越来越引起人们的重视，现有关于加工企业的研究中，威尔逊（Wilson）研究了企业面临随机的原材料价格和产品价格时企业的风险管理决策问题，但仅仅对相关现象给出解释[88]。本研究探讨了加工企业的套期保值策略，并对建立的模型及得到的结论进行数值模拟分析，给企业提供一个明确的决策方法。

（3）以理论研究和实证分析结果为基础，进行更深层次的分析，从企业决策、经济运行及政策制定等方面提出政策建议。

我国期货市场尽管这几年得到突飞猛进的发展，但与国外市场相比，仍存在很多不够完善的地方，本研究尽管最大程度的结合了我国的实际，但研究的一些结论是建立在成熟市场的基础上，相关理论要想在我国应用，就必须在制度、政策等方面进行改进，本研究也将对此进行深入的思考，对企业、政府均提出了一些建议。

1.2 研究二的缘起

自 1990 年 10 月 12 日郑州粮食批发市场引入期货交易机制起，中国期货市场经历了 20 多年的探索发展，迄今已取得了很大的成绩。期货交易量实现了连续 10 年的持续快速增长，已成为世界最大的商品期货市场。期货品种体系逐步形成，2011 年，郑州商品交易所、上海期货交易所和大连商品交易所的交易量分列全球的第 11、第 14 和第 15 位。其中郑州商品交易所的棉花、白糖期货，上海期货交易所的天然橡胶期货交易量位列全球农产品期货和期权合约的前 3 位。截至 2012 年 6 月底，共上市商品期货品种 27 个，覆盖金属、化工、能源、农业和金融等领域，涉及十多个产业链。期货市场在更高层次服务国民经济发展条件已经具备，中国期货市场迈进了一个从量的扩张到质的提升转变的关键时期。中国期货市场目前的发展态势对期货市场功能提出了新的任务和更高的要求，因为中国期货市场从一开始就定位于服务国民经济这一目标，具体如何服务，又如何衡量其服务质量是一个关键问题，只有解决了这一问题，才能更好地为国民经济服务。

经济一体化浪潮席卷全球，我国经济与世界经济的融合进一步加深，商品的市场价格受国际的影响也越来越大，呈现出剧烈的波动态势，并且商品价格波动成为常态。当前市场表现就是很好的写照，一方面面临着美元贬值、流动性过剩、通货膨胀加剧、物价飞涨的局面，另一方面还经受着天气状况恶化、市场供需矛盾加剧的考验，在多重因素叠加效应共同作用下，国际国内大宗商品和资产价格持续大幅上升，原料成本不断上扬、市场不确定性加大。并且没有期货市场的小宗农产品，其价格涨幅明显高于拥有期货市场的大宗农产品。我国企业时时面临巨大的价格风险，迫切需要参与期货交易以规避价格风险。相关企业如果不懂期货市场规律，不能及时采取有效的规避市场风险的手段将会造成巨大亏损，甚至对整个行业的生存造成灾难性的损失。然而，目前相关企业套期保值实践的状况却不尽如人意，一方面出现套期保值不足的现象，即参与套保的企业数量少且类型单一；另一方面，参与套期保值企业决策方法千差万别，有很多决策仅仅是靠直观的认识，而非基于科学的研究。据报道，2010 年 7～11 月的棉花价格高涨，有织布厂的老板表示，涨价前生产 1 米白坯布能赚 1 角钱，涨价后生产 1 米白坯布还要倒亏1～2角钱。在棉价下降之前，对于一些实力雄厚的纺织企业而言，可以依靠丰富的库存来应对当前的涨价压力，或者直接发展自己的棉花种植基地，而对于资金紧张的中小纺织企业而言，只能选择减产或者停产。这极有可能加速纺织行业的重组和整合，促使产业的集中度上升，一批中小企业将会被淘汰，最终导致中国纺织行业的大洗牌。造成这种状况的原因是多方面的，最根本的有两个方面：一是企业如何做套期保值的理论研究相对较少；二是企业对期货市场的状况，或者说对期货的功能发挥状况不了解，不敢贸然参与。第一方面的原因已经得到学界和期货业界的关注，近年来进行了大量的研究，第二方面的原因则被关注较少，实质上这个原因比第一个更严重，解决的办法就是进行功能发挥研究，明确参与期货市场的功能，以及目前期货市场发挥功能的状况，以利于企业放心参与期货市场。对企业而言，期货市场功能发挥的一个科学、权威的评估迫在眉睫。

与国际发达国家的期货市场产生于发达的现货市场基础之上不同，中国的期货市场产生于发展市场经济的需求，现货市场极不发达，期货市场一开始就承担着包括促进现货市场发展在内的服务国民经济的重任，因此中国期货市场功能发挥的评估比国际通用的功能评估内容要丰富得多，众多的内容能否通过尽可能简化的数据来反映，是一个值得研究的问题，中国期货市场至今也没有这方面的研究。

在提倡科学发展，构建和谐社会的今天，"三农问题"是党中央和政府高度关注的问题之一，也是学界普遍关注的问题之一，农产品期货市场对于"三农问题"的解决具有很重要的作用已成为社会各方的共识。随着中国对外贸易的迅速扩大，大宗商品的定价问题也是备受业界和学界关注的问题，本研究的主要目的之一就是以中国商品期货品种为研究对象，对这些市场的发展状况尤其是功能发挥的状况进行研究，同时，对国际同类品种和国内其他期货品种进行对比研究，再通过对期货交易所的会员进行广泛调查，深入挖掘影响期货市场功能发挥的因素，为进一步发展和完善我国期货市场提供一些思路，以便更好地发挥期货市场作用，争取大宗商品按照中国期货价格进行定价，推动国民经济稳定、快速、科学、和谐发展。

1.3　相关概念界定和几个相关问题的说明

1.3.1　期货商品生产企业和期货商品加工企业

本书中的期货商品生产企业和期货商品加工企业是以期货商品为分界来划分

的，生产期货商品的企业称为期货商品生产企业①，以期货商品为原料进行再加工的企业称为期货商品加工企业，如无特别说明，书中的企业包含这两类企业，为叙述方便，下面分别简称生产企业与加工企业。以大豆这个期货商品为例，生产大豆的企业（农场主或农民）就是生产企业，以大豆为原料进行加工的榨油厂就是加工企业，从套期保值的角度来看，生产企业为避免价格下跌而造成的损失，需要卖出期货进行套期保值，成为期货空头，加工企业为预防价格上升导致成本上涨，需买入期货进行套期保值，成为期货多头。

从整体上考虑，生产企业和加工企业主要有以下不同②：

（1）面临的市场环境不同。生产企业前期生产要素比较单一，波动风险较小，其产品可在期货市场和现货市场两个市场售出；加工企业的原材料可通过这两个市场获得，但其产品的价格或需求经常面临较大的不确定性。

（2）成本和收益结构不同。生产企业的生产成本主要为前期投入生产要素以及生产过程中的常规管理③，成本比较固定，生产要素价格波动风险较小。而加工企业的原材料成本在总生产成本中占很大比例，不仅原材料需求量大，而且现货价格波动风险较大，占总收益的比例较高。

（3）生产周期不同。生产企业生产出产品的周期较长，加工企业生产出产品的周期较短。

（4）生产量可控性不同。农林产品受自然条件的影响比较大，即便种植面积相同，产量也会有很大差异。因此农林商品生产企业的产量具有很大的不确定性，这也是导致现货价格波动的一个主要因素。加工企业的产量可控性强，主要由企业按计划控制。

1.3.2 期货市场套期保值绩效

尽管从短期来看，期货价格和现货价格走势可能不完全一致，但长期来看，期货价格和现货价格之间存在长期的、稳定的关系，这是期货、现货可以共存的基础，也是能够利用期货进行套期保值的原因。学者基本一致地认为，目前确定的期货价格应该是未来随机的现货价格的无偏估计，因此对于由一定头寸的期货和现货组成的投资组合，未来几个时期的价值的期望应该是一样的，持有期货头寸的作用就是规避风险，但不会影响其期望收益，因此，最优套期保值比率应该使投资组合风险最小，由于系统性风险的存在，投资组合不可能完全消除风

---

① 书中的相关加工企业是期货商品加工企业的概括性说法。
② 由于期货按品种可分为农产品期货、工业品期货和能源商品期货，每一类品种的情况不尽相同。
③ 从经济学角度讲，还有一个机会成本，它在模型处理上可以计入其他成本中，此处可不予考虑。

险，一般认为：按风险最小化得到的比率构成的期货、现货投资组合的风险与完全由现货组成的投资组合的风险相比，风险减少的比例称为期货市场套期保值绩效。

尽管从其他不同的角度，或者是其他不同的学科，绩效有不同的含义，本书中的期货市场套期保值绩效表示如上的含义。另外，为行文方便，有时将期货市场套期保值绩效称为（某一品种的）期货套期保值绩效，二者实质上是一样的，本书不加区分。

1.3.3 企业保守型套期保值策略和进取型套期保值策略

现有企业套期保值策略的研究认为，企业套期保值策略是指企业根据市场状况和自身生产的需要进行期货交易所采取的策略，这一类研究和期货套期保值研究相互独立，期货套期保值是从纯投资者的角度①研究风险最小化效用下的最优套期保值比率。它和现有被称作企业套期保值策略研究的最大差别在于现货头寸与套期保值所需期货头寸的关系。期货套期保值中的套期保值比率是介于 0 和 1 之间的一个有理数，因此期货头寸小于现货头寸，而企业套期保值策略中的期货头寸可以大于现货头寸，根据特定的市场状况，企业套期保值策略中的套期保值可以含有投机成分。

本书认为，既然企业可以根据期货市场的状况和它面临的特定市场状况，可以进行按风险最小化目标进行套期保值，可以不参与期货交易，也可以根据需要在套期保值基础上进行部分投机，因此有必要从企业的角度，对现有的套期保值策略重新分类，基于此，本书所指的企业套期保值策略应包含此前所研究的所有套期保值策略，分为保守型套期保值策略和进取型套期保值策略两大类。

本书认为，如果企业在运用期货商品进行套期保值时，每次需要套期保值的量是一个固定的常量，此时企业只需根据期货市场状况而无须另行考虑企业的生产实际②，这种情况下采取的策略称为保守型套期保值策略。如果企业在运用期货商品进行套期保值时，面临较为复杂的生产实际，需要套期保值的量应随不同市场环境的变化而变化，此时企业若只根据期货市场状况而不另行考虑企业的生产实际，将会严重影响企业的收益。这种情况下采取的策略称为进取型套期保值策略。这样可以方便本书的研究结果有效地指导企业实践。

简而言之，保守型套期保值策略就是仅根据期货市场状况而进行套期保值交

---

① 此处纯投资者的角度是指不考虑或较少考虑生产情况，认为现货头寸是确定的，根据套期保值比率计算出需要持有的期货头寸。

② 实质上是生产实际比较简单，每次需要套期保值的量为一常量。

易的策略，进取型套期保值策略则是将期货市场状况和企业自身生产实际相结合进行套期保值交易的策略。根据这一概念，前面所提到的案例一至案例三均为采用保守型套期保值策略的案例，就作者所了解的范围来看，国内还没有讨论企业进取型套期保值策略的文献，本书第4章建立了一个企业采用进取型套期保值策略的模型，具体讨论了进取型套期保值策略的实施。实质上，套期保值策略保守型和进取型套期保值策略的区分并非仅仅局限于上述简单的标准，而是有其深刻的内涵。

两种策略主要有以下不同：

（1）两种策略的应用基于不同的理论基础，保守型套期保值策略基于长期来看市场有效这一理论，市场的有效性决定了较长时期内来看投资者无法从期货市场盈利，或者说某一期货和现货组成的投资组合在任意时刻的期望收益是恒定的，利用期货市场的目的是规避风险，因此投资者的决策标准就是风险最小化。进取型套期保值策略基于短期来看不同市场信息反应程度与快慢不同，尽管商品会存在一个均衡价格，但由于一些临时信息的影响，商品的价格是波动的，并且期货和现货价格的差异（基差）也不断发生变化，期货商品相关企业的自身生产也会对市场产生影响，在这种情况下，某一期货和现货组成的投资组合的期望收益是变化的，因此相关企业可以综合期货市场和其自身生产实际，对风险和收益进行权衡，以达到效用的最大化。

（2）两种策略对市场和信息的要求不同。保守型套期保值策略基于市场有效理论，要求市场是发展完善的，期货和现货价格之间的关系是稳定的，市场各种信息的传递机制良好，只有这样，保守型套期保值策略才能保证有效地规避风险。进取型套期保值策略的目标是风险和收益的权衡，对市场的完善程度、期货和现货价格的关系是否稳定没有要求，但需要对短期（一个生产周期）的期货和现货价格的变化有一个较好的预测，同时还要求企业对相关行业的状况有较好地把握，以便更好地预测相关商品的价格和产品的需求，确定生产计划，进而确定期货合约采购量和现货采购量。

（3）从上述论述可以看出，两种策略的适用范围不同。保守型套期保值策略仅适用于发展完善的市场，而对发展不够完善的市场，极有可能不能有效地规避风险①。进取型套期保值策略对各种市场都适用，但需要企业有较强的市场研究能力，密切关注市场环境的变化，据此调整决策。

---

① 此处的风险的度量和文献［22］中一致，风险用收益的方差来表示，期货市场套期保值绩效（实质上就是采用保守型套期保值策略的绩效）是用根据最优比率进行套期保值的风险和不进行套期保值的风险相比较的风险减少的比例，如果一个期货市场（或品种）的套期保值绩效过差，就意味着风险减少的程度较小，因此说此时不能有效地规避风险。

本书的划分标准，将有利于相关实务界的管理人员更好地利用学界的研究成果，更易于实务界按照其企业的具体情况采用不同的套期保值策略。

1.3.4　评估指标的层次梳理

功能评估有一个目标，即通过对品种功能的评估能够发现市场运行和发展的规律，摸清市场存在的问题，找出相应的对策和解决方法，不断完善品种市场功能，推动期货市场向更规范、更科学、更高效的方向发展和前进。

为了更好地进行功能评估，需要考虑以下五个原则。

第一，客观全面原则。期货的基本功能是价格发现和套期保值，这已得到业界人士的普遍认可，同时，由于我国的特殊国情，我国期货市场和发达期货市场有很多不同，我们的市场是在政府主导、推动、监管三重作用下发展起来的，又有先进的经验可以学习，同时期货市场又肩负着更多的发展经济的责任，因此，本书的指标体系需要尽量全面的涵盖这些方面。

第二，简洁实用原则。作为一个指标体系，要想得到广泛的应用，就必须要简洁，也就需要从众多的指标中精心筛选出一些能够反映期货功能发挥的指标。在科学理论的基础上，突出实用性的原则。设计品种功能发挥评估体系的具体指标时，在考察每项指标科学性和内在逻辑性的基础上，以指标在实践中的运用情况为最终的筛选依据，力求整个评价体系在理论和实践上达到统一。在系统全面的基础上，突出简洁性的原则。设计品种功能发挥评估体系的具体指标时，首先保证评估体系中所含指标能够全面反映期货品种两大功能的发挥情况，其次还必须兼顾指标体系的简洁性，尽量避免指标体系过大，尽量不使用计算过于复杂和评价效果存在争议的指标，力求整个评价体系在完整和简洁上达到统一。

第三，简单易行原则，客观全面性注定了指标体系的繁杂性，这无疑会给使用者带来极大的不便，使得其实用价值大大降低，因此，本书将在指标体系的基础上，编制一个指数。使用者只需将相关数据输入，就可以得到一个综合评价值，这便于使用者对期货市场的功能发挥有一个整体的认识，同时，查看分指标，可以了解到这一品种功能发挥好坏的原因。

第四，细致分类原则。指标体系应该要有一个细致的分类，兼顾上面各个原则，一方面关于价格发现和套期保值功能发挥的评估需要相对复杂的金融计量方法，而这些方法现阶段还没有得到我国期货业界的理解和应用。另一方面，除此之外的其他功能也是我国期货市场所应发挥的重要功能，也需要有一个很好的度量。

第五，普适、可比原则。指标体系要具有普适性和可比性，中国的期货品种现已涵盖农产品、林产品、工业品、有色金属、贵重金属、能源等几大领域，每一品种都有自己的特点，同时还有很多共性，在设计指标体系时，必须考虑到其普适性和可比性，在稳定客观的基础上，兼顾特殊性的原则。设计品种功能发挥评估体系的具体指标时，在保证指标的评价结果对于品种历史运行情况、不同种类的品种、不同地区的市场具有纵向和横向可比性的基础上，还应该兼顾品种和市场的特点，力求整个评价体系在普遍和特殊上达到统一。

根据这五个原则，对众多指标进行梳理，分出层次。首先是反映期货市场功能发挥基础性指标（或市场基本状况指标），这一部分指标又分为两大类：期货、现货市场规模以及市场行为和流动性情况。期货和现货市场基本情况这部分指标计算并不复杂，主要困难是比较权威可靠的数据来源、数据的庞杂性和不同品种数据之间的可比性处理。市场行为和流动性有一定的计算公式，利用交易的相关数据计算出结果，主要困难是计算公式和交易数据的选用。其次是功能发挥的功能性指标（取基本功能之意）主要是套期保值和价格发现两类。其中价格发现和套期保值效果要用到一些计量方法，这是难点之一。同时考虑到不同品种的状况和我国期货市场的特殊状况，在正确运用计量方法的基础上，还需要选取合适的交易数据。在套期保值这一部分还有套期保值交易量相关数据的统计以及基差的情况。第三类称为监管性指标，目的是用于监管。当指标出现异常时，就需要采取相应措施，防止市场的剧烈变化对整个金融市场乃至国民经济产生不利影响。主要包括单边市、涨跌停板和违规交易等指标，这些指标是客观数据的统计，数据不多，但对保持市场平稳运行意义极大。

1.3.5 评估指标的计算方法确定

由于期货市场的指标计算方法并不唯一，而不同方法得到的结果含义不尽相同，因此指标的计算方法确定也是一个困难所在。为克服这个困难，一方面是和专家交流，另一方面使用选取的交易数据，用不同的计算公式计算出结果，从计算的过程中发现指标计算方法的优劣，最终确定适当的计算公式。

1.3.6 指标计算和关键评估指标的确定

在确定出适当的计算公式之后，对郑州商品交易所的 7 个品种进行各指标的计算，首先看单一品种的不同指标，看看每一品种的不同的状况。其次看不同品种的同样指标，比较不同品种的状况。通过纵横对照，认真思考，最终确定出尽可能简化的、尽量少的、有代表性的指标，建立品种功能发挥评估指标体系。

1.3.7 影响功能发挥因素的深入研究

随着品种功能发挥评估工作的深入，发现了很多可能影响我国期货市场功能发挥的影响因素，其中之一是我国期货市场的一个特殊现象，我国期货品种的近月合约交易极不活跃，远月合约交易（最早距交割月有 11 个月就成为主力合约）很活跃，而美国等发达国家的期货市场的近月合约交易活跃，远月合约交易活跃的很少。我国交易者的这种行为与利用近月期货合约进行套期保值的理论截然相反，本书下篇就对我国几个期货品种的近月合约和远月合约的套期保值效果进行了深入研究。

1.4 本书结构安排

本书是两个研究的合集，为了内容的条理性，本书分为三个部分，其中第一部分由第 1 章和第 2 章组成，分别是绪论和现有研究理论和相关研究方法的梳理和回顾，第二、第三部分则由研究一、研究二组成，分别是这两个研究的主要内容、结果和结论展望。

具体的内容章节安排如下：

第 1 章：绪论。主要内容为：研究背景、问题的提出及研究现状简评；相关概念界定、研究目标及关键问题；内容结构安排。

第 2 章：相关文献及理论与方法。主要内容为：相关研究现状；期货套期保值基本理论；企业套期保值策略理论；确定期货市场最优套期保值比率与绩效的计量方法；期货市场实践和理论发展历程综述；期货市场功能发挥和运行状况理论综述；期货市场套期保值功能理论和实证方法综述；期货市场价格发现功能理论和实证方法综述等。

第 3 章：中国期货市场的套期保值绩效研究。主要内容为：引言；中国主要期货品种的套期保值绩效比较研究；中美同品种期货市场的套期保值绩效比较研究；本章小结。

第 4 章：相关加工企业套期保值策略研究。主要内容为：引言；基本模型；模型求解；理论解释与模型灵敏度分析；本章小结。

第 5 章：关于做好企业套期保值的一些思考。主要内容为：中国相关加工企业的套期保值策略选择；取得较好的套期保值绩效的一些必要条件；企业应采取的措施；规范发展我国期货市场的若干建议。

第6章：结论与展望。

第7章：基础性指标分析和计算方法确定。主要内容为：期现货基本状况指标含义与计算方法；流动性指标与计算方法。

第8章：功能性指标分析和计算方法。主要内容为：套期保值功能的相关指标；价格发现功能的相关指标。

第9章：期货品种功能发挥指标计算结果的纵横对比。主要内容为：单品种的计算结果分析和评估结论；多品种的计算结果分析；简化的功能评估指标体系。

第10章：中国期货市场主力及近月合约套期保值效果研究。主要内容为：中国农产品期货主力合约和近月合约偏离现象；实体企业近月持仓状况研究；中国农产品期货主力合约套期保值效果；原因思考及建议。

第11章：结论与展望。

第 2 章

相关文献及理论与方法

本章将围绕第 1 章所提出的问题，从研究的具体问题、相关理论和方法两个不同层次进行文献综述，和本书所研究的问题直接相关的文献包含两个方面：期货商品相关企业的生产和套期保值决策研究，以及期货市场最优套期保值比率与绩效的研究；相应的理论与方法主要有：期货套期保值基本理论、企业套期保值策略相关理论和确定期货市场最优套期保值比率与绩效的计量方法。通过对现有文献的梳理和回顾，明确解决问题的理论基础，确定解决问题的方法。

对于企业的套期保值策略相关理论，本书介绍了保守型套期保值策略的最优比率理论和进取型套期保值策略的最优期货交易量理论。对于确定期货市场的最优套期保值比率与绩效的计量方法，本章在全面回顾各种计量方法的基础上，重点对本书使用的多元协整序列共同趋势模型进行介绍，一方面使读者全面了解各种方法，另一方面可以让对本书感兴趣的读者能够检验本书的结果。

2.1 相关研究现状

2.1.1 期货商品相关企业的生产和套期保值决策研究

20 世纪 60 年代，约翰逊和斯坦恩（Johnson and Stein）提出资产组合套期保值理论[45,83]，立即引起了大批研究者（尤其是农业经济学家[9,10,18,48,49,55,57,69,70,77,80,86,88]）的兴趣①。麦金农（McKinnon）首次利用这个思想构造了一个理论模型，研究了期货商品生产企业的套期保值决策问题，得到了

---

① 这些成果大都出现在美国农业经济学杂志（American Journal of Agricultural Economics）上，并且主要研究农民（本书中应为农产品期货生产商）的生产决策与套期保值决策。

期货商品生产企业的最优套期保值比率[70]。在他的模型中，假定期货市场为无偏市场（即当前到某一到期日的期货价格为到期日现货价格的无偏估计），此时生产者的套期保值策略变为风险最小化策略。其后以海福纳（Heifner）、培克（Peck）、罗尔福（Rolfo）、安德森（Anderson）和丹塞恩（Danthine）为代表的一系列研究[1,77,79]，他们放宽了无偏市场的限制，改进了麦金农的模型，使用不同的函数形式，构造了期货生产企业的目标函数，以最大化目标函数为目标，得到生产企业的最优套期保值比率。

明确地把期货市场和生产决策及套期保值决策相结合的工作始于丹塞恩（Danthine）[20]，接着，霍尔特豪森（Holthausen）、费德（Feder）等人得到了类似结论[27,40]。他们在单时期的框架下，对完全竞争下的生产企业进行了研究，建立了生产企业的目标函数，得到了一系列结果。结果表明：期货市场的存在，使得生产决策可以从价格风险中摆脱出来（分离理论），即最优生产决策仅由生产成本和期货价格决定，而与未来现货价格的主观分布，以及决策者的风险厌恶程度无关[20]。

安德森和丹塞恩（Anderson and Danthine）认为，（农产品）生产者可以在产品生长期内根据市场的变化改变持有的期货头寸，多时期套期保值更切合企业实际。他们最先建立了离散的多时期模型，得到的结果表明：如果企业面临价格和生产量双重不确定时，上述分离理论不成立[1]。其后，马库斯和莫迪斯特（Marcus and Modest）研究了当企业面临价格和产量不确定时的生产决策和套期保值问题[68]，他们得到了一个不依赖于偏好的生产规则，这一规则类似于产量确定时的"边际成本等于期货价格"规则，他们还利用农业生产者的数据检查产量不确定性对决策的影响，认为企业可以利用上述分离理论进行生产决策；何（Ho）用连续时间投资和消费模型分析了农民在面临产量和价格两个不确定性时的最优套期保值决策问题[39]，并进一步探讨了一些因素对决策的影响；卡普（Karp）用负指数效用函数研究了类似于何（Ho）的问题[49]，何和卡普（Ho and Karp）的结论都不支持分离结果。钱伯斯和奎金（Chambers and Quiggin）在随机生产条件下得到了新的分离结果[12]；帕罗什和沃夫（Paroush and Wolf）则认为，基差风险是一个非常重要的因素，基差风险存在时，结果完全不同[76]。总而言之，这还是一个很有争议的问题。

一批学者把行为经济学引入期货生产企业的生产和套期保值决策研究。布里斯和施莱辛格（Briys and Schlesinger）、布罗尔和王（Broll and Wong）研究了状态依赖偏好下期货生产企业的生产和套期保值决策[7,8]；莱恩（Lien）进一步研究了存在基差风险的情况下，状态依赖偏好下的期货生产企业的生产和套期保值决策[60]。他们的研究表明：不同状态下的边际效用适度接近时，部分套期保值是最优的；同时给出了完全套期保值和超量套期保值的条件，他们还指出，基差风险总是会导致期货生产企业减少其期货交易量。

上述所有文献都是以期货商品生产企业为背景来研究的，对期货商品加工企业的问题研究较少。就笔者所知，只有瓦格纳和威森（Wagner and Wison）从风险管理的角度对期货商品加工企业的套期保值问题进行了研究[87,88]，但他们的研究模型过于复杂，仅仅能够定性地说明问题，解释相关企业的套期保值现象，却无法对如何决策提供具体指导。

2.1.2　期货市场最优套期保值比率确定和绩效度量的研究

期货市场一开始就是为满足人们规避风险的需要而产生的，可以说套期保值是期货市场的根本功能和存在原因。但期货市场套期保值绩效的度量方法却不是自期货市场产生以来就有的，而且期货市场的套期保值绩效和最优套期保值比率是紧密联系在一起的，确定适当的套期保值比率是取得好的套期保值绩效的关键，套期保值比率的确定和绩效的量度一直是学界和实务界关注的焦点[10,14,23,58,63]，自 20 世纪 80 年代以来，这方面的研究一直没有间断过。最早对期货市场最优套期保值比率的确定和套期保值绩效的度量方法进行全面研究的是埃德林顿（Ederington），他将约翰逊和斯坦恩（Johnson and Stein）的分析进行了拓展[45,83]，提出投资者进行套期保值的目标是使得所持有的资产组合的方差最小化，因此能够产生最小组合方差的套期保值比率应该就是最优的套期保值比率，这也被称为最小方差的套期保值比率[22]。他同时论证了最小方差的套期保值比率可以被定义为期货和现货价格之间的协方差与期货价格方差的比率，期货市场的套期保值绩效可以用对应的套期保值投资组合收益的方差与不进行套期保值的现货资产相比减少的百分比表示。然后他证明了最小方差套期保值比率刚好是从普通最小二乘回归（OLS）得到的斜率系数，而对应的套期保值绩效刚好就是 OLS 中的 R^2。其中套期保值期间的初始现货价格差和期货价格差分别是 OLS 中的因变量和自变量。

自埃德林顿以后，关于期货市场套期保值比率与绩效的研究一直没有中断过，概括起来，对期货市场套期保值比率与绩效的研究都是以此为基础，是从回归用变量、计量方法发展、套期保值期限的影响和理论模型四个方面进行的。

1. 回归用变量的演化

埃德林顿方法引起很多人的兴趣，人们最初从套期保值本身的含义出发，分析使用价格、价格差或者收益率来建立估计套期保值比率的回归模型的方法是否合适[112]。探讨 OLS 回归中所用的变量，戴尔（Dale）以价格为变量研究了汇率期货的套期保值比率与绩效[19]，哈延加、迪彼特和米勒（Hayenga, DiPietre and Miller）等以价格为变量对交叉套期保值进行了研究[36,71]；希尔和施内魏斯（Hill and Schneeweis）认为套期保值的收益实质上是由不同时点的价格差决定的，而且价格时间序列具有明显的自相关性，因此以价格差为变量更为合适[38]，他们以价格差为变量使用相同的汇率期货进行研究后认为，以价格为变量的方法不论是从理论上，还是从统计上都是错误的[37]；布朗和菲格列夫斯基（Brown and Figlewski）则认为利用收益率作为回归变量是合适的[9,28,50]，威特、施罗德和哈延加（Witt, Schroeder and Hayenga）对三种不同的方法进行了详细的理论分析，并利用相同的数据对三种方法进行了比较研究[89]。他们的结果表明：从统计结果显著性来看三种方法并无明显差异，采用哪一种方法更合适取决于套期保值者的目标函数和其所希望的套期保值类型，迈尔斯和汤普逊（Myers and Thompson）首次对三种方法产生差异的原因进行了思考，他认为从实证结果来看，三种方法在不同的情况下的适用程度各有不同，没有绝对的优劣，但从理论角度来讲，所得的结果都不正确，因为它们忽视了信息的更新，利用无条件样本矩来确定套期保值比率和绩效，正确的做法应该是利用条件样本矩来确定套期保值比率和绩效。尽管他的研究从理论上说明了三种方法的不准确性，但他假定期、现货价格是一个特殊的均衡模型缺乏严格的理论依据，因此他所提供的广义方法本质上也不是一个准确的方法[73]。

尽管关于到底在 OLS 回归中采用何种变量从实证结果来看一直存在争议，但越来越多的研究者倾向于用收益率作为回归变量[4,67]，主要是因为从金融学的角度来讲，收益率跟价格差和价格本身相比更具有可比性，现在大部分金融时间序列都以收益率为研究对象进行研究①。

2. 计量方法的发展

OLS 方法遇到的最大挑战来自于其误差项的异方差性，处理这一问题的方法之一是利用自回归条件异方差模型[25]（ARCH）和广义自回归条件异方差模型[5]（GARCH）。切凯蒂、坎比和菲格列夫斯基（Cecchetti, Cumby and Figlewski）利用 ARCH 模型进行相关研究[11]，而贝里和迈尔斯（Baillie and Myers）首次利用 Bivariate GARCH（BGARCH）模型进行套期保值比率和绩效的研究[3]，其后许多学者利用 BGARCH 模型对各种不同期货（如商品期货[72]、外汇期货[53]、利率期货[29]、股指期货[75]）的套期保值比率与绩效进行研究。处理条件异方差的另一个方法是利用随机系数（RC）模型，格拉玛蒂克斯和桑德斯

---

① 目前金融研究中常把真实价格取自然对数，然后进行差分得到近似的收益率，大多以收益率为对象的研究都采用这种处理方法，而把价格取自然对数简称为价格，如不特别指明，下面也采用这种处理方法。

（Grammatikos and Saunders）利用简单的 RC 模型对外汇市场进行研究[33]。简单的 RC 模型得到的套期保值比率和绩效是静态的，鲍斯和纽博尔德（Bos and Newbold）把 RC 模型和 AR 模型相结合，建立了 RCAR 模型来确定最优套期保值比率与绩效[6]。利用 BGARCH 模型和 RCAR 模型不仅有效地处理了 OLS 所遇到的误差项的异方差性，它更为吸引人的一个优点是它可以得到随时间变化而调整的（动态的）最优套期保值比率和绩效①，而这一点似乎更符合套期保值实际，理论上更占优势，尽管如此，由于受诸多现实因素的影响，与 OLS 方法相比，动态套期保值的可操作性是该方法的一个很难克服的问题。

OLS 方法的另一个让人质疑的地方是期货、现货价格序列之间存在协整关系[31,107]。格兰杰和纽博尔德（Granger and Newbold）认为[34]，如果两个经济时间序列存在协整关系，则对其进行 OLS 回归会导致"拟似回归"（Spurious Regression）②，恩格尔和格兰杰（Engle and Granger）对经济时间序列的协整关系进行了较为全面的阐述，并给出存在协整关系的时间序列的自回归移动平均（ARMA）和误差修正（EC）分解[26]。莱恩（Lien）详细分析了忽视期货和现货价格之间存在协整关系对最优套期保值比率与绩效的影响[59]。高希（Ghosh）研究认为，由于期货和现货价格之间存在协整关系，OLS 方法忽视了变量之间的长期误差修正和短期的动态信息，而误差修正模型（ECM）可以较好地处理这些问题，因此估计最优套期保值比率与绩效时应该用 ECM，使用 OLS 是不合适的，他的实证结果显示，按照 ECM 得到的套期保值比率进行操作，套期保值绩效要优于利用 OLS 所得比率进行操作的套期保值绩效[31]。需要指出的是，不同的研究者所用的 ECM 模型的具体形式是不一致的[16,64]，这会对套期保值比率和绩效产生影响。克洛纳和苏尔丹（Kroner and Sultan）把 ECM 和 GARCH 结合起来，建立了 EC－GARCH 模型，他们认为这种处理方法不仅考虑了期货、现货价格之间的长期误差修正，而且考虑了套期保值实践的动态性，是一种很好的处理方法[53]。

尽管从计量理论来讲，在 OLS 基础上发展起来的众多方法得到的套期保值比率与对应的绩效要优于 OLS 所得到的结果，然而实证结果并非如此，为验证方法的优劣，很多学者的研究采用对同一市场采用不同方法来做比较，利用埃德林顿的绩效度量方法，试图通过实证证明改进的方法的优越性[17,35,56,103]，把相关的研究结果综合起来，发现没有哪一种估计方法明显普遍地优于其他方法，甚至有时

---

① 有些研究称为动态的，有些称为时变的。

② 中文文献中有时也称为伪回归或虚假回归，根据文献［34］，拟似回归是指两个或多个可能不存在必然联系的经济变量，由于具有运动方向上的一致性，可以利用 OLS 回归时得到统计量检验十分显著的结果。

得出 OLS 方法优于其他方法，学者们只好转而探求更适用于某一期货品种的估计方法[103,112,113]，莱恩指出，如果研究的样本满足以下三个条件：①样本内样本足够大；②样本外样本足够大；③样本内、样本外样本没有结构性变化，或者说来自于同一样本。那么从理论上讲，OLS 所得结果反而优于 ECM、GARCH 或其他基于条件矩而计算出来的结果，原因是埃德林顿的绩效度量是基于 OLS 或者说是基于无条件矩而定的，它不适用于其他方法所得结果的度量，更不能用于不同方法之间的比较[61,62]。莱恩利用 24 种期货品种（包括商品期货和金融期货）数据，将 OLS、ECM 和完全套期保值以及不进行套期保值的结果进行实证检验，结果发现：如果样本不存在估计误差和结构变化，OLS 方法得到的结果最好，如果存在估计误差，OLS 和 ECM 方法所得结果的优劣差别不太明显[65]。

总而言之，到底哪一种方法能够得到较好的套期保值绩效，至今还是一个没有完全确定的问题，现在对市场套期保值比率和绩效的研究大多倾向于对同一品种，比较各种不同方法的实际绩效，进而确定最优的套期保值比率与绩效[103]。

3. 套期保值期限与套期保值比率及绩效

根据有效市场理论，长期来看，期货市场和现货市场之间应该是无套利的，因此，较长时间的套期保值应该比较短时间的套期保值能够更有效地规避风险，这一理论得到很多研究结果的支持[2,67]。

早期对这一结论进行验证的研究采用的是 OLS 方法[37]，克洛纳和苏尔丹用 EC—GARCH 模型得到了基本一致的结论：对于样本内估计，套期保值期限越长，对应的套期保值比率越大、套期保值绩效越好；对于样本外检验，随着套期保值期限的增长，套期保值得到的平均收益率变小[53,67]。齐明亮、郑明川和高勇、黄登仕利用中国期货市场进行研究得到了类似结论[99,100,108,119]，王赛德得到不一致的结果，他认为套期保值期限对应的最优比率和绩效的差别在统计上是不显著的[116]。

早期的 OLS 方法和其后用 EC—GARCH 模型进行的套期保值期限方面的研究遇到的最大问题是样本数据量的局限[2]，例如月数据量是周数据量的 1/4，而季数据量是周数据量的 1/12，随着研究期限的变长，可用数据量急剧减少，因此只能研究有限期限；并且这些方法研究结果是离散的，很难说明任意期限的结果。格佩特（Geppert）利用共同趋势模型[43,84]，有效地克服了这些问题，得到了具有普遍意义的结果[30]。

4. 相关理论模型的发展

由于埃德林顿方法及其后的改进方法使用起来比较简便，因此得到了广泛的关注。但埃德林顿以风险最小化为目标、用方差度量风险的处理方式受到很多学者的质疑，提出了不少理论模型，主要是从套期保值的目标和风险度量方面提出改进意见。

　　霍华德和安东尼奥（Howard and D'Antonio）认为，夏普比率提供了一个很好的收益—风险权衡，而不是单纯考虑风险，他以夏普比率表示绩效，以最大化夏普比率为目标，给出了一个确定套期保值比率和绩效的新方法[41]。切凯蒂等（Cecchetti et al.）认为投资者的目标应该是期望效用最大化，他采用负指数效用形式，给出了最优套期保值比率的数值解[11]，辛等（Hsin et al.）用更为具体的投资组合效用形式给出了最优套期保值比率的具体表达式[42]。黄长征将期望收益和方差结合起来，提出了一个求解套期保值比率的非线性模型[105]。

　　还有一些研究把对风险的不同度量方法引入套期保值比率的确定。张等、科尔布和奥库涅夫（Cheung et al.，Kolb and Okunev）用拓展的基尼系数来度量风险，得到了最小化拓展基尼系数期望的套期保值比率[15,52]。科尔布和奥库涅夫（Kolb and Okunev）则更进一步，同时考虑期望收益和拓展基尼系数期望进行研究[51]。莱恩和谢（Lien and Tse）以广义半方差作为风险的度量方法，得到了最小化广义半方差的套期保值比率[66]。陈等（Chen et al.）则以期望收益和广义半方差的权衡为目标，对套期保值比率进行研究[13]。

　　这些理论方法，实质上是利用不同的风险度量方法，但考虑问题的思路大同小异，或者是最小化风险，或者是对期望收益和风险进行权衡。从理论上来讲是对套期保值比率理论的发展，但在求解时往往依赖于具体的参数，应用起来极为不便。

2.1.3　研究现状简评

　　从以上文献回顾可以看出，尽管期货套期保值是所有关于期货研究中使用最多的方向之一，然而从企业套期保值实践角度来看，这一类研究仍然存在很多不足：

　　首先，对期货商品加工企业的套期保值策略研究较少。现有大部分期货商品相关企业的生产和套期保值决策研究仅仅局限于生产和套期保值研究，且主要是从期货生产企业的角度来考虑问题，缺少对期货加工企业的决策研究。尽管从某种角度来看，期货商品加工企业可以借用某些研究结果，但二者毕竟不完全一样，没有原料，任何企业就都无法正常生产，甚至无法生存。从一定意义上讲，期货商品加工企业的套期保值策略更需要研究。

　　其次，将企业套期保值策略和期货市场套期保值绩效相结合的研究较少。企业利用期货市场所决定的最优套期保值比率进行套期保值是企业可以采取的一种套期保值策略①，然而现有套期保值策略研究大多仅仅基于期货市场本身，关于

---

　　①　本书中称为保守型套期保值策略。

企业套期保值策略的研究和期货市场的最优套期保值比率与绩效的研究显得十分独立，很少有研究将二者结合起来，亦即研究分别应该在什么样的市场状况下采用哪一种策略？研究这样的问题可以更有效地指导企业实际，更具有应用价值。

再次，现有研究一直没有找到普遍适用的、确定市场最优套期保值比率的方法。关于期货套期保值比率与绩效的研究一直是研究的焦点，但很多学者提出了自己的改进方法，尽管从理论上讲每一次改进都要更准确，遗憾的是，对于不同的期货品种，学者们的实证结果显示：并不能得到比其他任何一个都要好的方法。这意味着：从实践的角度来看，不能肯定某一方法得到的套期保值比率为最优的，而且不同方法得到的套期保值绩效的比较仍然缺少理论支持，只有同一方法，不同的期货品种或期货市场套期保值绩效的比较才具有意义。目前仍有很多研究用一种方法，对一个期货市场进行研究，得到对应的套期保值绩效，得出某一市场的绩效是好还是不好，从逻辑上讲是缺乏根据的。

最后，现有关于中国企业套期保值策略和期货套期保值绩效的研究在结合中国实际方面还很欠缺。中国期货市场是典型的新兴市场，不同品种的情况存在极大差别，其套期保值绩效也有很大差别。现有这方面的研究大多孤立研究某一品种，得到的结论不够客观，此外，这些研究较少提到这些方法的适用范围，缺少实用性。

2.2　期货套期保值基本理论

2.2.1　期货套期保值理论的演变

人们普遍认为，期货一开始就是作为风险规避的工具而产生的，但对套期保值这一功能的认识则是不断发展变化的。套期保值（Hedging）原意为减少或锁住风险。它在早期贸易中就已经出现，当时商品生产者和批发商在商品交易中卖出远期交易合同而使商品价格得以保障，从而消除商品价格的季节性风险。期货市场出现以后，交易者广泛地运用期货市场来买卖期货合约，以消除现货或预期持有现货的价格风险。

20 世纪初期，凯恩斯（Keynes）和希克斯（Hicks）提出的传统套期保值理论[①]认为，套期保值是为了规避现货市场上价格波动的风险，起到一种价格保险

---

① 有些文献中称为幼稚（Naive）套期保值。

的功能。套期保值者通过在期货市场上持有一个与现货市场上交易方向相反，但数量相等的同类商品的期货合约，那么不管现货市场上的价格怎样波动，最终都能达到在一个市场上亏损的同时，在另一个市场上盈利的效果，并且亏损与盈利大致相等，套期保值者因此把价格风险转嫁给投机者而得以规避风险[104]。根据传统的套期保值概念，套期保值者交易时应当遵循如下四个原则，即品种相同原则、数量相等原则、方向相反原则、时间相近原则。然而，随着认识和实践的发展，这种套期保值方式显得机械、僵化，目前在实际中已很少被应用。

自 20 世纪中期欧文提出了"欧文定律"（Irwin's Law）① 以后，经济学界对期货市场功能理论的认识发生革命性变化[109]。20 世纪 50 年代，沃金（Working）提出了选择性②套期保值理论[91]，认为套期保值者不是纯粹的风险最小者，而应看作是预期收益最大化者。该理论认为套期保值的核心并不在于能否消除价格风险，而是能够根据基差的变化来谋取利润，套期保值者实际上是预期收益最大化的，这就改变了传统的对套期保值的"数量相等，部位相反"的理解，可以做出适时有效的选择和调整。根据这个理论，套期保值是指在期货市场上买进或卖出与现货数量相当（不是相等），但交易方向相反的商品期货合约，以期在未来某个时间通过卖出或买进同等数量的期货合约而补偿因现货市场价格波动所造成的实际价格风险的交易。选择性套期保值理论在一定程度上克服了传统套期保值理论的局限性，推动了套期保值行为的发展，套期保值交易因此更加具有灵活性和可操作性，套期保值者在品种选择、建仓时机、平仓时机等方面有更多的操作策略，对提高套期保值的效率和扼制非理性投机等方面提供了必要的理论指导。沃金还证明了现实生活中并非所有的套期保值行为都能够消除风险，完全保值只是一种十分偶然的经济现象。

20 世纪 60 年代，约翰逊和斯坦恩（Johnson and Stein）提出资产组合套期保值理论[45,83]，其核心是交易者在期货市场进行套期保值，实质上是对期货市场与现货市场上的资产进行组合投资。在套期保值期间，组合投资的套期保值比率将随着时间的推移，根据交易者的风险偏好和对期货价格的预期而变化。认为套期保值者除了可以有选择地做套期保值交易之外，买卖的合约数量也不一定要与现货交易的数量一致，其最终目的是取得最大的投资收益，并且最小限度地承担投资风险，而不是为了锁定其在现货市场部位的收益。根据这一理论，套期保值就是利用期货合约可以在期货市场上很方便地进行"对冲"这一特点，通过在期货市场上持有一个与现货市场交易部位相反，数量相当的合约，以实现规避风险，且获得最大收益的交易。显然，套期保值者可以根据情况灵活地调整其套期保值比率。

---

① 欧文定律指出期货市场诞生的主要推动力来自套期保值者，而不是投机者。
② 有些文献中称为基差逐利型套期保值。

资产组合套期保值理论认为交易策略要兼顾规避风险和保证一定的预期收益两方面因素，它是传统与选择性套期保值理论的有效组合与发展，对期货市场中的经济现象具有很强的解释能力。在实际交易中，套期保值者通常从事套期保值和投机两种交易，而且期货和现货的头寸并不总是一致，这些行为和资产组合理论的基本原理完全符合。

随着期货市场的发展和人们认识的不断提高，期货市场上传统的套期保值、转移风险功能已经演化成动态的风险管理概念，即市场主体参与期货交易不仅是为了降低风险，更重要的是要使预期利润最大化。

2.2.2 期货市场的风险分配机制与主体构成

大多数研究者认为，投机交易与套期保值交易构成了期货市场的风险分配框架，对期货合约的需求来自套期保值者和投机者[96]。潜在的套期保值者是面临现货价格波动风险者，他们面临的价格波动很可能朝向对他们不利的方向变化，因此套期保值者进入期货市场的主要目的就是为了把风险转移给其他人，套期保值者利用较小的基差风险代替了较大的现货价格风险。如果现货价格与期货价格的价差（基差）是稳定的，那么，套期保值者在现货和期货上的相反操作是能够消除价格风险的。空头套期保值者卖出期货，承担了在合约到期时提供相应商品的义务。如果合约通过交割方式了结，资产价值的净变化就是交割月的期货价格减去现货价格差。典型的期货合约通过购买相反方向的期货头寸对冲了结相应义务。

通过期货市场，套期保值者能够将价格风险转移出去，转移出去的风险有两种承担者。一种是由另外一个套期保值者承担，例如，大豆生产者运用期货市场将风险转移给大豆加工商；另一种风险承担者是投机者，他们是价格风险的甘愿承担者，把生产者的价格风险转移到行业之外，可有效避免社会生产的波动。作为生产经营者的套期保值者通过套期保值交易，可以锁定价格，放心地从事生产经营。他们是以放弃获得最大利润的机会为代价，及以避免可能遭受的最大损失的风险为补偿来实现其稳妥经营战略的。投机者则根据自己对商品价格的预期，买进或卖出合约，承担风险回避者所不愿意承担的风险，以图分享套期保值者放弃的一部分利润达到其投机盈利的目的。

按交易目的来划分，参与交易的市场主体除了上面提到的两类外，还有一类叫做套利者。它们不仅参与交易的目的不同①，而且对期货市场的作用也不同，都对期货市场功能的发挥起着不可或缺的作用。

---

① 一般认为，套期保值者为回避因市场价格波动风险造成的损失而买卖期货合约，投机者利用市场价格波动的风险进行投机活动，套利者则主要利用市场供求关系的暂时性不均衡套取无风险利润。

　　如果以套期保值者作为交易对象，只有在买进套期保值者和卖出套期保值者的交易数量完全相符时，交易才能成立，风险才能得以转移。实际上，这种情况是几乎不存在的，多头套期保值者和空头套期保值者之间的不平衡是经常的，这是由市场经济条件下的商品供给和需求在总量、结构、时间、空间上的矛盾所决定的。投机者的加入恰好能抵销这种不平衡，促使套期保值交易得以实现。

　　如果没有投机者的存在，套期保值回避风险的功能就很难实现。因为投机者加入期货市场，不仅提供了风险承担者，而且提供了增加市场流动的风险资本。投机者运用这些资本进行投资，以追求风险收益，扩大了市场的交易量，使套期保值者无论买进或卖出都能很容易地找到交易对手，自由地进出期货市场，从而增加了市场的流动性。从某种意义上讲，期货投机者是期货市场的创造者，是期货市场回避风险功能发挥的润滑剂。

　　事实上，无论采用风险的哪种定义①，套期保值者和投机者并非其定义或者是其交易目的所表示的含义那么明确，在可行的套期保值交易中，交易者要为回避不确定的风险而付出同样不确定却与要回避风险等量或对称的代价。由于期货价格体现了交易者总体对远期现货价格的心理预期，且这一预期不存在系统性偏差，在保值者与投机商之间的交易，是双方各自为对方承担了方向相反，但出现概率相同的风险。准确地说，交易者之间是一种互施、互担风险的相互转移与承担的关系。例如，期货空头可以规避价格下跌而造成的损失，但当价格上涨时，就要承担合约交割所造成的损失，而期货多头的情况刚好相反，他可以规避价格上涨而造成的损失，当价格下跌时，交割合约就会给他带来损失。

　　尽管从理论上讲，期货价格体现了交易者总体对远期现货价格的心理预期，且这一预期不存在系统性偏差，但无论是期货价格和现货价格都会受到一些偶然因素的影响，再加上参与交易者的可能的非理性，还有短期过度投机因素的影响，会使市场产生极度的暂时性偏差，这种偏差如果得不到纠正，就会对市场造成极大的破坏，严重的会导致市场的崩溃，甚至影响整个经济的健康运行。套利者凭着其敏锐的市场判断力和观察力，利用市场的这种暂时性不均衡，套取无风险利润，他们的参与可以有效地纠正并使市场脱离这种不均衡状态，使市场尽快回到正常的轨道上来。

---

　　① 经济学中，风险（Risk）和不确定性（Uncertainty）几乎是同义词。现实经济中，由于对未来预期损失的强烈关注，人们又往往倾向于将风险理解为某种预期损失的可能性。学术界从不同角度对风险理论进行了研究。目前理论界对风险的定义，归纳起来主要有以下几点：①风险是遭受损失的可能性；②风险是事物的不确定性；③风险是实际结果与预期目标之间可能发生的偏离。

2.3 企业套期保值策略相关理论

企业套期保值策略是指企业参与期货交易时而采取的策略，一般期货套期保值理论是从单纯期货市场或者说投资者的角度出发的，而企业套期保值是从企业角度出发的，因为企业在参与期货交易时，既可以按纯投资者的身份操作，也可以结合企业的具体生产实际进行操作，当企业按投资者的身份进行操作时，称其采取保守型套期保值策略，而企业进行其他期货交易时，则称其采取进取型套期保值策略。

由于此前没有研究按照这个标准进行划分，根据笔者的理解，结合已有的研究，现有的企业套期保值相关理论主要包含以下两个方面：

2.3.1 企业保守型套期保值策略的最优比率理论

理论上讲，保守型套期保值策略经历了传统套期保值策略、选择性套期保值策略和现代资产组合套期保值策略三个阶段，到目前为止，关于三种策略哪一种最优的研究一直没有间断过，大多数研究结果表明，幼稚的套期保值策略效果确实不如另外两种，但选择性套期保值策略和现代投资组合套期保值策略却一直难分高下。选择性套期保值策略的核心理念是选择交易时机，不存在固定的模式，实践中主要靠管理者的经验，无法用数理模型进行具体操作方面的研究[32,90]。资产组合套期保值策略的核心理念是把套期保值操作中的现货头寸和期货头寸看成是一个资产组合，因而可以利用现代资产组合理论来对它进行研究，具体确定操作中期货头寸和现货头寸的最优比率（即套期保值比率）。

最优套期保值比率的理论是基于套期保值者的不同出发点，研究中最常用的两类模型是风险最小化模型和效用最大化模型，得到风险最小化套期保值比率和效用最大化套期保值比率；现代资产组合套期保值策略研究就是把资产组合理论和这两类模型相结合，根据理论模型的不同，得到不同的套期保值比率，目前得到的主要套期保值比率有：最小化方差套期保值比率[45]（MVHR）、均值—方差套期保值比率[42]（M - VHR）、夏普套期保值比率[41]（SHR）、最小化广义基尼系数均值套期保值比率[15]（MMEGHR）、最优均值—广义基尼系数均值套期保值比率[51]（M - MEGHR）、最小化广义半方差套期保值比率[13]（MGSVHR）、最优均值—广义半方差套期保值比率[13]（M - MGSVHR）。风险最小化模型的基本思想是用不同的风险度量方法，并将其最小化；而资产组合理论中的期望效用最大化就是在均值—方差效用中引入不同的风险度量，形成不同的效用形式，并将其最大化。这两类模型及其思想被人们普遍采用，发展了很多种风险度量方法，它们被用于不同的研究中，得到很多有意义的结果。其中一部分研究尽管构思精巧，理论结果优美，但缺乏实用性。广为人们所用的是最小化方差套期保值比率（MVHR）、均值—方差套期保值比率（M–VHR）和夏普套期保值比率（SHR）。

套期保值实质上是指在现货市场和期货市场同时投资形成一个投资组合，以达到消除（或减少）该投资组合价值（或收益率）的波动。考虑一个由 C_s 单位的现货多头和 C_f 单位的期货空头组成的投资组合，期货合约可以用来减少现货头寸的价值波动，S_t 和 F_t 分别表示时刻 t 的现货价格和期货价格。

该套期保值投资组合的收益率为：

$$R_h = \frac{C_s S_t R_s - C_f F_t R_f}{C_s S_t} = R_s - h R_f \tag{2.1}$$

其中 $R_s = \frac{(S_{t+1} - S_t)}{S_t}$ 和 $R_f = \frac{(F_{t+1} - F_t)}{F_t}$ 分别表示单时期的现货头寸和期货头寸的收益率，则

$$h = \frac{C_f F_t}{C_s S_t} \tag{2.2}$$

称为套期保值比率。

该投资组合的价值的变化为：

$$\Delta V_H = C_s \Delta S_t - C_f \Delta F_t \tag{2.3}$$

其中 $\Delta S_t = S_{t+1} - S_t$ 和 $\Delta F_t = F_{t+1} - F_t$，而此时套期保值比率表示为：

$$H = \frac{C_f}{C_s} \tag{2.4}$$

进行套期保值操作的关键就是寻找一个最优的套期保值比率（h 或 H），这依赖于目标函数的选取。

2.3.1.1 最小化方差套期保值比率（MVHR）

最小化方差套期保值比率是通过最小化投资组合风险而得到的，这里投资组合风险可以用投资组合的收益率的方差

$$\text{Var}(R_h) = \text{Var}(R_s) + h^2 \text{Var}(R_f) - 2h \text{Cov}(R_s, R_f)$$

来表示，对应的最小化方差套期保值比率为：

$$h^* = \frac{\text{Cov}(R_s, R_f)}{\text{Var}(R_f)} = \rho \frac{\sigma_s}{\sigma_f} \tag{2.5}$$

其中 ρ 为 R_s 和 R_f 的相关系数，σ_s 和 σ_f 分别为 R_s 和 R_f 的标准差。也可用投资组合和价值变化的方差

$$\text{Var}(\Delta V_H) = C_s^2 \text{Var}(\Delta S) + C_f^2 \text{Var}(\Delta F) - 2 C_s C_f \text{Cov}(\Delta S, \Delta F) \tag{2.6}$$

表示，对应的最小化方差套期保值比率为：

$$H^* = \frac{C_f}{C_s} = \frac{\text{Cov}(\Delta S,\ \Delta F)}{\text{Var}(\Delta F)} \tag{2.7}$$

最小化方差套期保值比率的优势在于其简便易行，且容易理解，因而得到广泛应用；不足之处在于它只关注风险，而不顾收益，不太让人信服。然而，在市场信息很少时，用最小化方差套期保值比率进行操作仍然是一个不错的选择。

2.3.1.2　均值—方差套期保值比率（M – VHR）

均值—方差套期保值比率是利用期望效用模型思想而得到的最简单的套期保值比率，其常见形式为：

$$\begin{cases} \max\limits_{C_f} V(E(R_h),\ \sigma;\ A) \\ V(E(R_h),\ \sigma;\ A) = E(R_h) - 0.5A\sigma_h^2 \end{cases} \tag{2.8}$$

其中 $\sigma_h^2 = \text{Var}(R_h)$，$A$ 为风险厌恶参数。这个效用函数把风险和收益结合起来似乎更为合理，更易为人们所接受，得到的套期保值比率为：

$$h^* = -\left[\frac{E(R_f)}{A\sigma_f^2} - \rho\frac{\sigma_s}{\sigma_f} \right] \tag{2.9}$$

这个比率的一个明显的瑕疵是含有风险厌恶参数，一般而言，由于人们的风险厌恶参数不一样，所以不同的人会选择不同的套期保值比率，由此得来的套期保值比率的准确性尽管会让人怀疑，但它仍然是一个很重要的方法。

特别地，当风险厌恶参数为无穷大（或者说个人为无限风险厌恶）时，或者期货市场为无偏市场时，M – VHR 和 MVHR 为一致的。

2.3.1.3　夏普套期保值比率（SHR）

应用投资组合中的夏普测度标准，可得到如下模型：

$$\begin{cases} \max\limits_{C_f} \theta(E(R_h),\ \sigma) \\ \theta(E(R_h),\ \sigma) = \dfrac{E(R_h) - R_F}{\sigma_h} \end{cases} \tag{2.10}$$

其中 $\sigma_h^2 = \text{Var}(R_h)$，$R_F$ 为无风险利率。可得到最优的期货头寸为：

$$C_f^* = -C_s \frac{\left(\dfrac{S_t}{F_t}\right)\left(\dfrac{\sigma_s}{\sigma_f}\right)\left[\left(\dfrac{\sigma_s}{\sigma_f}\right)\left(\dfrac{E(R_f)}{(E(R_s) - R_F)}\right) - \rho\right]}{\left[1 - \left(\dfrac{\sigma_s}{\sigma_f}\right)\left(\dfrac{E(R_f)\rho}{(E(R_s) - R_F)}\right)\right]} \tag{2.11}$$

最优的套期保值比率为：

$$h^* = -\frac{\left(\dfrac{\sigma_s}{\sigma_f}\right)\left[\left(\dfrac{\sigma_s}{\sigma_f}\right)\left(\dfrac{E(R_f)}{(E(R_s)-R_F)}\right)-\rho\right]}{\left[1-\left(\dfrac{\sigma_s}{\sigma_f}\right)\left(\dfrac{E(R_f)\rho}{(E(R_s)-R_F)}\right)\right]}$$ (2.12)

夏普套期保值比率的思想尽管很简单，但其形式复杂得多，而且还需要找到无风险利率，这还不是最困难的，对于夏普比率而言，最困难的是其效用函数为非线性的，因此很难保证其取最大值的条件，有时甚至得到的是最小值，更有甚者，有时可能根本不能取到最值。

但期货市场无偏时，SHR 与 MVHR 和 M－VHR 是一致的。

上述所提到的这三种以外的套期保值比率，应用起来难度较大，与本书关系也不大，在此不一一赘述。感兴趣的读者可参考文献［13～15，51］。

2.3.2　企业进取型套期保值策略的最优期货交易量理论

企业进取型套期保值策略与保守型套期保值策略的最大差别在于企业不仅根据期货市场的情况，还要根据企业的生产实际进行期货交易，由于企业面临不确定的市场环境，需要套期保值的现货头寸经常是不确定的，为保证期望利润或其他效用的最大化，进行期货交易时的期货头寸可能会超过需要套期保值的现货头寸，实质上这种情况下的期货交易中不仅含有套期保值的成分，也含有投机的成分，因此称为进取型套期保值策略。

因为考虑了企业复杂的生产实践，进取型套期保值策略中不像资产组合套期保值策略那样，可以发展出很多具体的可行的套期保值比率，它往往需要采用不同的效用形式，才有可能得到具体的可行的操作方案，有时仅仅能得到理论的指导，本书以几个典型的研究为例来说明。

2.3.2.1　产量确定时的生产企业进取型套期保值策略

将期货交易和企业生产实际相结合的经典研究首推丹塞恩（Danthine）[20]，假定生产者的产量是预先确定的，生产者在卖出产品时有两种选择：期货卖出和现货卖出，在某一时期（生产阶段）初始，生产者决定生产量和期货交易量，生产结束，生产者卖出产品，并将期货头寸平仓，获得收益。研究结果显示[20]：期货交易不会影响生产决策，不仅如此，生产者的风险厌恶程度、现货价格的分布也不会影响生产决策，但会影响期货交易量，为了期望效用最大，生产者将可能卖出比预先确定的产量更大的期货头寸。实质上，由于产量是确定的，生产者的期货交易很容易区分是套期保值还是投机。

严格来讲，丹塞恩（Danthine）研究的不属于进取型套期保值策略，但它提供了一个研究进取型套期保值策略的基本框架，其后的研究大都以此为基础。

2.3.2.2 产量不确定时的生产企业进取型套期保值策略

继丹塞恩之后，安德森和丹塞恩（Anderson and Danthine）进一步在多时期的框架下研究了生产企业的进取型套期保值策略，他们首先研究产量确定时的套期保值策略，得到了与丹塞恩一致的结论。他们接着研究了产量和现货价格都不确定时的策略，他们利用资产组合理论中的均值—方差效用，收益模型中有现货价格、期货价格和产量三个随机变量，随机变量的期望、方差和它们之间的相关系数为已知常量，套期保值比率定义为期货交易量和产量的期望之比，由他们的研究结果明显可以看出，套期保值比率可以不再局限于 0 与 1 之间，而且可能是大于 1 的[1]。他们清楚地分析了企业进取型套期保值策略与保守型套期保值策略的不同组成成分，保守型套期保值策略中的期货交易量主要由与期货、现货收益的相关性来决定，而进取型套期保策略中的期货交易量除了这一影响因素之外，还与产量的分布、生产者的风险厌恶程度以及生产者对期货、现货交割时的价差等因素有关，他们还按照研究结果把期货交易量分成纯套期保值和投机两部分。

由于模型中含有三个随机变量，他们的研究仅能够从理论上说明企业的进取型套期保值策略的复杂性，而无法用于企业直接决策。

2.3.2.3 需求不确定时的加工企业进取型套期保值策略

瓦格纳（Wagner）在单一时期框架下，利用均值—方差效用研究了加工企业的进取型套期保值策略，他们假定产品价格、期货价格和现货价格为随机变量，加工企业需要在生产开始时，根据生产计划作出原材料的期货交易量和现货采购量决策，生产完成时，卖出产品，得到收益。加工企业要最大化其均值方差目标[87]。

他对策略中的期货交易量的构成进行了分析，把它分成纯套期保值交易、策略性交易和投机性交易三个部分，显示了加工企业面临的决策问题要比生产企业复杂得多。由于研究中的原材料需求量是一定的，他定义期货交易量与原材料需求量的比值为套期保值比率，同样可得：这样的套期保值比率仍然可以是大于 1 的。

由于模型过于复杂，这一研究同样仅仅能够从理论上说明企业的进取型套期保值策略、解释企业的不同期货交易现象，同样无法用于企业直接决策。

2.4 确定期货市场最优套期保值比率与绩效的计量方法

2.4.1 OLS 回归方法

这种方法最早被用于估计 MVHR，其中的一个回归方程形式为：

$$\Delta S_t = \alpha_0 + \alpha_1 \Delta F_t + e_t \tag{2.13}$$

得到的 α_1 就是 MVHR[47]。

OLS 回归方法非常简便、易行。但有很多地方受到人们的质疑，其中最突出的有两点：一是回归中的误差项存在异方差现象，二是现货价格和期货价格的协整（Cointegration）关系①。在后面还有详细的讨论。

这种简单的 OLS 回归方法遇到的一个挑战是它用到的是无条件样本矩而非条件样本矩，因此它没有用到所有的信息，迈尔斯和汤普逊（Myers and Thompson）提出了一个修正办法[73]，他们借助于一个期货、现货价格的均衡模型，得到 MVHR 形式如下：

$$H^* = \frac{C_f}{C_s} = \frac{\text{Cov}(\Delta S, \ \Delta F) \ | \Omega_{t-1}}{\text{Var}(\Delta F) \ | \Omega_{t-1}} \tag{2.14}$$

假定 Ω_{t-1} 为当前信息集，它包含一个变量向量 X_{t-1}，现货和期货价格服从下面的均衡模型：

$$\begin{cases} \Delta S_t = X_{t-1}\alpha + u_t \\ \Delta F_t = X_{t-1}\beta + \nu_t \end{cases} \tag{2.15}$$

此时得到的 MVHR 的极大似然估计量为

$$\hat{h} \,|\, X_{t-1} = \frac{\hat{\sigma}_{u\nu}}{\hat{\sigma}_\nu^2} \tag{2.16}$$

其中 $\hat{\sigma}_{u\nu}$ 是残差 u_t 和 ν_t 之间的样本协方差，$\hat{\sigma}_\nu^2$ 是残差 ν_t 的样本方差。

一般情况下，这两个估计量是不会相等的，也就意味着 OLS 回归得到的估计量一般来讲不是最优的。

---

① 现货价格和期货价格的协整关系通常是验证其价格的自然对数值的协整关系。为了方便，一般都简称为现货价格和期货价格的协整关系。若不特别说明，书中都采用这个表达方式。

2.4.2　ARCH 和 GARCH 方法

ARCH 和 GARCH 模型的发展，促使估计 MVHR 的 OLS 回归方法可以考虑其误差项的异方差性。并且由 GARCH 模型还可得到其条件样本方差和协方差，GARCH 技术允许 MVHR 随不同的套期保值时期而变化。

估计 MVHR 的二元 GARCH 模型[3] 如下：

$$\Delta Y_t = \mu + e_t \tag{2.17}$$

$$e_t \mid \Omega_{t-1} \sim N(0, H_t) \tag{2.18}$$

$$\Delta Y_t = \begin{bmatrix} \Delta S_t \\ \Delta F_t \end{bmatrix}, \ \mu = \begin{bmatrix} \mu_1 \\ \mu_2 \end{bmatrix}, \ e_t = \begin{bmatrix} e_{1t} \\ e_{2t} \end{bmatrix} \tag{2.19}$$

$$H_t = \begin{bmatrix} H_{11,t} & H_{12,t} \\ H_{12,t} & H_{22,t} \end{bmatrix} \tag{2.20}$$

$$vec(H_t) = C + Avec(e_{t-1}e'_{t-1}) + Bvec(H_{t-1}) \tag{2.21}$$

时刻 $(t-1)$ 的条件 MVHR 为：

$$h_{t-1} = \frac{H_{12,t}}{H_{22,t}} \tag{2.22}$$

上述二元 GARCH 模型可推广到多元 GARCH 模型，用于同时估计多于一个品种的 MVHR，包含三个期货品种的多元 GARCH 模型[82] 如下：

$$\Delta Y_t = \mu + e_t \tag{2.23}$$

$$e_t \mid \Omega_{t-1} \sim N(0, H_t) \tag{2.24}$$

$$\Delta Y_t = \begin{bmatrix} \Delta S_{1t} \\ \Delta S_{2t} \\ \Delta S_{3t} \\ \Delta F_{1t} \\ \Delta F_{2t} \\ \Delta F_{3t} \end{bmatrix}, \ \mu = \begin{bmatrix} \mu_1 \\ \mu_2 \\ \mu_3 \\ \mu_4 \\ \mu_5 \\ \mu_6 \end{bmatrix}, \ e_t = \begin{bmatrix} e_{1t} \\ e_{2t} \\ e_{3t} \\ e_{4t} \\ e_{5t} \\ e_{6t} \end{bmatrix} \tag{2.25}$$

$$H_t = \begin{bmatrix} H_{11,t} & H_{12,t} & H_{13,t} & H_{14,t} & H_{15,t} & H_{16,t} \\ & H_{22,t} & H_{23,t} & H_{24,t} & H_{25,t} & H_{26,t} \\ & & H_{33,t} & H_{34,t} & H_{35,t} & H_{36,t} \\ & & & H_{44,t} & H_{45,t} & H_{46,t} \\ & & & & H_{55,t} & H_{56,t} \\ & & & & & H_{66,t} \end{bmatrix} \tag{2.26}$$

$$\text{vec}(H_t) = C + A\text{vec}(e_{t-1}e'_{t-1}) + B\text{vec}(H_{t-1}) \tag{2.27}$$

总而言之，GARCH 方法得到的是条件 MVHR，它等于现货和期货价格变化的条件协方差与期货价格变化的方差之商，并且随不同的套期保值时期而变化。

2.4.3　协整关系和误差修正模型方法

两个序列的协整关系是恩格尔和格兰杰（Engle and Granger）在 1987 年定义的，他们指出，如果两个序列存在协整关系[26]，则用 OLS 方法会出现"拟似回归"[34]（Spurious Regression）。而很多研究发现，现货和期货价格存在协整关系，这更使得 OLS 方法遭到人们的质疑。解决这一问题的一个方法是在回归方程中加入误差修正项，加入误差修正项后的方程称为误差修正模型。

检验两个时间序列的协整关系首先需要对这两个序列进行单位根检验，单位根检验的方法较多，例如：ADF（Augmented Dickey – Fuller）检验[21]、PP（Phillips – Perron）[78]检验、KPSS（Kwiatkowski, Phillips, Schmidt, and Shin）检验[54]、ERS（Elliott, Rothenberg and Stock）检验[24]，NP（Ng – Perron）检验等[74]。如果两个序列均是非平稳的，接下来进行协整检验，根据 Engle 和 Granger 的经典工作[26]，将这两个序列做 OLS 回归，如果得到的残差序列是平稳的，就说这两个是协整的，这提供了一种检验方法。另一检验方法是 JJ（Johansen – Juselius）检验[44]。

如果现货和期货价格存在协整关系，则估计 MVHR 需要进行两个步骤：

第一步：对现货和期货价格做如下协整回归：

$$S_t = a + bF_t + u_t \tag{2.28}$$

第二步：做如下包含误差修正模型的估计：

$$\Delta S_t = \rho u_{t-1} + \beta \Delta F_t + \sum_{i=1}^{m} \delta_i \Delta F_{t-i} + \sum_{j=1}^{n} \theta_i \Delta S_{t-j} + e_j \tag{2.29}$$

其中 u_t 是第一步协整回归中的残差项，估计式中的 β 值就是 MVHR[16]。

2.4.4　多元协整序列共同趋势模型方法

n 元协整序列 $X_t \in CI(d, b)$ 可表示为：

$$\Delta X_t = \mu + C(B)\varepsilon_t, \quad \sum_{i=0}^{\infty} i \mid C_i \mid \ < \ \infty \tag{2.30}$$

其中 $C(z) = \sum_{i=0}^{\infty} C_i z^i$，$C(0) = I_n$（$n \times n$ 单位矩阵），ε_t 为均值为 0 的独立、同分布序列，其协方差矩阵为 M，B 为滞后算子，$\Delta \equiv 1 - B$，$Rank(C(1)) = m$。对于

X_t，格兰杰和恩格尔指出[26]：存在一 $n \times r(r = n - m)$ 矩阵 A，使得 $A'C(1) = 0$ 和 $A'\mu = 0$。更进一步，斯托克（Stock）和威特森（Watson）指出[84]：存在一 $n \times r$ 矩阵 H_1，满足 $C(1)H_1 = 0$，把和 H_1 列正交的秩为 m 的 $n \times m$ 一个矩阵记为 H_2。

做适当的变换如下：

$$\eta_t = M^{-\frac{1}{2}}\varepsilon_t \tag{2.31}$$

$$\xi_t = \sum_{s=1}^{t} \eta_s \tag{2.32}$$

$$\gamma = C(1)H_2 \tag{2.33}$$

$$H = (H_1 H_2) \tag{2.34}$$

$$S_m = (0_{m \times (n-m)} I_m) \tag{2.35}$$

$$\tau_t = (1 - B)^{-1}(C(B) - C(1))M^{\frac{1}{2}}\eta_t \tag{2.36}$$

$$c_t = S_m H^{-1}\bar{\mu}t + S_m H^{-1} M^{\frac{1}{2}}\xi_t \tag{2.37}$$

$$w_t = S_m H^{-1} M^{\frac{1}{2}}\eta_t \tag{2.38}$$

可将 X_t 表示为如下的形式：

$$X_t = \gamma c_t + \tau_t \tag{2.39}$$

$$c_t = c_{t-1} + w_t \tag{2.40}$$

其中 γc_t 为 $k = n - r$ 个随机漫步、共同趋势 c_t 的线性组合，而 τ_t 为一些平稳的"暂时"成分，这一表达式被称为共同趋势模型。

特别地，考虑期、现货价格序列关系，此时，$n = 2$，$k = 1$。格佩特（Geppert）指出[30]：当期货和现货价格的自然对数值（分别用 F_t 和 S_t 表示，为简单计，以后简称期、现货价格）具有协整关系时，按照上面的式（2.39）和式（2.40），它们可以分解为一个共同趋势 c_t 和一个"暂时"成分 τ_t 之和，表示如下：

$$S_t = a_1 c_t + a_2 \tau_t \tag{2.41}$$

$$F_t = b_1 c_t + b_2 \tau_t \tag{2.42}$$

$$c_t = c_{t-1} + u_t \tag{2.43}$$

$$\tau_t = \alpha \tau_{t-1} + \nu_t \tag{2.44}$$

其中下标 t 表示时间，共同趋势 c_t 是一个纯粹的随机漫步，其新生量永远不会消失，"暂时"成分 τ_t 为一 AR（1）过程，其新生量的衰减率为 α，u_t 和 ν_t 为随机扰动项，a_1，b_1 分别表示现、期货价格对应于共同趋势的变化率，a_2，b_2 则表示对应于"暂时"成分的变化率。

经过计算（计算过程见附录 A2.1），得到以收益方差最小为目标的最优套期保值比率和套期保值绩效①分别为：

$$R(k) = \frac{a_1 b_1 k\sigma_u^2 + 2a_2 b_2 \left(\frac{1-\alpha^k}{1-\alpha^2}\right)\sigma_v^2}{b_1^2 k\sigma_u^2 + 2b_2^2 \left(\frac{1-\alpha^k}{1-\alpha^2}\right)\sigma_v^2} \tag{2.45}$$

和

$$E(k) = \frac{\left(a_1 b_1 k\sigma_u^2 + 2a_2 b_2 \left(\frac{1-\alpha^k}{1-\alpha^2}\right)\sigma_v^2\right)^2}{\left(a_1 b_1 k\sigma_u^2 + 2a_2^2 \left(\frac{1-\alpha^k}{1-\alpha^2}\right)\sigma_v^2\right)\left(b_1^2 k\sigma_u^2 + 2b_2^2 \left(\frac{1-\alpha^k}{1-\alpha^2}\right)\sigma_v^2\right)} \tag{2.46}$$

式（2.45）、式（2.46）与式（2.41）~（2.44）中的时间单位是一致的，这里 σ_u^2、σ_v^2 分别为对应数据的共同趋势和"暂时"成分的方差，k 为单位时间数，k 越大则表示套期保值时间越长，当采用周数据时，$k=1$ 表示套期保值期间为一周，$k=2$ 即表示套期保值期间为二周。理论上讲，如果某一品种的期货和现货价格具有协整关系，则根据日数据可以得到期限为任意天的套期保值比率与绩效，根据周数据可以得到期限为任意周的套期保值比率与绩效，因此可以推知：根据较小的数据量，可以得到任意期限的套期保值比率与绩效，这是共同趋势模型方法的最大优势。

协整序列共同趋势模型方法主要分为两步，第一步是检验期货和现货价格之间是否具有协整关系；第二步是确定模型参数，据此进一步得到 MVHR。

协整序列共同趋势模型方法得到的结果比较准确。它在很多方面都比 OLS 方法更优越，然而，这一方法首先要求期货和现货价格具有协整关系，并且在确定模型参数时需要编程处理，对部分人而言，存在一定的困难。

2.4.5　历史数据法

由于最优均值—方差套期保值比率的计算需要确定风险厌恶系数，而夏普套期保值比率的非线性导致最优解的不可得性，至今没有一个严密的方法。要估计出这两个套期保值比率，只有通过历史数据，利用前述的表达式（2.9）和（2.10）计算出来，用样本矩替代理论的总体矩，具体地讲，用样本的平均收益率替代总体的期望收益率，用样本标准差替代总体标准差，样本的相关系数替代总体的相关系数。其他比率的估计可参考文献［52，66］。

①　文献［30］中的绩效计算有误，根据文献［22］，套期保值比率应为期货收益率和现货收益率的协方差与现货收益率的方差之比，套期保值绩效应为期货收益率和现货收益率的相关系数的平方，而文献［30］中的套期保值绩效似为期货收益率和现货收益率的相关系数，这会导致计算出的套期保值绩效变大。

2.5 期货市场实践和理论发展综述

2.5.1 美国等发达国家期货市场的实践和理论发展历程

期货市场起源于19世纪中期，随着一个多世纪以来的不断发展与壮大，关于期货市场的理论，尤其是期货市场功能理论也在实践中逐步形成和完善。

第一阶段：萌芽于欧洲，出现于美国（19世纪中后期，1848~1900年）。

随着现代商品经济的发展和生产力的提高，尤其是国际贸易的普遍开展，世界市场逐步形成，市场供求状况变化更为复杂，仅有一次性地反映市场供求预期变化的远期合约交易已经不能适应现代商品经济的发展。1848年美国芝加哥期货交易所（CBOT）的成立，标志着期货交易的开始。伴随着合约标准化以及结算制度的建立，期货交易结构逐步健全起来。

第二阶段：对期货市场的性质和基础性功能有了初步结构性的认识（20世纪上半期，1900~1940年）。

人们开始发现，利用期货市场的交易，可以规避现货市场价格异常波动的风险。凯恩斯（Keynes，1930）、希克斯（Hicks，1939）和卡尔多（Kaldor，1940）从风险规避及保险等角度研究了套期保值。同时辨别清楚了期货市场与赌博行业的区别。根据参与者的目的不同，将投资者分为投资（投机）者和套期保值者。投机者的参与能够增强市场的稳定价格的功能被提了出来。布雷斯（Brace，1931），弗雷德里克（Frederick，1937）认为期货投机者扮演了稳定价格的角色。

这一阶段的期货理论，不仅认识到期货市场具有套期保值功能，而且还发现了投机者通过交易推动市场流动性，在提高市场效率和功能方面的关键作用，但是由于缺乏投资理论和对金融市场收益特性的系统性理论认识，在那个时期，人们还没有认识到机构投资者在价格发现过程中所起的关键作用，对作为投资资产的期货合约的风险收益来源缺乏认识。

第三阶段：期货市场规则更加规范化，市场理论得到了深入发展（20世纪中期，1940~1960年）。

期货市场交易的有效性和功能性，被各个行业所接受并得到了运用。基于对冲商业性风险手段的需求是这一发展阶段的突出标志，期货市场在各种质疑中逐渐地发展壮大，并且克服这些保守的反对意见，期货交易方式开始蔓延到其他行业领域，出现了除谷物之外的贵金属、工业品以及能源等多个行业中的商品。

期货市场价格的预期性得到了参与者的关注和考证。期货价格具有预期性特征，这种观点得到了期货研究工作者的普遍认同。霍尔布克·沃金（Holbook Working，1942）认为期货价格是在综合了商品市场各种因素形成的带有预期性的，未来某个时间点商品的合理价格。

这一阶段对市场参与主体以及市场交易行为有了初步的定性。首先对套期保值作为一种操作策略的研究已经初见端倪。其次对投机者的行为以及对市场时效性的影响展开了研究和分析。由于理论基础薄弱，缺乏实证结论的支持，这些结论在当时也不过是期货市场的一些现象的经验认识。

第四阶段：金融期货产生，期货市场在世界范围内得到认可，创造性的理论和研究方法开始被引入（20世纪中后期）。

20世纪70年代初，金融市场到处弥漫着变革的气息，布雷顿森林体系土崩瓦解，新的自由化货币市场引入期货市场，并且以惊人的速度在几个月后将计划付诸实施。1972年5月16日，弗里德曼敲响了CME外汇期货开市的钟声，英镑、加拿大元、德国马克、西班牙盾、日元、墨西哥比索、瑞士法郎期货合约开始交易，自此，期货市场步入了金融时代。

风险组合理论开始被植入，并得到普及和认同。马科维茨（Markowitz，1952）、约翰逊（Johnson，1960）和斯坦恩（Stein，1961）引入风险组合理论来讨论期货市场的功能，期货市场风险转移和分配理论正式形成。由于套期保值是期货市场与现货市场组合操作策略，所以套期保值策略需要明确地衡量两个市场之间的风险与回报。因此，风险配置就成了期货合约产生和交易的根本原因和根本动力。

两大主要功能说产生，以及套期保值与价格发现两大基本功能被正式提出。沃金（Working，1962）、埃文斯（Evans，1978）和西尔伯（Silber，1981）指出风险转移（套期保值）与价格发现是期货市场对于经济活动组织的两大主要贡献。风险转移主要是指通过期货合约的套期保值功能将价格风险转移给其他人，而价格发现主要是指利用期货价格为现货交易定价，期货市场两种功能的重要程度依赖于期货合约与现货商品价格的相近关系。该学说的提出受到了理论界的一致认同，对后续研究产生了深远的影响，以至于现今世界人们普遍将风险转移与价格发现认同为期货市场的两大主要功能。

第五阶段：世界期货市场走向了成熟，理论创新和操作方法创新不断涌现（20世纪末期至今）。

20世纪80年代开始，经济学家开始更多地关注到期货市场，把经济方法逐步引入到对期货市场的研究中，此时计量经济学的使用为期货理论研究提供了更多的实证依据，表现出了理论与实证相结合的趋势，增加和充实了人们对于现实期货市场的研究深度和广度。

特尔泽（Telser，1981）对比了期货合约和远期交易合约的特征后，将风险管理引入套期保值理论，提出了期货市场机构论学说。

期货市场的隐性借贷市场功能开始受到关注。威廉姆斯（Williams）认为期货市场的存在是为商品的隐性借贷市场服务的，期货市场能够促进商品存货效率。套期保值真实用意是应用期货市场来借贷商品。套期保值的动机不是为了消除价格风险，而是来调整存货。

对期货市场价格预测功能有了新的认识。理查德·E. 贾斯特和戈登·C. 劳蒂（Richard E. Just and Gordon C. Rausser，1981）对一些期货价格的预测准确性进行了比较，发现商业预测的结果是不确定的，但是期货价格总体来说表现不错。这些结论对于经营风险管理有很重要的意义。

期货市场稳定现货价格的能力开始受到关注。基于既定市场情况下的期货操作策略方法的研究，尤其是基于金融期货运用现代数理统计方法展开的套期保值和对冲策略研究取得比较大的发展。

2.5.2 中国期货市场的实践和理论发展历程

2.5.2.1 中国期货业的发展历程

中国的期货市场作为一种新生事物经过十几年的发展，从无到有，从无序逐步走向规范，主要经历了以下几个阶段：

第一阶段：理论研究与政策准备阶段（20 世纪 80 年代中后期）。

20 世纪 80 年代中后期，市场问题成了经济发展的主要矛盾和主要问题，双轨制价格改革引起价格暴涨暴跌，在经济社会领域产生了各种各样的问题，价格波动影响着国民经济的正常运行。用市场办法解决上述问题，成为当务之急。当时的理论和实际工作者、政策制定者做了许多研究，最后发现：通过期货市场的交易，实现集中供求、三公原则，利用有秩序地交易产生一些主要产品的价格，进而可以形成全社会的基准价格，这种基准价格的变动可以带动整个物价体系的变动，这样可以较好地解决价格问题。在这样的背景下，1987 年年初，根据邓小平同志的思想路线，党中央和国务院领导明确指示，要组织专家研究外国的期货制度，保护生产者和消费者双方的利益，保持市场价格的基本稳定。1988 年 4 月 16 日北京第一次期货市场座谈会的召开拉开了中国期货市场探索发展阶段的序幕。根据我国的具体情况，借鉴国外期货市场的形式，确定以现货市场为起步，建立批发市场为基础，发展中国期货市场。

第二阶段：初始发展阶段（1990～1993 年）。

1990 年 10 月 12 日，中国郑州粮食批发市场作为第一个农产品交易所正式开业，1990 年 12 月 30 日在深圳建立深圳有色金属交易所。随后相应的商品交易所相继成立。在此阶段，交易所的建立对于经济发展有着明显的贡献。使远期现货交易迅速准确地进行，促进了交易的发展，为交易提供安全保证，使交易规范化，避免了大量的交易纠纷，使公正、真实的价格作用开始显现出来，市场秩序开始形成。1992 年"期货市场试点合约标准化的建议"研究报告的出台，对研究期货合约和期货规则奠定了基础，使中国由现货试点向期货市场的转变成为现实。

随着各地商品期货交易所的纷纷成立，在全国各地的期货交易所短期内就上市了玉米、小麦、稻谷、绿豆、芝麻、铜、铝、汽油、柴油、原油、国库券等35 个品种的期货商品。许多机构和投资者盲目地一哄而上，期货经纪公司遍布全国。由于对期货市场的功能、风险认识不足，法规监管严重滞后，期货市场一度陷入了一种无序状态，如交易所过多、分布不平衡，品种重复设置、设计不合理，地下非法交易泛滥，盲目开展境外交易，运作不规范，大户联手交易、操纵市场、严重超仓、借仓、分仓甚至透支交易，欺诈投资者等，造成投机过度，严重扭曲了期市价格，使广大投资者蒙受了巨大损失，期货价格难以实现合理回归，阻碍了期货市场的正常运行，多次酿成市场风险，如海南的胶合板、广东的籼米事件、327 国债事件等，直接影响市场功能的发挥。作为期货市场核心的交易所监管不力，违背了设立交易所的初衷和市场自由竞价的原则，对期货市场发展产生了一定的负面影响。

期货市场发展的这一阶段具有以下特点：①各种期货市场要素从无到有，都有了不同程度的发展；②盲目发展势头明显。1993 年年底，全国范围内建立的期货交易所（或批发市场）达 40 余家，几乎相当于全球期货交易所总和，国家工商局登记注册的期货经纪公司 144 家，各种非法期货经纪公司近千家；③存在交易品种重复、投机气氛浓厚、风险控制能力不强、经纪公司运作不规范等主要问题。

第三阶段：治理整顿与结构调整阶段（1994～1998 年）。

1993 年 11 月 4 日国务院发布《关于坚决制止期货市场盲目发展的通知》，确定了"规范起步，加强立法，一切经过试验和管理从严"的试点方针，开始对期货市场进行清理整顿。

1994 年以后中国期货市场进入治理整顿时期，国家对期货市场的清理整顿主要从以下层面展开：①正式批准 15 家试点期货交易所。②重新审批期货经纪公司，清理外资、中外合资期货经纪公司，提高对期货兼营机构的要求。③加强期货交易品种的管理。禁止从事境外期货；正式批准了绿豆等 9 个品种和国债等36 个试运行品种；明确以商品期货为主，先后暂停了国债及其他金融期货交易试点；分两批暂停了钢材等 5 个品种。④从严控制国有企事业单位进行期货交易。⑤禁止各类金融机构从事商品期货的自营和代理业务。

在治理整顿的基础上，1997 年国家开始了期货市场的结构调整，上市品种由 35 个减少到 12 个，交易所由 15 家到 1998 年减至 3 家，期货经纪公司只保留 184 家。彻底根除了交易品种重复现象，期货市场更加规范，期市投资者素质进一步提高，风险控制能力和风险意识得到加强。

第四阶段：规范发展阶段（1999～2002 年）。

在经历了发展初期的一哄而上和随后的清理整顿、结构调整之后，国内期货市场迎来了规范发展的新时期。在此期间，规范发展期货市场的法律法规、中央文件相继出台，一方面"稳步发展期货市场"于 2001 年被写进国家"十五"计划纲要；另一方面形成了"一个条例"、"一个司法解释"、"四个办法"的法律法规基本框架①。

在期货经纪业的逐步规范过程中，国内许多期货公司，将国际期货经纪业的管理经验与中国期货市场的实际相结合，引进了一系列期货经纪代理的管理制度，在不断探索中提高客户服务、操作规范、风险监控水平，培养了一大批具备专业素质的期货从业人员，为中国期货经纪行业的规范和进一步发展奠定了基础。

在这一阶段，比较健全和规范的期货市场体系已经形成：①交易品种已经形成以农林产品、金属、建材产品为主的商品期货品种结构，步入期货市场的"大品种时代"，为期货市场的功能发挥提供了基础条件；②期货交易所数量适中，分布较合理，控制风险和规范运作的能力不断提高；③期货经纪公司经过层层筛选以后的幸存者在公司规模与实力、风险承受能力和业务管理水平等方面都有很大改善；④投资参与者的期货意识、风险意识和投资意识不断增强，投资者的素质和操作水平不断提高，相对稳定的投资者群体已经形成；⑤从业人员和高级管理人员的业务管理水平在实践中得到了锻炼和提高，培养和储备了一大批专业技术和专业管理人才；⑥建立了全国垂直领导的政府监管机构，形成了集中统一的期货市场管理体制，基本满足了期货市场生存和发展的需要；⑦已经颁布和实行了《期货交易管理暂行条例》和一大批期货市场监管的法律、法规、规定，期货市场的法律体系相对完善；⑧政府监管、期货交易所、期货经纪公司的分级期货市场风险控制体系已经初步形成。

---

① 1996 年 6 月，国务院颁布《期货交易管理暂行条例》；2001 年 5 月 24 日，五部委联合制定《国有企业境外套期保值业务管理办法》；2002 年 1 月，证监会修订了《期货经纪公司高级管理人员任职资格管理办法》和《期货从业人员管理办法》；同年 5 月，证监会颁布了《期货交易所管理办法》和《期货经纪公司管理办法》；2003 年 7 月，《最高人民法院关于审理期货纠纷案件若干问题的规定》；2005 年年底，证监会发布了《关于进一步加强期货公司内部管理制度建设，完善法人治理结构的通知》。

第五阶段：持续快速增长阶段（2003～2009 年）。

期货市场的功能越来越得到政府高层和社会公众的认可，对期货市场作用的认识进一步提高。2004 年 2 月，国务院发布《关于推进资本市场改革开放和稳定发展的若干意见》，对"稳定发展期货市场"做出进一步阐述和部署，成为指导期货市场发展的纲领性文件，有力地促进了期货市场的发展。新品种新合约相继恢复上市，2000 年，我国期货交易所挂牌 12 个品种，但只有大豆（黄大豆 1 号）、豆粕、小麦、铜、铝、天然橡胶六个品种上市交易，仅涉及农林产品和工业品两大类。2003 年，成功推出优质强筋小麦期货，2004 年 6 月 1 日，郑州期货交易所又推出棉花期货，8 月 25 日燃料油期货在上海期货交易所成功上市，9 月 22 日，大连期货交易所推出玉米期货，12 月 22 日，又推出黄大豆 2 号合约，2006 年 1 月 6 日与 9 日，白糖期货和豆油期货分别在郑州期货交易所和大连期货交易所成功上市，其后，三大期货交易所又陆续推出精对苯二甲酸（PTA）、菜籽油、早籼稻、棕榈油、聚乙烯、聚氯乙烯、锌、黄金、螺纹钢和线材等期货品种。截至 2009 年年底，共上市 23 个品种，涉及金属、化工、能源和农业等 10 多个产业链。各种管理制度、法规进一步制定或完善。期货市场经过几年的不断发展，已被越来越多的企业和投资者作为风险控制工具和投资工具，交易规模也显著持续扩大。

第六阶段：跨越式精细发展阶段（2010 年以来）。

经过近 20 年的探索发展，我国期货市场在"量"上已经取得了很大成绩，期货交易量实现了连续 10 年的持续快速增长，成为世界上最大的商品期货市场。我国期货市场逐渐步入了稳定健康发展、经济功能日益显现的良性轨道。期货规范化程度不断提高，市场成交量迅速增长，交易规模日益扩大；形成了较为完备的商品期货品种体系，成功上市了金融期货；构建了期货市场法规制度框架和风险防范化解机制，成功地抵御了国际金融危机的重大冲击；积累了期货市场服务产业发展的初步经验，在服务国民经济和实体产业过程中发挥了日益重要的作用。与此同时，期货公司资本实力、抗风险能力以及规范发展与合规经营水平得到了进一步的提高。期货行业结构得到优化，做优做强的内外部驱动能力日益增强，已经具备了在更高层次服务国民经济发展的动力。2010 年 7 月证监会尚福林主席提出：中国期货市场处于从量的扩张向质的提升转变的关键时期。为 2010 年之前的期货市场做了阶段性的总结，同时为以后的期货市场发展指明了方向。提出期货市场的发展更要注重服务国民经济的功能的发挥，提供更高层次的商品、资产定价和风险管理服务。标志着中国期货市场进入了跨越式精细发展的新阶段。目前我国商品期货市场共上市 42 个期货品种，其中 2011 年以后上市的就有 19 个（2010 年全年无新品种上市），至今交易品种涵盖农林产品、工业品、能源产品和贵金属，已被越来越多的企业和投资者作为风险控制工具和投资工具，在实体经济的发展中发挥着越来越重要的作用。

2.5.2.2 中国期货业的发展现状

中国期货市场从成立到现在不过 10 余年时间，但成长迅速。经过清理整顿、结构调整及其后的恢复发展，目前共有经过国家审批确认的三家商品期货交易所，184 家期货经纪公司，上市品种由 2000 年的 12 种发展到 42 种，涵盖农林产品、工业品、能源产品和贵金属四类，随着经济的快速发展，以三大交易所为代表的我国期货市场已经步入了健康发展的道路。

1. 上海期货交易所

上海期货交易所（SHFE）于 1998 年 5 月由上海金属交易所、上海商品交易所和上海粮油交易所三所合并而成，是在中国证监会集中统一监管下，依照有关法规设立、履行有关法规规定的职能、按其章程实行自律性管理的法人。上海期货交易所目前上市交易的有黄金、白银、铜、铝、锌、铅、螺纹钢、线材、燃料油、天然橡胶、石油沥青、热轧卷板 12 种期货合约，并推出了黄金、白银和有色金属的连续交易（见表 2 - 5 - 1）。

表 2 - 5 - 1　　　　上海期货交易所（SHFE）现有上市期货品种

品种或合约	上市时间
铜（Cu）	1993.4
铝（AL）	1994.10
天然橡胶（NR）	1993.11
燃料油（FU）	2004.8.25
锌（ZN）	2007.3.26
黄金	2008.1.9
螺纹钢	2009.3.27
线材	2009.3.27
白银	2012.5.10
铅	2011.3.24
热轧卷	2014.3.21
沥青	2013.10.9

上海期货交易所坚持以科学发展观为统领，深入贯彻国务院关于推进资本

市场改革开放和稳定发展的战略决策，依循"夯实基础、深化改革、推进开放、拓展功能、加强监管、促进发展"的方针，严格依照法规政策制度组织交易，切实履行市场一线监管职责，致力于创造构建安全、有序、高效的市场机制，营造公开公平公正和诚信透明的市场环境，长期目标是：努力建设成为规范、高效、透明、综合性、国际化的衍生品交易所，未来 5 年的目标是：建设成为亚太时区领先、具有全球重要影响力的商品期货、期权及其他衍生品的交易所。

上海期货交易所现有会员 200 多家（其中期货公司会员占近77%），在全国各地开通远程交易终端 700 多个。市场覆盖面达全国 26 个省、自治区和直辖市。随着行业风险控制能力的强化提高、市场交易的持续活跃和规模的稳步扩大，市场功能及其辐射影响力显著增强，铜期货价格作为世界铜市场三大定价中心权威报价之一的地位进一步巩固；天然橡胶期货价格得到国内外各方的高度关注；燃料油期货在探索能源期货发展的道路上稳健运行；锌期货上市，与铜、铝期货关联，初步形成了有色金属期货品种系列；黄金期货上市，为促进黄金市场的发展，增进商品期货市场与金融市场的联系开辟了新路径；螺纹钢、线材和热轧卷板的先后上市，将逐步优化钢材价格形成机制，促进钢铁工业健康有序发展，进一步提高我国钢铁工业的国际竞争力；白银期货的上市，丰富了我国贵金属期货品种，完善了国内白银市场价格体系，促进了国内白银产业可持续健康发展；石油沥青期货多种交割方式的创新，顺应了石油沥青产业发展趋势，提高了企业风险管理效率。黄金、白银和有色金属的连续交易上线运行，促进了相关品种国内外价格的及时联动，增强了我国期货市场的价格影响力，并为投资者实时进行风险管理提供了便利。

2. 郑州商品交易所

郑州商品交易所（ZCE）成立于 1990 年 10 月 12 日，是经中国国务院批准的首家期货市场试点单位，在现货远期交易成功运行两年以后，于 1993 年 5 月 28 日正式推出期货交易。1998 年 8 月，郑商所被国务院确定为全国三家期货交易所之一。郑商所共有会员 202 家，分布在全国 27 个省（市）、自治区。其中期货公司会员 161 家，占会员总数的 80%；非期货公司会员 41 家，占会员总数的 20%。

郑商所目前上市交易期货品种有普通小麦、优质强筋小麦、早籼稻、晚籼稻、粳稻、棉花、油菜籽、菜籽油、菜籽粕、白糖、动力煤、甲醇、精对苯二甲酸（PTA）、玻璃、硅铁和锰硅（见表 2 - 5 - 2）。基本形成了综合性品种体系覆盖农业、能源、化工、建材和冶金等国民经济重要领域，为国民经济服务的市场功能日益显现，在国际市场上的影响力逐渐增强。世界第一个 PTA 期货品种 PTA

期货的成功推出使它成为全球 PTA 及相关产品的定价中心。

表 2 - 5 - 2 　　　　　　　　郑州商品交易所（ZCE）现有上市期货品种

品种或合约	上市时间
普麦（AA）	1993.7
强麦（WS）	2003.3
棉花（CF）	2004.6.1
白糖（SR）	2006.1.6
PTA（PT）	2006.12.18
菜籽油（RO）	2007.6.8
早籼稻	2009.4.20
甲醇	2011.10.28
油菜籽	2012.12.28
菜籽粕	2012.12.28
动力煤	2013.9.26
粳稻	2013.11.18
晚籼稻	2014.7.8
硅铁	2014.8.8
锰硅	2014.8.8

郑商所拥有功能完善的交易、交割、结算、风险监控、信息发布和会员服务等电子化系统。会员和投资者也可以通过远程交易系统进行期货交易。期货交易行情信息通过路透社、彭博资讯、世华信息等多条报价系统向国内外同步发布。

郑商所注重加强对外交流与合作。1995 年 6 月加入国际期权（期货）市场协会。2012 年 10 月加入世界交易所联合会。先后与美国芝加哥期权交易所、芝加哥商业交易所、纽约—泛欧交易所集团、印度多种商品交易所、尼日利亚证券与商品交易所、香港交易及结算所有限公司、墨西哥衍生品交易所、泰国农产品期货交易所、加拿大多伦多蒙特利尔交易所集团等多家期货交易所签订了友好合作协议，定期交换市场信息，进一步扩大了郑商所在国际上的影响力。

面向未来，郑商所将深入贯彻落实新"国九条"，牢牢把握服务实体经济根本要求，坚持"两维护、一促进"，深化市场服务，推动监管转型，充分发挥期货市场功能作用，不断增强服务实体经济能力，努力将郑商所建设成为在国内和国际市场上具有重要地位和影响力的期货交易所。

3. 大连商品交易所

大连商品交易所（DCE）成立于 1993 年 2 月 28 日，并于同年 11 月 18 日正式开业，是经国务院批准并由中国证监会监督管理的四家期货交易所之一，也是中国东北地区唯一一家期货交易所。经中国证监会批准，目前上市交易的有玉米、黄大豆 1 号、黄大豆 2 号、豆粕、豆油、棕榈油、鸡蛋、纤维板、胶合板、线型低密度聚乙烯、聚氯乙烯、聚丙烯、焦炭、焦煤和铁矿石共计 15 个期货品种（见表 2 - 5 - 3）。

表 2 - 5 - 3　　　　　大连商品交易所（DCE）现有上市期货品种

品种或合约	上市时间
玉米（C）	2004. 9. 24
黄大豆 1 号（A）	1998. 11. 30
黄大豆 2 号（B）	2004. 12. 22
豆粕（M）	2000. 8
豆油（Y）	2006. 1. 9
棕榈油（P）	2007. 10. 29
聚乙烯（L）	2007. 7. 31
聚氯乙烯	2009. 5. 26
焦炭	2011. 4. 15
鸡蛋	2013. 11. 8
胶合板	2013. 12. 6
纤维板	2013. 12. 6
焦煤	2013. 3. 22
铁矿石	2013. 10. 18
聚丙烯	2014. 4. 15

成立 20 年以来，大商所规范运营、稳步发展，已经成为我国重要的期货交易中心。截至 2013 年年末，大商所共有会员 173 家，指定交割库 182 个，2013 年期货成交量和成交额分别达 14.01 亿手和 94.31 万亿元。根据美国期货业协会（FIA）公布的全球主要衍生品交易所成交量排名，2013 年大商所在全球排名第 11 位。

经过多年发展，大商所期货品种价格已成为国内市场的权威价格，为相关各类生产经营提供了价格"指南针"和"避风港"的作用，并为国家宏观调控提供了有效的价格参考。近年来，大商所先后面向东北粮食主产区开展了以培训期货知识、免费信息服务及推动"公司 + 农户、期货 + 订单"模式试点等为主要内容的"千村万户"市场服务工程，面向产业企业开展了以现代市场经营和期货市场参与模式推广为主要内容的"千厂万企"市场服务工程，积极探索期货市场服务产业的新路，进一步强化市场功能发挥，促进了相关产业稳步健康发展，也为大连区域性金融中心建设和东北地区振兴做出了积极贡献。

2007 年 8 月国务院批准的《东北地区振兴规划》中提出要"依托大连商品交易所,大力发展期货贸易,建设亚洲重要的期货交易中心";2009 年国务院通过的《辽宁沿海经济带发展规划》《关于进一步实施东北地区等老工业基地振兴战略的若干意见》及 2012 年《东北振兴"十二五"规划》进一步对大商所建设亚洲重要期货交易中心提出了要求。新的形势下,大商所正以"建设亚洲重要期货交易中心"为契机,以品种、技术和服务创新为动力,努力将交易所建成国际一流的期货市场,为相关产业和实体经济发展,以及东北地区振兴做出更大的贡献。

2.6 期货市场功能发挥和运行状况理论综述

2.6.1 美国等发达国家期货市场功能发挥和运行状况理论

发达国家期货市场建立在高度发达的现货市场基础之上,期货市场从一开始就是为了企业规避价格风险,稳定生产经营而建立的,后来金融期货市场的建立,使期货成为风险管理的主要工具之一,所以套期保值是期货市场的公认的基础功能。由于期货具有公开、公正、高效、竞争的交易机制,众多的参与者根据各自掌握的信息进行交易,使得期货交易参与者众多(与现货交易相比),最终形成具有真实性、预期性、连续性和权威性等特征的期货价格,期货价格的这些特征反过来又为现货交易商所参照,现在国际贸易中也习惯把某种商品的近月期货价格当做该商品的价格,把期货价格的形成称为是价格发现功能,这是期货市场发展到一定阶段后自然形成的功能。套期保值和价格发现是期货市场的两大基本功能已经成为人们的共识。

除了基本功能之外,由于期货市场的金融特征,微观层面上使得企业可以利用期货市场进行仓储管理和隐性借贷,更好地改善企业的经营状况。宏观层面上,期货市场上述功能的发挥一方面可以提高市场资源配置的效率,另一方面期货价格可以作为商品价格的风向标,为相关各方提供决策参考。

发达国家期货市场产生于发达的现货市场之上,市场化程度高,上市新品种主要属于企业行为,政府对期货市场主要起监管的作用。因此国际上现有关于期货市场功能的研究主要关注其基本功能,即价格发现和套期保值,对于市场运行方面则是市场有效性和流动性的研究。由于市场化程度很高,不需要建立功能评估体系,微观上则由成交量(投资者认可度)来表明其功能发挥状况。因此对运行状况的衡量比较直观、简单明了。常见的有市场规模、市场行为及流动性这两类指标，具体的指标含义及说明将在后面专门论述。

2.6.2　中国期货市场功能发挥和运行状况理论

中国期货市场是在经济发展需要和行政主导力量双重推动下建立的，对于期货市场功能的认识是来自于发达国家的期货理论。20 世纪 80 年代末，开始进行改革开放的中国从计划经济向市场经济转型的过程中，遇到的一个极为棘手的问题就是价格的双轨制问题，在寻找破解这一难题的过程中，有识之士认识到期货的价格发现功能可以较好地解决这一问题，后经多方努力、探索、论证，最终期货市场应运而生。

中国期货市场成立之初，人们对这一新生事物怀有极大的兴趣，一时间各地一哄而起，成立了 50 多家交易所，但由于期货实践经验的欠缺，50 多家交易所各自使出浑身解数吸引投资者，渐渐地背离了服务经济发展的目标。市场投机气氛过浓，最终导致 1993 年之后长达 5 年的治理整顿。

经历了早期的阵痛之后，痛定思痛，期货业界开始深入的思考、审视期货市场功能，重新确定了服务实体经济的目标，价格发现和套期保值作为期货市场的两大基本功能，同时也作为期货市场服务经济发展的方式得到广泛的认可，期货市场进入规范发展的新阶段。在此基础上，业界和学界人士还深入挖掘出期货市场的众多派生功能：稳定产销关系；有利于开展合理竞争，建立市场秩序；有利于商流和物流适当分离，节约社会劳动和资金占用；能引发投资，繁荣当地和周围经济，调节供求；资本运用机能，有效利用投机资本，合理利用各种闲置资金；促进经济国际化；利于政府加强对经济运行的宏观控制等。经过规范化发展的阶段后，期货业获得了新生，自 2003 年期货交易额突破 10 万亿元大关以后，到 2010 年期货交易额达到 300 多万亿元，实现了连续 8 年的持续高速增长。在持续高速增长的过程中，期货市场的作用，诸如引导产业升级和产业结构调整、助推企业转型、丰富企业经营方式、提升行业竞争力、破解"三农"难题、提升农业生产的整体效益、提高农产品质量水平和农民增收、促进农业产业化和农村经济发展等，被越来越多地挖掘出来。这些功能有些是两大基本功能的应用，还有一些是中国特殊经济发展阶段的特殊产物。

随着期货市场的不断发展壮大，在经济中发挥的作用也越来越大、越来越重要，作为期货市场的主要监管机构——中国证监会指出，期货市场要服务于实体经济进而服务于国民经济这个目标永远不变。尤其在现阶段期货市场要努力提高服务实体经济的水平，鉴于前述的很多派生功能无法量化，服务产业客户的数量，或者说产业客户的参与程度是中国期货市场功能发挥的一个重要指标。

由于中国期货市场和国际发达国家期货市场发展的路径和基本推动力不同，在某种意义上，中国期货市场是为发展市场经济服务的，政府起到主导和监管双重作用。这一差别造成对期货市场功能的不同关注。中国期货市场由于市场化程度不高，发展的关键时期还需要政府推动，因此，中国期货市场功能发挥的评估比国际通用的功能评估内容要丰富得多，期货市场的功能评估，不仅关注两大基本功能，再加上市场运行状况，除了市场规模、市场行为和流动性之外，还要考虑现货市场状况、期货现货市场依存度、市场结构性指标，套期保值申报及使用情况、异常风险发生情况和国际定价影响力等诸多方面。

2.7 期货市场价格发现功能理论和实证方法综述

2.7.1 期货市场价格发现理论

价格发现功能是指通过公开、公正、高效、竞争的期货交易运行机制形成具有真实性、预期性、连续性和权威性的期货价格的过程。期货价格可以反映市场参与者对商品价格未来走势的预期。由市场来制定价格是市场经济的核心，也就是说，在市场经济条件下，市场要对资源配置起决定作用，即主要通过市场化手段形成的价格来实现资源配置，有效的价格形成机制是实现资源优化配置的前提和保障，期货市场由于其形成价格的过程公开、公正、高效、透明，因此，其所形成的价格更具权威性，而价格发现也成为期货市场的主要经济功能之一。

价格发现功能主要通过期货和现货价格的关系来表现。短期来讲，可用期货和现货价格的相关系数来衡量；长期来讲，主要是期货价格和现货价格的协整关系（长期稳定关系）以及期货和现货价格的相互引导关系。

值得一提的是，关于期货价格发现有一个错误解读，把价格发现理解成发现未来某个时期的现货价，尽管这个观点是经不起推敲的，但曾经有一段时期在一些学术期刊上出现过，因此对实务工作者有一定的影响，这种影响至今还存在。我国学者陈蓉、郑振龙对这一观点的错误之处有过专门的分析和论述。

2.7.2 期货市场价格发现的实证检验方法

国内外期货市场价格发现功能的基本研究方法如下，在运用相关系数和回归方程对期现货价格关系做出基本判断的基础上，首先采用 ADF 单位根检验来检验价格序列的平稳性；其次采用 VAR 模型进行 Johansen 协整检验和误差修正检验，来研究期现货价格之间的协整关系；再次采用 Granger 因果检验来发现期货和现货价格之间的引导关系；最后采用方差分解研究期货价格对期现货价格长期变动的贡献度分析。

1. 相关系数和回归分析

期货市场与现货市场的相关性可用相关系数进行检验。相关系数可反映期货市场和现货市场价格之间线性联系的密切程度，相关系数越高，期现价格之间相关性越好。但这种分析方法的局限是当价格序列非平稳时，采用相关系数分析可能存在伪相关，而回归分析存在着由于修正当前缺陷时而引起相关的、新的缺陷的问题。因此，我们还要采用其他分析方法进行评价。

2. 协整关系检验

两个序列的协整关系是恩格尔和格兰杰在 1987 年定义的。检验两个时间序列的协整关系首先需要对这两个序列进行单位根检验，单位根检验的方法较多，比如：ADF（Augmented Dickey – Fuller）检验[21]、PP（Phillips – Perron）[78]检验、KPSS（Kwiatkowski, Phillips, Schmidt and Shin）检验[54]，ERS（Elliott, Rothenberg, and Stock）检验[24]，NP（Ng – Perron）检验等[74]。如果两个序列均是非平稳的，接下来进行协整检验，根据恩格尔和格兰杰的经典工作[26]，将这两个序列做 OLS 回归，如果得到的残差序列是平稳的，就说这两个是协整的，从而提供了一种检验方法。另一检验方法是 JJ（Johansen – Juselius）检验[44]。

3. 格兰杰（Granger）因果检验

格兰杰因果检验实质上反映了两个价格序列之间的先后发生顺序关系，有时也称作引导关系，可以揭示两个价格变量之间在时间上的先导——滞后关系。

附录

基于共同趋势模型的最优套期保值比率的推导

式（2.43）中的 c_t 为一纯粹的随机漫步，它可以重新写成以下形式：

$$c_t = \sum_{i=0}^{\infty} u_{t-i} \tag{A2.1}$$

式（2.44）中的 τ_t 为一 AR(1) 过程，它可以重新写作：

$$\tau_t = \sum_{i=0}^{\infty} \alpha^i v_{t-i} \tag{A2.2}$$

将式（A2.1）和式（A2.2）代入式（2.41）和式（2.42），可以得到：

$$S_t = a_1 \sum_{i=0}^{\infty} u_{t-i} + a_2 \sum_{i=0}^{\infty} \alpha^i v_{t-i} \tag{A2.3}$$

$$F_t = b_1 \sum_{i=0}^{\infty} u_{t-i} + b_2 \sum_{i=0}^{\infty} \alpha^i v_{t-i} \tag{A2.4}$$

以及

$$S_{t-k} = a_1 \sum_{i=0}^{\infty} u_{t-k-i} + a_2 \sum_{i=0}^{\infty} \alpha^i v_{t-k-i} \tag{A2.5}$$

$$F_{t-k} = b_1 \sum_{i=0}^{\infty} u_{t-k-i} + b_2 \sum_{i=0}^{\infty} \alpha^i v_{t-k-i} \tag{A2.6}$$

由式（A2.3）~式（A2.6）可得：

$$S_t - S_{t-k} = a_1 \sum_{i=0}^{k-1} u_{t-i} + a_2 \Big(\sum_{i=0}^{k-1} \alpha^i v_{t-i} - (1 - \alpha^k) \sum_{i=0}^{\infty} \alpha^i v_{t-k-i} \Big) \tag{A2.7}$$

$$F_t - F_{t-k} = b_1 \sum_{i=0}^{k-1} u_{t-i} + b_2 \Big(\sum_{i=0}^{k-1} \alpha^i v_{t-i} - (1 - \alpha^k) \sum_{i=0}^{\infty} \alpha^i v_{t-k-i} \Big) \tag{A2.8}$$

根据模型的假定，$E(S_t - S_{t-k}) = 0$，$E(F_t - F_{t-k}) = 0$，下面分别计算 $\mathrm{Var}(S_t - S_{t-k})$、$\mathrm{Var}(F_t - F_{t-k})$ 和 $\mathrm{Cov}(S_t - S_{t-k}, \ F_t - F_{t-k})$。

$$\mathrm{Var}(S_t - S_{t-k}) = E\{(S_t - S_{t-k})(S_t - S_{t-k})\} = a_1^2 k \sigma_u^2 + 2a_2^2 \Big(\frac{1 - \alpha^k}{1 - \alpha^2} \Big) \sigma_v^2 \tag{A2.9}$$

$$\mathrm{Var}(F_t - F_{t-k}) = E\{(F_t - F_{t-k})(F_t - F_{t-k})\} = b_1^2 k \sigma_u^2 + 2b_2^2 \Big(\frac{1 - \alpha^k}{1 - \alpha^2} \Big) \sigma_v^2 \tag{A2.10}$$

同样计算可得：

$$\mathrm{Cov}(S_t - S_{t-k}, F_t - F_{t-k}) = a_1 b_1 k \sigma_u^2 + 2a_2 b_2 \Big(\frac{1 - \alpha^k}{1 - \alpha^2} \Big) \sigma_v^2 \tag{A2.11}$$

根据文献［22］，可知：

$$R(K) = \frac{\mathrm{Cov}(S_t - S_{t-k}, F_t - F_{t-k})}{\mathrm{Var}(F_t - F_{t-k})} \tag{A2.12}$$

$$E(K) = \frac{[\mathrm{Cov}(S_t - S_{t-k}, F_t - F_{t-k})]^2}{\mathrm{Var}(S_t - S_{t-k})\mathrm{Var}(F_t - F_{t-k})} \tag{A2.13}$$

综合式（A2.9）~式（A2.13）即可得到式（2.45）和式（2.46）。

研究一

基于中国期货市场的
加工企业套期
保值策略研究

第 3 章

中国期货市场的套期保值绩效研究

　　本章选取 6 个代表性的期货品种，对 2004 年"国九条"颁布以来的中国期货市场的套期保值绩效进行研究，目的是客观评价中国期货市场的套期保值绩效。为此，本章不仅对中国国内 6 个代表性期货品种进行比较研究，还选取 2 个典型期货品种与同时期的美国同品种期货进行比较研究。

　　要对中国不同期货市场的套期保值绩效进行比较研究，需克服以下困难：(1) 数据量较小；(2) 不同方法之间结果的可比性；(3) 结论对不同期限的普适性。根据第 2 章的文献、理论与方法回顾和比较结果，本章利用多元协整序列共同趋势模型，有效地克服了上述困难。

　　本章研究发现：中国不同期货品种的套期保值绩效存在明显差异，且差别较大，而美国 2 个对应期货品种的套期保值绩效差别较小；就国内 6 个期货品种而言，SHFE 铜期货的套期保值绩效最好，与 COMEX 铜和 CBOT 玉米的套期保值绩效差别很小，SHFE 铝次之，其他依次为 SHFE 天然橡胶、SHFE 燃料油和 DCE 玉米，而 DCE 豆一的期货、现货价格序列不具有协整关系，因此不能和其他品种比较，但一定意义上应认为其套期保值绩效比其他品种差，这些结论远比现有研究单一品种得到的结论更具客观性。

3.1 引　言

　　套期保值不仅是期货市场的主要功能，也是其存在和发展的原因。作为体现期货市场效率的套期保值绩效一直是研究的热点，受到期货市场研究者的不断关注。埃德林顿（Ederington）首先在风险最小化的框架下给出了最优套期保值比率的确定方法和套期保值效果的测度方法[22]，约翰逊和沃尔瑟（Johnson and Walther）建议应用其他的模型来研究套期保值的绩效[46]。克洛纳和苏尔丹（Kroner and Sultan）提出了一种新的套期保值效果的测度方法对利用 EC - GARCH 模型进行套期保值的效果进行了研究[53]。

随着研究的深入，研究发现不同期限合约、据到期日远近不同的合约以及套期保值时期的长短都对套期保值比率和效果有很大影响，利用 Ederington 方法，希尔和施内魏斯（Hill and Schneeweis）研究了分别为一周、二周、四周期限的外汇期货的套期保值绩效问题[37]，马利亚里斯和乌鲁希亚（Malliaris and Urrutia）研究的套期保值期限为一周和一月[67]，贝纳特（Benet）的则为一个、二个、三个月[4]，格佩特（Geppert）利用协整序列共同趋势模型①，对 S&P500 指数、德国马克、日元、瑞士法郎和市政债券指数的套期保值期限和绩效进行了研究[30]，阿拉戈和安杰利斯（Arago and Angeles）利用共同趋势模型研究了西班牙股票指数 Ibex35 期货的套期保值期限和绩效的关系[2]。

中国期货市场是典型的新兴市场，不同品种的情况存在极大差别，其套期保值绩效也有很大差别。很多学者利用各种方法、从不同角度对中国期货市场的套期保值绩效进行了研究。华仁海和陈百助利用静态与动态四种套期保值模型对 SHFE 铜、铝期货一周套期保值绩效进行了研究[103]，王骏、张宗成运用类似方法对中国的硬麦和大豆的一日和一周套期保值绩效进行了研究，他们的研究认为，对于不同的期货品种，要想达到各自的最佳套期保值绩效，需要利用不同的确定套期保值比率的方法[114]。关于套期保值期限与最优套期保值比率、套期保值绩效之间的关系，以及期货合约的选择与最优套期保值比率、套期保值绩效之间的关系国内也有学者进行了研究。郑明川和齐明亮用埃德林顿方法分别研究了不同期限的上海铜期货的套期保值绩效问题[108,119]，他们的研究结果表明，套期保值期限越长，套期保值绩效越好，这和国外众多类似的研究结果是一致的。王赛德使用组合收益最小方差法对上海铜、铝期货的套期保值比率，期限与绩效的关系进行了较为细致的研究[116]，他得到了不同于以前的研究结果，认为不同套期保值期限的套期保值比率比较接近，而且套期保值期限对最优套期保值比率、套期保值绩效的影响不显著。高勇、黄登仕认为这些研究不能从根本上说明套期保值期限和绩效的关系[97～100]，他们利用共同趋势模型研究了 SHFE 铝期货的任意期限的套期保值绩效，研究结果支持套期保值期限越长，套期保值绩效越好这一结论。然而，这些研究都局限于某一类期货品种，缺少国内与国外不同期货市场之间的比较，因而无法对中国期货市场的套期保值绩效进行准确定位，容易产生认识上的错觉。本章将利用共同趋势模型对中国国内不同期货品种、中国和发达国家相同期货品种进行比较研究，较好地避免了研究的片面性，有利于更好、更客观地认识中国期货市场的套期保值绩效的现状。

---

① 格佩特（Geppert）把它称为分解模型，实质上是多元协整时间序列共同趋势模型的具体应用，因此本书把它称为协整序列共同趋势模型（或简称为共同趋势模型），笔者在一些杂志上发表的文章也曾用过分解模型的说法，在此一并改正，并向相关读者致歉。

与已有文献相比，本章进行的研究有以下改进：

1. 改进了期货价格数据的选取方法

由于在同一时间，有很多不同的同品种期货合约同时存在，期货价格的确定对研究结果有直接影响，而企业生产的周期性、计划性要求企业进行套期保值时操作要相对简单，合约不能更换太频繁，并且还要保证套期保值效果，国内很多现有研究的期货数据选取方法和企业套期保值实际有极大差别，王骏、张宗成等采用近交割月的期货价格[115]，严太华、孟卫东等采用所有合约的加权价格[117]，齐明亮则使用某一具体合约的实际套期保值状况进行研究，不具有统计意义[108]。郑明川把距交割月时间作为一个考虑因素，分别研究了距交割月一个、二个、三个、四个月，套期保值期限分别一周和二周的套期保值问题[50,119]。本书在估计某一套期保值期限的最优套期保值比率时，从研究期间内的每一期货合约中选取一组期货价格数据，而且保证选取的期货价格组的变化区间距离最后交易日的时间都相同。这种数据选取方法更接近套期保值实践，明显优于我国现有的套期保值研究的数据选取方法。

2. 采用了新的确定套期保值绩效的方法，克服了数据量少的困难

就笔者所知，在所有的确定套期保值比率与绩效的计量方法中，只有共同趋势模型能够以一个较小的样本，得到任意期限的最优套期保值比率和套期保值绩效，本书利用共同趋势模型，得到的研究结果更具有普遍意义，弥补了以前仅仅研究个别套期保值期限的情况，却得到一个普遍意义上的结果的缺陷。

能够以一个较小的样本，得到任意期限的最优套期保值比率和套期保值绩效，是共同趋势模型和现有其他决定套期保值比率与绩效的计量方法的核心差异，在所有的方法中 OLS 方法是最简单的方法，但由于其没能考虑到期货和现货价格之间可能存在的协整关系而备受质疑，ECM（误差修正模型）方法较好地解决了这个问题，得到了学界的普遍认可。随着研究的深入，人们发现套期保值期限对套期保值比率与绩效有显著的影响[4,37]，对较短的套期保值期限（一月以内），利用 OLS 方法和 ECM 方法可以得到最优套期保值比率与绩效，但期限变长以后，OLS 方法和 ECM 方法的数据量就急剧减少①。与 ECM 方法相比，共同趋势模型方法不是直接回归得到结果，而是利用其特殊分解形式，引入期限参数，使得在仅有周数据（数据量满足基本要求）的情况下，不仅可以得到期限为一周的最优套期保值比率与绩效，而且，通过期限参数的变化，可以得到期限分别为二周、三周、……整数周的最优比率与绩效。②

①　如有 100 多个月数据（近 10 年），用 OLS 方法和 ECM 方法求套期保值期限为两个月的最优比率与绩效，可用数据仅剩下 50 多个，根本满足不了数据量的要求。

②　具体推理过程见 A2.1 节。

3. 采用了比较研究方法

仅仅孤立研究某一期货品种的套期保值绩效，往往会陷于选择最佳套期保值绩效方法方面的研究，而忽视了这些品种的套期保值绩效到底如何这一根本问题，实质上迄今为止，还没有证明某一种方法一定优于其他方法，而且不同方法得到的套期保值绩效往往不具有可比性，本章采用同一种确定套期保值绩效的方法，对不同市场的套期保值绩效进行比较研究，不仅研究方法具有理论意义，而且得到的结果更具客观性、更有现实意义。

4. 采用样本的特殊性

2004 年"国九条"的出台，一方面有力地推动了我国期货行业的发展，另一方面也是我国期货市场走向完善成熟新台阶的一个重要标志，在这之前尤其是 2000 年以前，中国的期货市场许多根本性的问题没有得到解决，很多方面缺少必要的制度保证，还有些方面制订的制度得不到很好的实施，2004 年以来中国期货市场进入了一个崭新的阶段，各项制度、管理规则基本完善并逐步实施，这些已得到各方面的共识，这一新时期基本能够代表期货市场发展的全部，这一时期的研究结果对于相关各方具有重要的现实指导意义。①

本章的第一部分是引言，第二部分是中国主要期货品种的套期保值绩效比较研究，第三部分是中美期货市场的套期保值绩效比较研究，第四部分是本章小结。模型的部分数学推导和相关的 Matlab 程序放在附录里，作为本章的第五部分。

3.2 中国主要期货品种的套期保值绩效比较研究

3.2.1 数据的选取

本章选取 6 个有代表性的期货品种进行研究，它们是铜、铝、天然橡胶、燃料油、玉米和大豆，其中大豆为豆一期货，选取的时间都是从 2004 年 1 月以后至 2007 年或 2008 年，不同的品种略有差异。从 2.5.2 节中对中国期货市场发展历程和现状的回顾，很容易理解本章选取这 6 个品种和选取 2004 年以后作为研究的时间区间的原因。

这 6 个品种不仅涵盖了工业品、能源产品和农林产品三个大类，而且兼顾了新老品种，各个品种都有其独特的特点。其中铜、铝为上市时间较长的工业品，铜是中国发展最好的期货品种，天然橡胶为上市时间较长的农林产品，豆一期货

---

① 1998～2003 年为规范发展阶段，经过这一阶段，2004 年后中国期货市场迎来了持续快速增长阶段。

上市时间也较早，它的特殊之处在于2004年12月推出了豆二期货，二者往往相互影响，玉米期货经历了一个较长的发展阶段，早期上市的玉米期货在1998年因长春联合交易所的违规交易而被叫停，时隔6年之后于2004年9月22日重新上市，燃料油期货上市时间是2004年8月25日，是这6个品种中真正的新品种，也是中国目前唯一的能源类期货①。

选取2004年1月以后也有几方面的原因，首先是因为"国九条"的出台，有力地推动了我国期货行业的发展，成为我国期货市场走向完善成熟新台阶的一个重要标志；另外一个原因就是玉米期货的重新上市和燃料油期货的上市时间均为2004年第三季度末，为尽可能使研究结果具有可比性，所有品种的研究区间为基本同期的。由于不同期货品种的情况不同，具体的数据选取有所不同。铜、铝和天然橡胶价格数据自2004年2月开始，燃料油和玉米数据始于2004年9月，而豆一由于现货数据的原因，研究的数据始于2005年10月，为保证豆一的数据量，其数据的截止日期为2008年7月14日。

本书研究中所有的期货数据来自于世华财讯提供的交易所交易数据，现货数据来自于http：//www.tqfutures.com，铜现货价格为上海华通阴极铜现货报价，铝现货价格为长江金属A00铝现货报价，燃料油现货价格为华南180cst过驳价，天然橡胶现货为国产橡胶，对应的现货价格为国产橡胶现货每日竞价的平均价，玉米现货价格为大连港的玉米现货价格，豆一现货价格为哈尔滨市油厂收购过筛油用大豆价格。为保证研究的准确性，在选取期货交易数据时，统一选取最后交割月前1~2个月的合约价格，因为这时的期货合约交易最活跃，成交量也最大，实践中也往往选定这一时期进行套期保值。在利用共同趋势模型时，用Eviews 6.0进行协整关系检验，其他大量数学计算利用Matlab编程进行处理。

3.2.2 协整关系检验

要应用共同趋势模型，首先必须要检验对应的期、现货价格是否具有协整关系。

检验协整关系时首先要对期、现货价格序列进行单位根检验，然后进行协整关系检验，本书以OLS回归的残差序列的单位根检验方法为主，而以JJ检验为辅。

表3-2-1是SHFE铜期货和现货价格序列及其一阶差分序列的ADF检验结果，表3-2-1显示：在1%的显著性水平下，对于各个期限的期货和现货价格序列，检验的t统计量大于临界值，不能拒绝它们存在单位根的假设，应该认为它们是非平稳的；对于各个期限的一阶差分序列，检验的t统计量小于临界值，

---

① 笔者博士论文完成于2008年9月，此处的"目前"应指这个时间，研究一中可能还有类似的表述也按这个时间点来理解。

应拒绝它们存在单位根的假设，认为它们是平稳的。表 3 – 2 – 1 表明：不同期限的铜期货、现货价格序列为同阶单整的。①

表 3 – 2 – 1　　　　SHFE 铜期货和现货价格序列的 ADF 检验结果

序列	时间	数据	t – 统计量	单侧 p 值	t – 临界值
原始时间序列	一日	期货	– 0.76	0.82	– 3.43 ***
					– 2.86 **
		现货	– 0.91	0.78	– 2.56 *
	一周	期货	– 0.80	0.81	– 3.46 ***
					– 2.87 **
		现货	– 0.91	0.78	– 2.57 *
	二周	期货	– 0.78	0.81	– 3.50 ***
					– 2.89 **
		现货	– 0.90	0.78	– 2.58 *
	三周	期货	– 0.93	0.77	– 3.55 ***
					– 2.91 **
		现货	– 0.86	0.79	– 2.59 *
一阶差分时间序列	一日	期货	– 27.78	0.00	– 3.43 ***
					– 2.86 **
		现货	– 26.73	0.00	– 2.57 *
	一周	期货	– 11.75	0.00	– 3.47 ***
					– 2.88 **
		现货	– 11.66	0.00	– 2.58 *
	二周	期货	– 8.78	0.00	– 3.51 ***
					– 2.89 **
		现货	– 8.84	0.00	– 2.58 *
	三周	期货	– 7.92	0.00	– 3.55 ***
					– 2.91 **
		现货	– 7.88	0.00	– 2.59 *

注：* 表示 10% 的显著性水平，** 表示 5% 的显著性水平，*** 表示 1% 的显著性水平。

　　将不同期限的期货、现货价格序列做 OLS 回归，然后对得到的残差序列进行

---

① 在本章中，下列表格中的 ***，** 和 * 表示相同的统计意义，因此不再专门加注。

ADF 检验，表 3 - 2 - 2 即为得到的残差序列的 ADF 检验结果①。表 3 - 2 - 2 显示：在 1% 的显著性水平下，对于得到的各个期限的残差序列，检验的 t 统计量小于临界值，应拒绝它们存在单位根的假设，认为它们是平稳的。

表 3 - 2 - 2　　　　　　　　　　SHFE 铜残差序列的 ADF 检验结果

检验指标	一日	一周	二周	三周
t - 统计量	- 7. 32	- 5. 76	- 5. 30	- 5. 18
t - 临界值	- 3. 44 *** - 2. 86 ** - 2. 57 *	- 3. 47 *** - 2. 88 ** - 2. 58 *	- 3. 51 *** - 2. 90 ** - 2. 58 *	- 3. 55 *** - 2. 91 ** - 2. 59 *
单侧 p 值	0. 00	0. 00	0. 00	0. 00

综合表 3 - 2 - 1 和表 3 - 2 - 2 可得：不同期限的 SHFE 铜期货、现货价格具有协整关系。

类似地，表 3 - 2 - 3 表明不同期限的 SHFE 铝期货、现货价格序列为同阶单整的②，表 3 - 2 - 4 表明其 OLS 回归得到的残差序列为平稳的，综合表 3 - 2 - 3 和表 3 - 2 - 4 可知，不同期限的 SHFE 铝期货、现货价格序列具有协整关系。

表 3 - 2 - 3　　　　　　　　SHFE 铝期货和现货价格序列的 ADF 检验结果

序列	时间	数据	t - 统计量	单侧 p 值	t - 临界值
原始时间序列	一日	期货	- 1. 42	0. 57	- 3. 44 ***
		现货	- 1. 33	0. 62	- 3. 44 ***
	一周	期货	- 1. 41	0. 58	- 3. 47 ***
		现货	- 1. 20	0. 67	- 2. 88 ** - 2. 58 *
	二周	期货	- 1. 41	0. 57	- 3. 51 ***
		现货	- 1. 27	0. 64	- 2. 90 ** - 2. 59 *
	三周	期货	- 1. 66	0. 44	- 3. 55 ***
		现货	- 1. 48	0. 53	- 2. 91 ** - 2. 59 *

---

① 在本章中，各表中残差序列的意义和表 3 - 2 - 2 相同，为行文方便，不再专门说明。

② 由于 ADF 检验时的滞后项的差别，将会对应不同的临界值，出现这种情况时，本书将分别报告其某一显著水平下的临界值；如果滞后项相同，对应的临界值就相同，此时本书报告不同显著水平下的临界值。下面各表均采用这种处理方法。

续表

序列	时间	数据	t - 统计量	单侧 p 值	t - 临界值
一阶差分时间序列	一日	期货	- 28.61	0.0000	- 3.44 ***
					- 2.86 **
		现货	- 23.64	0.0000	
					- 2.57 *
	一周	期货	- 14.00	0.0000	- 3.47 ***
					- 2.88 **
		现货	- 13.36	0.0000	
					- 2.58 *
	二周	期货	- 9.15	0.0000	- 3.52 ***
					- 2.90 **
		现货	- 9.19	0.0000	
					- 2.59 *
	三周	期货	- 8.34	0.0000	- 3.55 ***
					- 2.91 **
		现货	- 8.33	0.0000	
					- 2.59 *

表 3 - 2 - 4   SHFE 铝残差序列的 ADF 检验结果

检验指标	一日	一周	二周	三周
t - 统计量	- 5.25	- 6.34	- 4.01	- 3.63
t - 临界值	- 3.43 ***	- 3.46 ***	- 3.51 ***	- 3.55 ***
	- 2.86 **	- 2.88 **	- 2.90 **	- 2.91 **
	- 2.56 *	- 2.58 *	- 2.59 *	- 2.59 *
单侧 p 值	0.00	0.00	0.00	0.01

　　表 3 - 2 - 5 ~ 表 3 - 2 - 8 分别为 SHFE 燃料油、SHFE 天然橡胶、DCE 玉米和 DCE 豆一的期货和现货价格序列的 ADF 检验结果，表 3 - 2 - 9 ~ 表 3 - 2 - 12 为对应 OLS 回归后所得参差序列的 ADF 检验结果。因为共同趋势模型可以利用较小数据量而得到任意期限的套期保值比率与绩效，本书只对其中 3 个品种的一日、一周和二周数据进行研究①，理论上讲，这不会影响结论的普适性。

---

　　① 对 DCE 豆一，本书研究了 3 日数据而非一日数据，是因为为研究而得到的哈尔滨市油厂收购过筛油用大豆价格原始数据就是这样记录的，每周记录两次，粗略地称为三日数据。

表 3 - 2 - 5   **SHFE 燃料油期货和现货价格序列的 ADF 检验结果**

序列	时间	数据	t - 统计量	单侧 p 值	t - 临界值
原始时间序列	一日	期货	- 1.41	0.57	- 3.44 ***
		现货	- 1.55	0.51	- 2.87 ** - 2.57 *
	一周	期货	- 1.34	0.61	- 3.47 ***
		现货	- 1.58	0.49	- 2.88 ** - 2.58 *
	二周	期货	- 1.25	0.65	- 3.50 ***
		现货	- 1.35	0.60	- 2.89 ** - 2.58 *
一阶差分时间序列	一日	期货	- 29.85	0.00	- 3.44 ***
		现货	- 26.16	0.00	- 2.87 ** - 2.57 *
	一周	期货	- 13.74	0.00	- 3.47 ***
		现货	- 13.03	0.00	- 2.88 ** - 2.57 *
	二周	期货	- 9.20	0.00	- 3.49 ***
		现货	- 10.20	0.00	- 2.89 ** - 2.58 *

表 3 - 2 - 6   **SHFE 天然橡胶期货和现货价格序列的 ADF 检验结果**

序列	时间	数据	t - 统计量	单侧 p 值	t - 临界值
原始时间序列	一日	期货	- 1.14	0.70	- 3.44 ***
		现货	- 0.92	0.78	- 3.44 ***
	一周	期货	- 1.23	0.66	- 3.47 ***
		现货	- 1.23	0.66	- 3.47 ***
	二周	期货	- 1.33	0.61	- 3.50 ***
		现货	- 1.20	0.67	- 3.50 ***
一阶差分时间序列	一日	期货	- 30.77	0.00	- 3.44 ***
		现货	- 13.42	0.00	- 3.44 ***
	一周	期货	- 13.43	0.00	- 3.47 ***
		现货	- 6.94	0.00	- 3.47 ***
	二周	期货	- 9.83	0.00	- 3.50 *** - 2.89 **
		现货	- 7.31	0.00	- 2.58 *

表 3 - 2 - 7　　　　　　　　**DCE 玉米期货和现货价格序列的 ADF 检验结果**

序列	时间	数据	t - 统计量	单侧 p 值	t - 临界值
原始时间序列	一日	期货	- 0.79	0.82	- 3.44 ***
		现货	0.13	0.97	- 2.87 **
					- 2.57 *
	一周	期货	- 0.63	0.86	- 3.48 ***
		现货	- 0.07	0.95	- 2.88 **
					- 2.58 *
	二周	期货	- 0.93	0.77	- 3.52 ***
		现货	- 0.16	0.94	- 2.90 **
					- 2.59 *
一阶差分时间序列	一日	期货	- 30.02	0.00	- 3.44 ***
		现货	- 16.63	0.00	- 2.87 **
					- 2.57 *
	一周	期货	- 11.43	0.00	- 3.48 ***
		现货	- 6.31	0.00	- 2.88 **
					- 2.58 *
	二周	期货	- 8.11	0.00	- 3.52 ***
		现货	- 8.03	0.00	- 2.90 **
					- 2.59 *

表 3 - 2 - 8　　　　　　　　**DCE 豆一期货和现货价格序列的 ADF 检验结果**

序列	时间	数据	t - 统计量	单侧 p 值	t - 临界值
原始时间序列	三日	期货	0.98	0.99	- 3.46 ***
		现货	0.53	0.98	- 3.46 ***
	一周	期货	1.06	0.99	- 3.48 ***
		现货	0.62	0.98	- 3.48 ***
	二周	期货	1.00	0.99	- 3.52 ***
		现货	1.31	0.99	- 3.52 ***
一阶差分时间序列	三日	期货	- 14.89	0.00	- 3.46 ***
		现货	- 7.86	0.00	- 3.46 ***
	一周	期货	- 11.91	0.00	- 3.48 ***
		现货	- 7.59	0.00	- 2.88 **
					- 2.58 *
	二周	期货	- 8.14	0.00	- 3.52 ***
		现货	- 7.31	0.00	- 3.52 ***

从表 3 - 2 - 5 ~ 表 3 - 2 - 8 可以看出，在 1% 的显著性水平上，这 4 个品种的不同期限的期货和现货价格序列存在单位根，而其对应的一阶差分序列为平稳的，亦即这些相同品种、不同期限期货和现货价格序列为同阶单整的。

从表 3 - 2 - 9 ~ 表 3 - 2 - 11 可以看出，对于燃料油、天然橡胶和玉米这三个品种，所得不同期限的残差序列在 1% 的显著性水平上是平稳的。综合表 3 - 2 - 5 ~ 表 3 - 2 - 7 和表 3 - 2 - 9 ~ 表 3 - 2 - 11 可知：不同期限的燃料油、天然橡胶和玉米的期货和现货价格序列具有协整关系。

表 3 - 2 - 9　　　　　　　　SHFE 燃料油残差序列的 ADF 检验结果

检验指标	一日	一周	二周
t - 统计量	- 5. 87	- 5. 56	- 5. 77
t - 临界值	- 3. 44 ***	- 3. 47 ***	- 3. 50 ***
	- 2. 84 **	- 2. 88 **	- 2. 89 **
	- 2. 57 *	- 2. 58 *	- 2. 58 *
单侧 p 值	0. 00	0. 00	0. 00

表 3 - 2 - 10　　　　　　　SHFE 天然橡胶残差序列的 ADF 检验结果

检验指标	一日	一周	二周
t - 统计量	- 6. 72	- 7. 59	- 6. 72
t - 临界值	- 3. 44 ***	- 3. 47 ***	- 3. 50 ***
	- 2. 86 **	- 2. 88 **	- 2. 89 **
	- 2. 57 *	- 2. 58 *	- 2. 58 *
单侧 p 值	0. 00	0. 00	0. 00

表 3 - 2 - 11　　　　　　　DCE 玉米残差序列的 ADF 检验结果

检验指标	一日	一周	二周
t - 统计量	- 3. 82	- 3. 56	- 4. 32
t - 临界值	- 3. 44 ***	- 3. 48 ***	- 3. 52 ***
	- 2. 87 **	- 2. 88 **	- 2. 90 **
	- 2. 57 *	- 2. 58 *	- 2. 59 *
单侧 p 值	0. 00	0. 01	0. 00

表 3 - 2 - 12 显示，不同期限的豆一期货和现货价格序列回归所得的残差序列，只在 10% 的显著性水平上是平稳的。这样的结果几乎可以认为所研究的序列为非平稳的，为确保研究结果的可靠性，本书对不同期限的豆一期货和现货价

格序列进行 JJ 协整检验。

表 3 - 2 - 12 　　　　　DCE 豆一残差序列的 ADF 检验结果

检验指标	三日	一周	二周
t - 统计量	- 2.88	- 2.72	- 2.70
t - 临界值	- 3.45 ***	- 3.48 ***	- 3.52 ***
	- 2.87 **	- 2.88 **	- 2.90 **
	- 2.57 *	- 2.58 *	- 2.59 *
单侧 p 值	0.05	0.07	0.08

JJ 检验中的零假设是所检验的时间序列之间协整关系的个数，表 3 - 2 - 13 中的 r 表示协整关系的个数，$r = 0$ 即表示不存在协整关系，$r \leqslant 1$ 表示存在小于一个协整关系。从表 3 - 14 可以看出，对于不同期限的豆一期货和现货价格序列，在 1%，5% 和 10% 三个显著水平上，两个零假设对应的统计量均小于对应的临界值，因此不能拒绝它们不存在协整关系的假设。

表 3 - 2 - 13 　　　　DCE 豆一期货和现货价格的 JJ 协整检验结果

零假设	统计量	三日	一周	二周	临界值
$r = 0$	最大特征值统计量	9.03	9.51	9.99	23.97534 *** 19.38704 ** 17.23410 *
$r \leqslant 1$	最大特征值统计量	5.03	7.93	5.69	16.55386 *** 12.51798 ** 10.66637 *
$r = 0$	迹统计量	14.06	17.44	15.69	31.15385 *** 25.87211 ** 23.34234 *
$r \leqslant 1$	迹统计量	5.03	7.93	5.70	16.55386 *** 12.51798 ** 10.66637 *

综合表 3 - 2 - 8、表 3 - 2 - 12 和表 3 - 2 - 13，可以认为，不同期限的豆一期货和现货价格序列不具有统计意义上的协整关系。

综合表 3 - 2 - 1 ~ 表 3 - 2 - 13 可得：不同期限的 SHFE 铜、SHFE 铝、SHFE 燃料油、SHFE 天然橡胶和 DCE 玉米期货和对应的现货价格序列之间存在协整关系，因而可以利用共同趋势模型来确定其最优套期保值比率与绩效；不同期限的

DCE 豆一期货和对应的现货价格序列之间不存在协整关系，因而不能利用共同趋势模型，但可以用 OLS 回归方法来确定其最优套期保值比率与对应的绩效。

3.2.3 实证结果

根据蔡和刁（Tsay and Tiao）[85]，表 3 - 2 - 14 ~ 表 3 - 2 - 18 给出了不同期限的 SHFE 铜、SHFE 铝、SHFE 燃料油、SHFE 天然橡胶和 DCE 玉米共 5 个品种的共同趋势模型分解系数（具体过程见附录），其中 α 值是用 OLS 回归得到的，下面括号内为 5% 显著水平上估计量的 t 值，说明得到的 α 值是显著的，对应的 σ_u^2 和 σ_v^2 是有效的。

表 3 - 2 - 14　　　　SHFE 铜不同期限的期货和现货价格序列
对应的共同趋势模型参数

时间	a_1	b_1	a_2	b_2	α	σ_u^2	σ_v^2
一日	0.7178	0.7160	−0.5880	0.8259	0.8992 (59.03779)	4.7475e −004	1.4023e −004
一周	0.9042	0.9022	−0.1437	1.2692	0.7731 (15.65288)	0.0019	1.7531e −004
二周	0.9626	0.9604	−0.0541	1.3587	0.6729 (8.298148)	0.0033	2.5310e −004
三周	1.0903	1.0880	−0.1229	1.5354	0.5564 (4.989322)	0.0053	3.2577e −004

表 3 - 2 - 15　　　　SHFE 铝不同期限的期货和现货价格序列
对应的共同趋势模型参数

时间	a_1	b_1	a_2	b_2	α	σ_u^2	σ_v^2
一日	0.7807	0.7804	−0.3764	1.0377	0.9038	1.3462e −004	3.8910e −005
一周	0.7883	0.7880	−0.3588	1.0553	0.2563 (3.422817)	5.8583e −004	3.6297e −004
二周	0.7252	0.7255	−0.5457	0.8686	0.7145 (8.756321)	0.0024	1.0066e −004
三周	0.7979	0.7977	−0.3376	1.0765	0.6041 (5.501829)	0.0037	1.5669e −004

表 3 – 2 – 16　　　　　SHFE 燃料油不同期限的期货和现货价格序列
对应的共同趋势模型参数

时间	a_1	b_1	a_2	b_2	α	σ_u^2	σ_v^2
一日	0.7659	0.7628	– 0.4149	0.9981	0.8934 (55.15550)	1.7813e – 004	1.3033e – 004
一周	0.7436	0.7407	– 0.4800	0.9333	0.6910 (12.08236)	0.0011	3.5442e – 004
二周	0.7115	0.7083	– 0.6427	0.7712	0.5325 (6.295122)	0.0021	3.7661e – 004

表 3 – 2 – 17　　　　　SHFE 天然橡胶不同期限的期货和现货价格序列
对应的共同趋势模型参数

时间	a_1	b_1	a_2	b_2	α	σ_u^2	σ_v^2
一日	0.8330	0.8340	– 0.2665	1.1482	0.8768 (54.10013)	1.4866e – 004	1.8587e – 004
一周	0.8484	0.8493	– 0.2381	1.1766	0.5308 (8.439028)	9.1492e – 004	9.8156e – 004
二周	0.8775	0.8790	– 0.1873	1.2278	0.4197 (4.400556)	0.0030	8.7290e – 004

表 3 – 2 – 18　　　　　DCE 玉米不同期限的期货和现货价格序列
对应的共同趋势模型参数

时间	a_1	b_1	a_2	b_2	α	σ_u^2	σ_v^2
一日	0.7932	0.7946	– 0.3471	1.0677	0.9512 (84.81593)	3.5956e – 005	4.3603e – 005
一周	0.7309	0.7321	– 0.5206	0.8939	0.8469 (20.60645)	2.6624e – 004	1.2124e – 004
二周	0.7369	0.7383	– 0.4981	0.9165	0.6557 (8.765243)	5.6092e – 004	2.2592e – 004

　　表 3 – 2 – 14 ~ 表 3 – 2 – 18 中所有不同期限的期货价格和现货价格序列对应的共同趋势模型参数呈现出明显的规律：$a_1 > b_1$，$a_2 < 0$，$b_2 > 0$，$\sigma_u^2 > \sigma_v^2$。根据第 2 章 2.4.4 节可知，a_1 表示共同趋势的变化对现货价格的影响，b_1 表示共同趋势的变化对期货价格的影响，$a_1 > b_1$ 表明共同趋势在现货价格上的反应要比在期

货价格上的反应强，原因可能是由于期货价格含有参与者对未来价格的预期，实质上包含了共同趋势的一部分信息已经在期货价格里反应过了。a_2 表示暂时成分对现货价格的影响，b_2 表示暂时成分对期货价格的影响，把 $a_2 < 0$ 和 $b_2 > 0$ 结合起来看，有明显的金融学意义，由于暂时成分本质上是风险的反应，风险加大，导致期货价格的提高，相对于此而言，前期的现货价格会降低。σ_u^2 和 σ_v^2 分别表示共同趋势与暂时成分的方差，$\sigma_u^2 > \sigma_v^2$ 说明共同趋势的波动要强于暂时成分，说明在对期货价格和现货价格的影响中共同趋势起到了主要作用。

根据表 3 - 2 - 14 ~ 表 3 - 2 - 18，利用式（2.45）和式（2.46），可以得到不同期限的各个品种的最优套期保值比率与绩效[①]，如表 3 - 2 - 19 ~ 表 3 - 2 - 23 所示。

表 3 - 2 - 19　　　SHFE 铜不同套期保值期限的最优比率和绩效比较

时间	估计值	$k = 1$	$k = 2$	$k = 3$	$k = 4$	$k = 5$
一日	$R(k)$	0.7425	0.7636	0.7827	0.7999	0.8154
	$E(k)$	0.7533	0.7731	0.7909	0.8068	0.8211
一周	$R(k)$	0.8128	0.8310	0.8470	0.8611	0.8735
	$E(k)$	0.8889	0.9002	0.9099	0.9185	0.9259
二周	$R(k)$	0.8423	0.8650	0.8836	0.8988	0.9113
	$E(k)$	0.9133	0.9261	0.9364	0.9448	0.9517
三周	$R(k)$	0.8767	0.9015	0.9199	0.9336	0.9441
	$E(k)$	0.9407	0.9527	0.9615	0.9681	0.9730

表 3 - 2 - 20　　　SHFE 铝不同套期保值期限的最优比率和绩效比较

时间	估计值	$k = 1$	$k = 2$	$k = 3$	$k = 4$	$k = 5$
一日	$R(k)$	0.5242	0.5394	0.5541	0.5682	0.5819
	$E(k)$	0.6278	0.6416	0.6547	0.6672	0.6792
一周	$R(k)$	0.1441	0.2949	0.4132	0.5019	0.5686
	$E(k)$	0.2184	0.4032	0.5278	0.6125	0.6722
二周	$R(k)$	0.8918	0.9063	0.9182	0.9281	0.9363
	$E(k)$	0.9105	0.9228	0.9328	0.9410	0.9479
三周	$R(k)$	0.8845	0.9058	0.9219	0.9342	0.9438
	$E(k)$	0.9217	0.9364	0.9475	0.9559	0.9624

[①]　由于 DCE 豆一期货和现货价格不存在协整关系，此处没有相应结果，要求其套期保值比率与绩效可用 OLS 方法。

表 3 - 2 - 21　　　　　　SHFE 燃料油不同套期保值期限的最优比率和绩效比较

时间	估计值	$k=1$	$k=2$	$k=3$	$k=4$	$k=5$
一日	$R(k)$	0.1954	0.2145	0.2334	0.2520	0.2703
	$E(k)$	0.2678	0.2910	0.3134	0.3350	0.3560
一周	$R(k)$	0.4458	0.5036	0.5547	0.5994	0.6384
	$E(k)$	0.5201	0.5765	0.6249	0.6661	0.7013
二周	$R(k)$	0.5985	0.6764	0.7352	0.7796	0.8133
	$E(k)$	0.6174	0.6930	0.7492	0.7913	0.8231

表 3 - 2 - 22　　　　　　SHFE 天然橡胶不同套期保值期限的最优比率和绩效比较

时间	估计值	$k=1$	$k=2$	$k=3$	$k=4$	$k=5$
一日	$R(k)$	0.1170	0.1331	0.1493	0.1655	0.1816
	$E(k)$	0.2064	0.2304	0.2537	0.2763	0.2981
一周	$R(k)$	0.1232	0.1903	0.2552	0.3155	0.3701
	$E(k)$	0.2248	0.3200	0.4008	0.4685	0.5250
二周	$R(k)$	0.4901	0.5845	0.6575	0.7127	0.7543
	$E(k)$	0.6510	0.7269	0.7812	0.8202	0.8486

表 3 - 2 - 23　　　　　　DCE 玉米不同套期保值期限的最优比率和绩效比较

时间	估计值	$k=1$	$k=2$	$k=3$	$k=4$	$k=5$
一日	$R(k)$	0.0828	0.0898	0.0968	0.1038	0.1108
	$E(k)$	0.1342	0.1447	0.1550	0.1653	0.1754
一周	$R(k)$	0.3286	0.3591	0.3883	0.4162	0.4427
	$E(k)$	0.3877	0.4201	0.4505	0.4791	0.5060
二周	$R(k)$	0.3375	0.4077	0.4699	0.5243	0.5714
	$E(k)$	0.4046	0.4779	0.5404	0.5933	0.6380

通过表 3 - 2 - 1 ~ 表 3 - 2 - 23 的比较, 可以得到以下结论:

(1) 中国的不同期货品种具有一定的差异, 在研究的 6 个国内品种中, SHFE 铜、SHFE 铝、SHFE 燃料油、SHFE 天然橡胶和 DCE 玉米的期货和现货价格具有协整关系，这说明期货价格和现货价格之间存在长期稳定的内在联系，验证了期货和现货共存的基础，表明了利用期货市场进行套期保值的合理性；DCE豆一的期货和现货价格之间不存在协整关系，这和许多关于期货的研究结果不一致，这对于期货市场套期保值功能的发挥有一定的影响，应该引起相关各方的注意。

（2）对于除 DCE 豆一之外的另外 5 个品种，相同的品种，利用不同的时间单位进行套期保值，不同的套期保值期限，对应的最优套期保值比率存在明显差异；但当进行很多时间单位的套期保值时，最优套期保值比率比较接近；对于相同品种、不同的套期保值期限而言，套期保值期限越长，套期保值绩效越好。

（3）就国内期货品种而言，对于不同品种、相同的套期保值期限而言，不同的品种具有显著不同的套期保值绩效。以两周的套期保值绩效为例，SHFE 的铜套期保值绩效最好，达到 0.9133，铝次之，为 0.9105，以下依次为天然橡胶、燃料油和玉米，对应的二周套期保值绩效分别为 0.6510、0.6174、0.4046。豆一和其他品种情况不同，不能将其绩效和其他品种直接相比，直观上可以认为，其相关功能的发挥绩效应差于其他品种。整体而言，上市时间较长的品种套期保值绩效较好，稍有差异，燃料油期货是其中上市时间最短的品种，但其套期保值绩效却优于此前上市的玉米和大豆期货，可能的原因是燃料油期货交易参与者要多于另两个品种交易的参与者。

3.3　中美期货市场的套期保值绩效比较研究

3.3.1　数据的选取

由上一节研究结果知，SHFE 铜是中国发展最好的品种，DCE 玉米是中国农产品中最好的，事实上，SHFE 已成为世界三大铜定价中心之一，DCE 的玉米期货成交量位居世界第二位，本节选取这两个发展较好的品种与美国 COMEX 铜和CBOT 玉米进行比较研究，以更客观地认识中国的期货发展状况。

和上一节一样，本节数据取自 2004 年以后，对于上海期货交易所的铜期货，本书选取从 2004 年 2 月 13 日到 2007 年 7 月 13 日之间的 833 个价格日数据，171个价格周数据，对应的现货数据为上海库的华通标准阴极铜现货价格，对于大连商品交易所的玉米期货，本研究选取从 2004 年 9 月 22 日到 2007 年 10 月 18 日之间的 706 个价格日数据，147 个价格周数据，对应的现货价格数据为大连港的交易报价；对于美国纽约 COMEX 的铜期货和芝加哥商品的玉米期货，选取基本同期的数据，对应的现货价格数据为美国 Hussey 精铜报价和芝加哥的玉米出口报价。其中的现货数据来自于 http：//www. tqfutures. com，期货数据来自于世华财讯提供的交易所交易数据。为保证研究的准确性和可比性，在选取数据时，统一选取最后交割月前 1～2 个月的合约价格，因为这时的期货合约交易最活跃，成交量也最大，实践中也往往选定这一时期进行套期保值。在利用共同趋势模型时，仍然使用 Eviews 6.0 和 Matlab7.0 进行数据处理。

3.3.2　协整关系检验

由于上一节已对 SHFE 铜和 DCE 玉米进行过研究，本节主要是研究 COMEX 铜和 CBOT 玉米的套期保值绩效，将最后的实证结果进行比较。

本节使用 OLS 回归的残差序列的 ADF 检验方法。

表 3－3－1 和表 3－3－2 分别显示了 COMEX 铜和 CBOT 玉米期货及现货价格序列及其一阶差分序列的 ADF 检验结果，由表 3－3－1 和表 3－3－2 可以看出：在 1% 的显著性水平下，COMEX 铜和 CBOT 玉米对所有不同时间单位（一日、一周、二周）的期货和现货价格序列，检验的 t－统计量均大于其对应的临界值，因而不能拒绝它们存在单位根的假设；而对所有不同时间单位的期、现货价格一阶差分序列，检验的 t－统计量均小于其对应的临界值，因而应拒绝它们存在单位根的假设。

表 3－3－1 和表 3－3－2 的结果表明：COMEX 铜和 CBOT 玉米的所有不同时间单位的期货和现货价格序列均为同阶单整的。

表 3－3－3 给出了不同残差序列的平稳性检验结果。由表 3－3－3 可以看出，在 5% 的显著性水平下，对于得到的 COMEX 铜的日和二周残差序列，其 ADF 检验的 t－统计量均小于对应的临界值，因而应拒绝它们存在单根的假设，认为它们是平稳的；在 1% 的显著性水平下，对于得到的其他残差序列，其 ADF 检验的 t－统计量均小于对应的临界值，因而应拒绝它们存在单根的假设，认为它们是平稳的。

结合表 3－3－1、表 3－3－2 和表 3－3－3，检验结果认为：COMEX 铜和 CBOT 玉米的期货和现货一日、一周、二周价格序列均具有协整关系。

表 3 - 3 - 1　　　　　　**COMEX 铜期货和现货价格序列的 ADF 检验结果**

序列	时间	数据	t - 统计量	单侧 p 值	t - 临界值
原始时间序列	一日	期货	- 0.72	0.84	- 3.44 ***
		现货	- 0.67	0.85	- 2.86 **
					- 2.57 *
	一周	期货	- 0.68	0.85	- 3.46 ***
		现货	- 0.58	0.87	- 2.88 **
					- 2.57 *
	二周	期货	- 0.64	0.86	- 3.49 ***
		现货	- 0.54	0.88	- 2.89 **
					- 2.58 *
一阶差分时间序列	一日	期货	- 34.59	0.00	- 3.44 ***
		现货	- 34.47	0.00	- 2.86 **
					- 2.57 *
	一周	期货	- 15.56	0.00	- 3.46 ***
		现货	- 15.66	0.00	- 2.88 **
					- 2.57 *
	二周	期货	- 9.22	0.00	- 3.49 ***
		现货	- 9.017	0.00	- 2.89 **
					- 2.58 *

表 3 - 3 - 2　　　　　　**CBOT 玉米期货和现货价格序列的 ADF 检验结果**

序列	时间	数据	t - 统计量	单侧 p 值	t - 临界值
原始时间序列	一日	期货	- 0.38	0.91	- 3.44 ***
		现货	- 0.35	0.91	- 2.86 **
					- 2.57 *
	一周	期货	- 0.62	0.86	- 3.47 ***
		现货	- 0.53	0.88	- 2.88 **
					- 2.58 *
	二周	期货	- 0.25	0.93	- 3.49 ***
		现货	- 0.38	0.91	- 2.89 **
					- 2.58 *

序列	时间	数据	t - 统计量	单侧 p 值	t - 临界值
一阶差分时间序列	一日	期货	-27.75	0.00	-3.44 ***
		现货	-27.79	0.00	-2.86 **
					-2.59 *
	一周	期货	-11.77	0.00	-3.47 ***
		现货	-13.66	0.00	-3.47 ***
	二周	期货	-11.23	0.00	-3.49 ***
		现货	-10.20	0.00	-2.89 **
					-2.58 *

表 3 - 3 - 3   **残差序列的 ADF 单根检验结果**

品种	检验指标	一日	一周	二周
COMEX 铜	t - 统计量	-3.30	-4.69	-3.02
	t - 临界值	-3.43 ***	-3.46 ***	-3.49 ***
		-2.86 **	-2.88 **	-2.89 **
		-2.57 *	-2.57 *	-2.58 *
	单侧 p 值	0.02	0.00	0.04
CBOT 玉米	t - 统计量	-4.12	-4.74	-4.35
	t - 临界值	-3.44 ***	-3.47 ***	-3.49 ***
		-2.86 **	-2.88 **	-2.89 **
		-2.57 *	-2.58 *	-2.58 *
	单侧 p 值	0.00	0.00	0.00

3.3.3　实证结果

根据蔡和刁（Tsay and Tiao）[85]，表 3 - 3 - 4 给出了不同期限的 COMEX 铜、CBOT 玉米共 5 个品种的共同趋势模型分解系数。

表 3 - 3 - 4   **不同期间的期、现货价格序列对应的分解模型参数**

品种	时间	a_1	b_1	a_2	b_2	α	σ_u^2	σ_v^2
纽约铜	一日	0.7415	0.7436	-0.4818	0.9330	0.8745 (56.32668)	7.5015e -004	6.8628e -005
	一周	0.7069	0.7089	-0.6749	0.7394	0.7978 (18.60737)	0.0035	1.0427e -004
	二周	0.7443	0.7465	-0.4727	0.9422	0.8197 (13.77796)	0.0062	9.6301e -005

续表

品种	时间	a_1	b_1	a_2	b_2	α	σ_u^2	σ_v^2
芝加哥玉米	一日	0.7418	0.7336	-0.4917	0.9201	0.9560 (92.69609)	6.3313 e-004	7.8452e-005
	一周	0.7091	0.7171	-0.6193	0.7959	0.8132 (18.56225)	0.0038	3.3183e-004
	二周	0.8195	0.8107	-0.2956	1.1142	0.7541 (12.31275)	0.0033	3.8139e-004

其中 α 值是用 OLS 回归得到的,下面括号内为 5% 显著水平上估计量的 t 值,说明得到的 α 值是显著的,对应的 σ_u^2 和 σ_v^2 是有效的。

根据表 3－3－4,利用式(2.45)和式(2.46),可以得到 COMEX 铜和 CBOT 玉米不同期限的最优套期保值比率与绩效,为比较方便,把 SHFE 铜和 DCE 玉米的最优比率与绩效放在一起,见表 3－3－5。

表 3－3－5　　　　　　　　不同套期保值期间的最优比率和绩效比较

品种	时间	估计值	k=1	k=2	k=3	k=4	k=5
大连玉米	一日	$R(k)$	0.0828	0.0898	0.0968	0.1038	0.1108
		$E(k)$	0.1342	0.1447	0.1550	0.1653	0.1754
	一周	$R(k)$	0.3286	0.3591	0.3883	0.4162	0.4427
		$E(k)$	0.3877	0.4201	0.4505	0.4791	0.5060
	二周	$R(k)$	0.3375	0.4077	0.4699	0.5243	0.5714
		$E(k)$	0.4046	0.4779	0.5404	0.5933	0.6380
芝加哥玉米	一日	$R(k)$	0.7544	0.7591	0.7637	0.7682	0.7726
		$E(k)$	0.7951	0.7991	0.8030	0.8068	0.8105
	一周	$R(k)$	0.8015	0.8173	0.8314	0.8440	0.8552
		$E(k)$	0.8274	0.8422	0.8554	0.8671	0.8776
	二周	$R(k)$	0.7553	0.7811	0.8037	0.8234	0.8406
		$E(k)$	0.8283	0.8469	0.8629	0.8766	0.8885
上海铜	一日	$R(k)$	0.7425	0.7636	0.7827	0.7999	0.8154
		$E(k)$	0.7533	0.7731	0.7909	0.8068	0.8211
	一周	$R(k)$	0.8128	0.8310	0.8470	0.8611	0.8735
		$E(k)$	0.8889	0.9002	0.9099	0.9185	0.9259
	二周	$R(k)$	0.8423	0.8650	0.8836	0.8988	0.9113
		$E(k)$	0.9133	0.9261	0.9364	0.9448	0.9517

品种	时间	估计值	$k=1$	$k=2$	$k=3$	$k=4$	$k=5$
纽约铜	一日	$R(k)$	0.7955	0.8066	0.8169	0.8265	0.8354
		$E(k)$	0.8398	0.8489	0.8574	0.8653	0.8726
	一周	$R(k)$	0.9312	0.9377	0.9433	0.9482	0.9525
		$E(k)$	0.9365	0.9427	0.9482	0.9529	0.9570
	二周	$R(k)$	0.9575	0.9610	0.9641	0.9668	0.9692
		$E(k)$	0.9700	0.9726	0.9750	0.9771	0.9789

表 3 - 3 - 5 显示：对于所有的期货品种，套期保值期间越长，套期保值比率就越大，套期保值绩效越好；铜期货的套期保值绩效要优于玉米期货；中国期货的套期保值绩效要低于美国期货；与其他期货相比，DCE 玉米期货的套期保值绩效很差，其一周和二周的套期保值绩效分别为 0.3877 和 0.4046，一月的套期保值绩效仅达到 0.4779；CBOT 玉米期货、SHFE 铜期货和 COMEX 铜期货的套期保值绩效明显优于大连玉米，其一周的套期保值绩效就分别达到 0.8274、0.8889 和 0.9365，一月的套期保值绩效高达 0.8671、0.9185 和 0.9529。

美国 COMEX 铜、CBOT 玉米具有较好的套期保值绩效，且差别不大，说明不同的品种都可以通过市场的完善达到较好的套期保值绩效；我国 SHFE 铜的套期保值绩效和上述两个品种的套期保值绩效较为接近，从套期保值角度来看，它作为世界第三大铜定价中心名副其实，而 DCE 玉米的套期保值绩效则相差很多，与其世界第二大玉米期货交易市场的国际地位很不相配。

3.4 本章小结

中国期货市场是典型的新兴市场，不同品种的情况存在极大差别，其套期保值绩效也有很大差别。国内现有关于套期保值绩效的研究往往局限于某一类品种，更缺乏与发达国家成熟市场的对比，得到的结论缺乏客观性，对实践的指导意义较差，对中国不同的期货品种的套期保值绩效进行全面研究具有重要的理论与现实意义。

由于现有不同的研究方法之间几乎不具有可比性，而且中国的部分品种上市时间较短，可用数据较少，加之不同期限的同一品种套期保值绩效往往不同，使得中国期货市场的套期保值绩效比较研究具有很大的难度，本章采用同一方法——多元协整序列共同趋势模型，有效地克服了上述三个困难，对中国国内 6 个代表性品种以及美国两个典型品种进行比较研究，有利于相关企业进行决策。

　　本章研究发现：美国 COMEX 铜期货和 CBOT 玉米期货均具有较好的套期保值绩效，中国 SHFE 铜期货近几年发展较好，其套期保值绩效接近于 COMEX 铜，而 DCE 玉米与 CBOT 玉米的套期保值绩效相差较远。就中国国内期货品种而言，套期保值绩效存在明显差别，SHFE 铜、铝期货较好，SHFE 天然橡胶和 SHFE 燃料油期货次之，DCE 玉米期货较差，研究还发现 DCE 豆一的期货和现货价格之间不存在协整关系，在一定意义上说明，与其他期货品种相比，DCE 豆一期货市场发展较不完善。

　　由于中国期货市场发展时间较短，相关研究较少，企业缺乏应有的指导，加之对期货市场的不熟悉，导致很多企业认为参与套期保值风险较大，已经参与期货套期保值交易的企业也比较保守，管理部门也由于害怕出现过度投机而对企业参与期货套期保值交易有较多约束，种种因素导致企业往往采用保守型套期保值策略。本章结果对于中国相关企业有很重要的启发意义，铜、铝期货的绩效较好，相关企业采用保守型套期保值策略能有效地规避风险；对于玉米和豆一而言，由于期货市场的原因，相关企业若采用保守型套期保值策略，绩效较差，不能有效地规避风险，宜采用进取型套期保值策略；对于天然橡胶和燃料油而言，既可以采用保守型套期保值策略，也可以采用进取型套期保值策略。

附录

A3. 1　共同趋势模型中所用参数的估计

（1）将现货和期货价格排列为矩阵 X_t，然后根据式（A3. 1）构造出矩阵 M；

$$M = (\sum_2^T X_t X'_t)^{-1} (\sum_2^T X_t X'_{t-1}) (\sum_2^T X_{t-1} X'_{t-1})^{-1} (\sum_2^T X_{t-1} X'_t) \quad (A3. 1)$$

这里 T 为某一时间单位的样本数量，X_{t-1} 表示矩阵 X_t 除去第一列（第一对样本），X'_t 表示矩阵 X_t 的转置矩阵。

（2）求出矩阵 M 的按降序排列的特征值和特征向量矩阵 W，根据式（A3. 2）构造新矩阵 Y_t；

$$Y_t = W X_t \quad (A3. 2)$$

（3）式（A3. 2）可写成 $X_t = W^{-1} Y_t$，将矩阵 W^{-1} 中的第 i 行第 j 列的元素记为 β_{ij}，β_{ij} 和分解模型所用部分参数的对应关系为：

$$\beta_{11} = a_1, \quad \beta_{12} = a_2,$$
$$\beta_{21} = b_1, \quad \beta_{22} = b_2。$$

（4）根据式（A3. 3）进行 OLS 回归，可得到参数 α；

$$Y_{2t} = \alpha Y_{2t-1}^{\ast} + v_t \qquad\qquad (A3.3)$$

（5）式（A3.3）中回归的残差 v_t 的方差就是 σ_v^2，而 $Y_{1t} - Y_{1t-1}$ 的方差就是 σ_u^2。

A3.2 参数计算所用的部分 Matlab 程序

本书所研究的期货品种较多，处理的数据量很大，不同的品种、不同的期限，程序都不一样，下面仅以铜的日数据为例，给出相关的 Matlab 计算程序。

```
clear, clf
load dataD022cu
A;
B = A';
E = zeros(size(B(:,1)*A(1,:)));F = zeros(size(B(:,1)*A(1,:)));
G = zeros(size(B(:,1)*A(1,:)));H = zeros(size(B(:,1)*A(1,:)));
i = 2:834;
for k = i
     E = E + B(:,k)*A(k,:);
     F = F + B(:,k)*A(k-1,:);
     G = G + B(:,k-1)*A(k-1,:);
     H = H + B(:,k-1)*A(k,:);
end
E;F;G;H;
M = inv(E)*F*inv(G)*H;
[V,D] = eig(M),
W = V';I = inv(W),Y = W*B;
a1 = I(1,1),a2 = I(1,2),b1 = I(2,1),b2 = I(2,2),
Y2 = Y(2,2:834);Y2_ = Y(2,1:833);
[b,bint,r,rint,stats] = regress(Y2',Y2_'),Y2';Y2_';
R = Y(1,2:834) - Y(1,1:833);
m2 = mean(r),sigma2 = var(r),
m1 = mean(R),sigma1 = var(R),
i = 1:100;
for k = i
     MVHR(k) = (a1*b1*k*sigma1 + 2*a2*b2*sigma2*(1 - b.^k)/
(1 - b^2))/(b1^2*k*sigma1 + 2*b2^2*sigma2*(1 - b.^k)/(1 - b^2)),
     EFF(k) = (a1*b1*k*sigma1 + 2*a2*b2*sigma2*(1 - b.^k)/
```

```
(1 - b^2))/sqrt((a1^2 * k * sigma1 + 2 * a2^2 * sigma2 * (1 - b^k)/(1 - b
        ^2)) * (b1^2 * k * sigma1 + 2 * b2^2 * sigma2 * (1 - b. ^k)/(1 - b^2)));
end
[a1 b1 a2 b2 b], sigma1, sigma2, a1/b1
m = 1:100;
plot(m, EFF, 'r - '), hold on,
plot(m, MVHR, 'b - ')
```

第 4 章

相关加工企业套期保值策略研究

由上一章结果可知，中国期货市场的套期保值绩效有很大差别，对有些绩效较差的品种，相关企业如果简单地采用保守型套期保值策略，可能起不到应有的规避风险的作用，对于其他套期保值绩效较好的品种，可以根据情况灵活选择套期保值策略。

企业根据相关期货市场的套期保值绩效，确定套期保值策略，保守型套期保值策略已经得到深入研究，所有前述的方法都可用于保守型套期保值，本书不再专门讨论。进取型套期保值策略研究还很少见，本章在文献［87］基础上，将加工企业的采购决策和套期保值决策相结合，研究完全竞争条件下面临随机需求的加工企业的进取型套期保值策略。尝试性地建立了进取型套期保值策略模型，通过求解并进行数值模拟，其中所编的 Maltlab 程序可被相关加工企业的决策者直接用于企业的进取型套期保值决策。

与文献［87］考虑的侧重点不同，在本章模型中，产品的价格是一定的，企业面临的需求和原材料的现货价格是随机变量，主要考虑企业如何综合各种情况决定具体的期货交易量。另外，文献［87］没有给出随机变量的具体分布，其结果只能是定性地解释现象，本章利用具体的分布函数，得到定量的结果，提供了一个决策方法。

4.1 引　　言

企业进取型套期保值是指企业不仅仅根据期货市场的情况，还要根据企业的生产实际进行期货交易。

对加工企业而言，原材料采购应该是生产实际中最重要的问题。资料显示：原材料采购普遍具有总量大、金额高的特点，原材料的采购金额占总采购金额的50%以上、占产品总成本的40%以上。更为重要的是，原材料的短缺对企业来说是致命的，没有原材料企业就不能开工；且市场对原材料的供应和对产品的需求充满了不确定性，价格波动大。由于产品的销售价格大多通过协议来决定，在一定时期内是固定的①，而原材料存在于两个市场——期货市场和现货市场，企业可以随时在这两个市场上采购所需的原材料，这两个市场具有不同的特点②，因而对企业的作用不同。因为企业面临随机需求，如果企业只能从期货市场上采购原材料，则会出现采购过量或采购不足，采购过量会导致过高的存货成本，采购不足则会因客户的部分需求得不到满足而导致缺货成本，而不利用期货市场，只利用现货市场会导致巨大的原材料价格风险，使企业无法正常生产。加工企业的原材料采购是一个很重要的问题，但一直没有得到很好地解决。

明确地把期货市场和生产决策及套期保值决策相结合的工作始于 1978 年[20]，此后，霍尔特豪森（Holthausen）、费德（Feder）等人得到了类似结论[27,40]。他们在单时期的框架下，对完全竞争下的生产企业的套期保值策略进行了研究，建立了生产企业的目标函数，得到了一系列结果。假定生产者的产量是预先确定的，生产者在卖出产品时有两种选择：期货卖出和现货卖出，在某一时期（生产阶段）初始，生产者决定生产量和期货交易量，生产结束，生产者卖出产品，并将期货头寸平仓，获得收益，整个过程中只有现货价格是一个随机变量，其他为已知常量。研究结果显示[20]：期货交易不会影响生产决策，不仅如此，生产者的风险厌恶程度、现货价格的分布也不会影响生产决策，但会影响期货交易量，为了期望效用最大，生产者将可能卖出比预先确定的产量更大的期货头寸。

安德森和丹塞恩（Anderson and Danthine）认为，（农产品）生产者可以在产品生长期内根据市场的变化改变持有的期货头寸，多时期套期保值更切合企业实际。他们建立了离散的多时点模型，得到的结果表明：如果企业面临价格和生产量双重不确定时，上述分离理论不成立[1]。其后，马库斯和马蒂斯特（Marcus and Modest）研究了当企业面临价格和产量不确定时的生产决策和套期保值问题[68]，他们得到了一个不依赖于偏好的生产规则，这一规则类似于产量确定时的"边际成本等于期货价格"规则，他们还利用农业生产者的数据检查产量不确定性对决策的影响，认为企业可以利用上述分离理论进行生产决策；何（Ho）用连续时间投资和消费模型分析了农民在面临产量和价格两个不确定性时的最优

---

① 本章后面有详细论述。

② 期货市场的存在使企业可以有效地规避原材料价格风险，但它具有较强的刚性，当产品市场价格下跌时，加工企业也不能享受低价采购的好处；现货市场的存在可以给企业较大的生产灵活性，但是由于现货市场中的商品价格直接由市场上的供求关系决定，价格波动性较大，并且有时不能成交，因而交易的稳定性较差。

套期保值决策问题[39]，并进一步探讨了一些因素对决策的影响；卡普（Karp）用负指数效用函数研究了类似于何的问题[49]，何和卡普的结论都不支持分离结果。钱伯斯和奎金（Chambers and Quiggin）在随机生产条件下得到了新的分离结果[12]；帕罗什和沃夫（Paroush and Wolf）则认为，基差风险是一个非常重要的因素，基差风险存在时，结果完全不同[76]。总而言之，这还是一个很有争议的问题。

上述所有文献都是以期货商品生产企业为背景来研究的，对期货商品加工企业的问题研究较少[88]。

较早研究加工企业的进取型套期保值策略的是瓦格纳（Wagner），他在单一时期框架下，利用均值—方差效用，他们假定产品价格、期货价格和现货价格为随机变量，加工企业需要在生产开始时，根据生产计划作出原材料的期货交易量和现货采购量，生产完成时，卖出产品，得到收益。加工企业要最大化其均值—方差效用[87]。

他们对策略中的期货交易量的构成进行了分析，把它分成纯套期保值交易、策略性交易和投机性交易三个部分，显示了加工企业面临的决策问题要比生产企业复杂得多。由于模型过于复杂，这一研究仅能够从理论上说明企业的进取型套期保值策略、解释企业的不同期货交易现象，同样无法直接用于企业决策。

本章在文献［87］的基础上，将加工企业的采购①决策和套期保值决策相结合，研究完全竞争条件下面临随机需求的加工企业的进取型套期保值策略。在面临激烈竞争的市场环境下，企业需要根据市场情况在利润和风险之间进行权衡，通过建立并求解数学模型，揭示企业如何根据不同的市场状况，作出最佳的套期保值决策，并利用 Matlab 仿真技术，对模型中参数进行敏感性分析，不仅更直观地体现出其中的管理意义，而且研究中所用的模拟程序还可直接被决策者用于决定最优期货交易量。

与文献［87］相比，本部分研究有以下改进之处：一是考虑的侧重点不同，在文献［87］中，产品的价格、原材料现货和期货价格是随机变量，主要研究原材料价格和产品价格相关性对采购量的影响；在本章中，产品的价格是一定的，企业面临的需求和原材料的现货价格是随机变量，主要考虑企业如何综合各种情况决定具体的期货交易量。二是文献［87］利用均值—方差效用，没有给出随机变量的分布，因此结果只能是定性地解释现象，本章也利用均值—方差效用，同时利用具体的分布函数，得到定量的结果，提供了一个决策方法。

---

① 从供应链管理的角度来看，采购是将物资从资源市场的供应商手中，通过商流和物流转移到用户手中的过程。文献［87］中的采购属于一种狭义的概念，主要是从财务管理的角度来看，其意义接近于购买，主要是指加工企业支付一定的原材料价格以得到其价值的过程，本章中的意义与文献［87］相同。

以下对中国相关加工企业的定价方式和套期保值交易现状可以体现本章研究的必要性和现实性。

套期保值实质上就是利用期货规避价格风险，在了解加工企业套期保值交易现状之前，有必要先了解加工企业在原材料采购和产品销售环节的定价方式。由前一章中国期货市场的发展历程和现状可知，中国企业套期保值现状会因行业的不同呈现出不同的特点，因此，对于个人而言，要做出一个全面的调查是很困难的，本书主要从第二手的间接材料中寻找证据①；而对于中国企业套期保值实践的调查，本书认为，涉铜加工企业的实践具有代表性，汪炜、施建军在这方面做了很好的工作，因此下面这一部分引用了他们的结果[110]。

1. 加工企业原材料和产品的定价方式

加工企业原材料和产品的价格主要以对应的期货价格为主要依据，不同的企业采用不同的定价方式，概括起来有以下几种定价方式。

（1）原材料的定价方式。

第一种定价方式是"原材料采购价格 = 期货合约当日价 + 升贴水"。其中"期货合约当日价"是指交割月期货合约在订货合同签订当日某一时点的价格（具体时点由双方协商确定）或当日的结算价。"升贴水"是指订货合同签订日现货市场升贴水报价。

这种方式是目前企业原材料采购的主要定价方式。

第二种定价方式是"原材料采购价格 = 期货合约日平均价 + 升贴水"。其中"期货合约日平均价"是指在订货合同签订后一定日期内的交割月期货合约每日结算价的平均价，这里的"一定日期"由双方协商确定，可以是一个星期、两个星期、一个月等，但是主要以一个月为主。"升贴水"是指订货合同签订时买卖双方协定的升水或贴水报价。

第三种定价方式是"点价"，即加工企业和供应商签订订货合同时约定，加工企业可以用签订合同后一定时间内任一时点的期货价格加上升贴水作为原料采购价格。这里所说的一定时间就称为"点价期"，"点价期"长短由双方协商确定，企业选定价格的行为称为"点价"。期货价格是上海期货交易所交割月合约的价格，而升贴水则是订货合同签订日上海有色金属市场升贴水报价。

（2）产品销售定价方式。

第一种方式是"产品销售价格 = 期货合约当日价 + 加工费"。其中"期货合约当日价"是指交割月期货合约在销售合同签订当日某一时点的价格（具体

---

① 这些第二手资料来自于杂志、书籍和网站，具体出处文中有标注。

时点由双方协商确定）或当日的结算价。"加工费"则是指加工成为产品所需的加工费用以及一定的利润加成。这种方式是目前加工企业产品销售的主要定价方式。

第二种方式是"产品销售价格 = 期货合约日平均价 + 加工费"。其中"期货合约日平均价"是指在订货合同签订后一定日期内的交割月期货合约每日结算价的平均价，这里的"一定日期"由双方协商确定，可以是一个星期、两个星期、一个月等，但是主要以小于一个月为主。"加工费"则是指加工成为产品的加工费用以及一定的利润加成。这是一种应用相对较少的产品销售定价方法，主要应用于针对长期稳定客户的销售。

2. 加工企业参与套期保值交易现状

由于我国的期货市场是自上而下建立起来的，并非完全基于市场的需要，期货市场的发展一方面受政策的影响较大，期货交易往往带有很大的投机性，对于不同的品种，企业利用期货市场差别也较大，整体而言，尽管期货市场近年来发展迅猛，但企业参与套期保值交易的现状并不乐观。

曹中红对安徽安庆、巢湖等市86家涉棉企业进行调查[92]，其中参与套期保值交易的只有9家，仅占10%，表示未考虑或不准备参与套期保值的有71家企业，他们的主要原因竟是"太复杂，搞不懂"与"期货交易风险太大"。

在北京期货商会举办棉花套期保值高级实务研究班上，河南立兴棉业总经理高展揭示了中国企业利用期货市场进行套期保值交易的现状："与期货市场活跃局面不相称的是，通过参与期货交易来规避经营风险的企业目前还不足10%，更多的企业一直对期货市场采取观望态度，也有不少企业对期货交易在企业经营中的作用知之甚少。现在，很多企业缺少的不是钱，缺少的是对企业资金风险的管理和投资技巧。"①

汪炜、施建军对浙江省铜加工企业套期保值交易情况进行了全面的分析和研究[110]。他们认为，在竞争日益激烈的市场经济条件下，铜加工企业都承受着因现货市场价格变化带来的实际价格风险。目前浙江铜加工企业已经开始认识到期货市场的价格风险转移功能，大多数企业对参与期货交易表现出了很大的兴趣，部分企业已经介入期货市场，利用期货交易进行风险规避。

他们进一步指出，期货市场转移价格风险还远未得到充分发挥。铜加工企业对铜期货市场的利用还停留在间接利用这一较低层次，由于对期货市场缺乏深入了解、期货投资手段单一、交易策略和经验不足等原因，期货市场风险规避功能并未在铜加工企业中得到充分、广泛的直接利用，具体表现在以下三个

---

① 新浪新闻，2008年6月6日，北京商报记者李照林。

方面：一是参与期货交易的铜加工企业数量很少，在浙江省现有的多家铜加工企业中，只有少数企业参与了上海期货交易所铜期货的交易，期货市场的保值功能没有被充分利用；二是目前浙江铜加工企业参与期货交易的手段还比较单一和落后，很多套期保值和套利的手段还未被了解和利用；三是浙江铜加工企业进行期货交易还缺乏规范的内部管理和监督机制。在参与期货交易的铜加工企业中，大多数企业都未设置专门的部门进行期货市场操作和管理。目前，浙江铜加工企业对期货交易的管理基本上还是以经验管理为主，没有建立起科学、合理的规章和制度。

在中国所有期货品种中，铜期货是上市时间最早，也是大家认为功能发挥较好的品种①。因此可以认为：汪炜、施建军的工作基本上反映了中国期货商品加工企业套期保值交易实践的现状[110]。

根据他们的研究，期货商品加工企业利用期货市场进行套期保值交易的形式主要有三种：

第一种方法是符合"均衡而相对"原则的套期保值交易，也就是在现货市场上买进或卖出实物商品的同时，在期货市场上卖出或买进相同数量的该商品的期货合约。目前浙江铜加工企业大都采用距离交割日 3 个月以内近期合约进行套期保值。符合"均衡而相对"原则的套期保值主要应用于企业签订长期合同的情况。在这种情况下，产品销售价格已经通过合同事先确定，而产品销售合同签订日距离交货时间比较长（一般 1 个月以上）。例如，某电缆生产企业用"竞价"方式获得电力电缆销售公司，先在期货市场做买入期货多头头寸，以后每次采购一定数量的原材料时就卖出相同数量的期货合约，从而达到保值的目的。

第二种方法是预期保值。即以预期价格为基础而进行的保值交易，在建立头寸时并没有相对应的有效的合同。如铜加工企业预期铜价格将要上涨，虽然这时铜加工企业并没有签订销售合同，但依然买入期货合约，从而确保以后以一定的价格获得原材料的供应。

第三种方法是选择性套期保值。即现货市场上的交易者在适当的时候进行价格投机交易。交易者根据他对价格的预测选择是否做套期保值。如果预测现货市场上能有更多的收益，则不会在期货市场上冒亏损的风险做"保值"交易。另外，两个市场的交易数量也可以灵活选择，时间也不一定吻合。这就是把两个市场结合起来，以最小成本取得最大收益。然而，这种套期保值交易也给交易者增加了额外的投机因素。

本章的第一部分是引言，第二部分基本模型，第三部分模型求解并具体讨论

---

① 本书第 5 章将从套期保值绩效角度验证这一点。

最优期货交易量，第四部分是理论解释及模型的灵敏度分析，第五部分是本章小结。模型的部分数学推导和相关的 Matlab 程序放在附录里，作为本章的第六部分。

4.2 基 本 模 型

考虑完全竞争条件下的加工企业，其原材料采购有两个选择，一是以固定价格 P_0、在已知提前期 T 使用期货合约购买；二是用（本质上可忽略提前期的）现货随机价格 P_1 在现货市场购买，随机需求 q 在 T 时刻发生，上述两种方式的采购用以满足需求。

生产的单位产品以价格 P 售出，除原材料以外的成本为 $C(q) = kq$，超过期货采购量的原材料需求可由现货市场满足。过量原料以现货价格 P_1 售出，时刻 T 的买或卖的期望现货价格为 μ_1，标准差为 σ_1，实际的现货价格 P_1 不依赖于该时期的交易量。在时刻 0，企业决定原材料期货采购量 q_0，此时，采购决策者对时刻 T 的需求有一个无偏预测，其分布为 $F_2(\cdot)$，均值为 μ_2，标准差为 σ_2；在时刻 T，合约量 q_0 得到交割，需求 q 发生，若采购量 q_0 低于（高于）需求 q，采购者将现货购买 $q - q_0$（出售 $q_0 - q$）单位原材料，生产出产品（生产周期很短），得到利润。

上述假定具有明显的实际背景，这里期货合约购买就相当于文献［110］所述的第一种原材料采购方式，它是由期货合约价格加上固定的升贴水而得到，实质上还是一个已知常量，不会改变其管理含义，实际应用时只需做简单的调整。根据文献［110］，很多相关加工企业的生产模式是订单驱动型的，即先有订单，后组织生产，而订单上面已经商定了产品的价格，因此，作者假定产品价格也是一个固定价格。除原材料以外成本主要包含固定资产折旧和人力成本，一般而言，企业的设备决定了企业产能，企业短期的产量主要取决于人力的变化①，因此可假定 $C(q) = kq$，亦即产量增加，其对应成本也成比例增加，这里要求 $k > 0$。

为研究方便，假定在这一过程中无交易成本、无税收，企业的目标函数为：

$$\max_{q_0} \left[E(W) - \lambda \operatorname{Var}(W) \right], \qquad \lambda \geqslant 0 \tag{4.1}$$

其中 W 为总利润函数：

$$W = (P - k)q - P_1(q - q_0) - P_0 q_0 \tag{4.2}$$

$E(\cdot)$ 为期望算子，$\operatorname{Var}(\cdot)$ 为方差算子，$\lambda \geqslant 0$ 表示风险厌恶程度。

---

① 具体人数可能变化不大，但企业可以调整其劳动时间。

4.3　模型求解

因为市场具有流动性，企业已实现需求和行业需求具有正相关性，而行业需求决定了现货市场的价格，所以假定需求 q 和现货价格 P_1 正相关。因为市场对某种商品具有较高需求时，该商品的现货价格比较低需求时的现货价格亦较高，所以假定需求 q 和现货价格 P_1 服从相关系数为 $\rho(>0)$ 的二元正态分布，即 $(P_1,\ q) \sim N(\mu_1,\ \mu_2,\ \sigma_1,\ \sigma_2,\ \rho)$。

计算可得总利润的期望为：

$$E(W) = (P - k - \mu_1)\mu_2 - \rho\sigma_1\sigma_2 + (\mu_1 - P_0)q_0 \tag{4.3}$$

为了得到总利润的方差，根据麦金农（McKinnon）[70]，可得：

$$\mathrm{Var}(W) = (1 + \rho^2)\sigma_1^2\sigma_2^2 + (P - k - \mu_1)^2\sigma_2^2$$
$$+ (q_0 - \mu_2)^2\sigma_1^2 + 2\rho\sigma_1\sigma_2(P - k - \mu_1)(q_0 - \mu_2) \tag{4.4}$$

由最大化条件可得：对任意 $\lambda \geqslant 0$，最优的期货量为：

$$q_0^* = \mu_2 + \frac{\mu_1 - P_0}{2\lambda\sigma_1^2} - \rho\frac{\sigma_2}{\sigma_1}(P - k - \mu_1) \tag{4.5}$$

结合式（4.3）、式（4.4）和式（4.5），更进一步可得到最优的期望利润：

$$E(W^*) = (P - k - P_0)\mu_2 + \frac{(\mu_1 - P_0)^2}{2\lambda\sigma_1^2} - \rho\sigma_1\sigma_2 - \rho\frac{\sigma_2}{\sigma_1}(P - k - \mu_1)(\mu_1 - P_0) \tag{4.6}$$

和最优利润的方差：

$$\mathrm{Var}(W^*) = (1 + \rho^2)\sigma_1^2\sigma_2^2 + (1 - \rho^2)(P - k - \mu_1)^2\sigma_2^2 + \frac{(\mu_1 - P_0)^2}{4\lambda^2\sigma_1^2} \tag{4.7}$$

式（4.5）右边的第一项 μ_2 是需求的期望值，它实质上是为规避风险而进行的套期保值操作部分，第二项 $\dfrac{\mu_1 - P_0}{2\lambda\sigma_1^2}$ 表示风险厌恶的决策者在市场有偏时，按市场状况所进行的投机性操作部分，第三项 $-\rho\dfrac{\sigma_2}{\sigma_1}(P - k - \mu_1)$ 是根据原材料价格和需求的关系、原材料现货价格和需求的分布，以及产品价格和除原材料以外成本等因素进行的策略性操作部分①，当 $\rho = 0$ 时，第三项消失，此时，最优期货

---

①　文献［87］中对应于这三项分别称为纯套期保值部分、投机交易部分和策略性套期保值部分。

采购量主要是由需求的期望值和决策者的风险厌恶程度及其对原材料现货市场的主观预期决定。

4.4　理论解释及模型灵敏度分析

4.4.1　现货价格溢价和风险厌恶

决策者对需求量和现货价格的风险厌恶程度是由 λ 来体现的，λ 越大，风险厌恶程度越大，令 $\rho = 0$，$\delta \equiv \mu_1 - P_0$，则式（4.5）变为：

$$q_0^* = \mu_2 + \frac{\delta}{2\lambda\sigma_1^2} \tag{4.8}$$

由式（4.8），易得：

$$\frac{\mathrm{d}q_0^*}{\mathrm{d}\delta} = \frac{1}{2\lambda\sigma_1^2} \tag{4.9}$$

$$\frac{\mathrm{d}q_0^*}{\mathrm{d}\lambda} = -\frac{\delta}{2\lambda^2\sigma_1^2} \tag{4.10}$$

这两个式子表明：当市场为现货溢价时，最优的期货交易量应大于需求的期望值，且溢价越高，采购量也越大，同等条件下，风险厌恶程度较低的决策者的最优期货交易量较大，风险厌恶程度越低，最优期货交易量越大，特别地，风险中性的决策者的理论期货交易量为无穷大；当市场为期货溢价时，最优的期货交易量应小于需求期望值，且溢价越高，期货交易量也越小，在一定时候，企业会进行完全现货采购，甚至由期货多头变为期货空头，同等条件下，风险厌恶程度较低的决策者的最优期货交易量较小，风险厌恶程度越低，最优期货交易量越小（期货空头表示负交易量），特别地，风险中性的决策者的理论期货交易量为无穷小。

利用 Matlab 编程得到图 4 - 4 - 1，可以看出，当 $\mu_1 - P_0 > 0$ 时，市场为现货溢价，随着风险厌恶程度 λ 的增加，最优的期货交易量减小，最优的期望利润和利润的方差降低；对于非常小的 λ，最优的期货定购量、最优的期望利润和利润的方差都将变得很大。这说明：一方面，从行为表现来看，由于存在正的现货溢价，风险中性的决策者变成投机者，将会买入尽可能多的多头期货，以获取风险溢价利润。另一方面，当 $\lambda \to +\infty$ 时，q_0^*，$\mathrm{E}(W^*)$，$\mathrm{Var}(W^*)$ 都会趋向于有限极限。特别地，当需求和现货价格完全不相关（$\rho = 0$）时，由于极度的风险厌恶，决策者将会趋向于以需求量的期望值作为最优期货交易量，以求最小化现货价格风险，此时，

$$\mathrm{E}(W^*) \to (P - k - P_0)\mu_2 \tag{4.11}$$

$$\mathrm{Var}(W^*) \to \sigma_1^2\sigma_2^2 + (P - k - \mu_1)^2\sigma_2^2 \tag{4.12}$$

而当 $\rho > 0$ 时，q_0^*，$\mathrm{E}(W^*)$，$\mathrm{Var}(W^*)$ 均会趋向于小于上述极限的有限值。

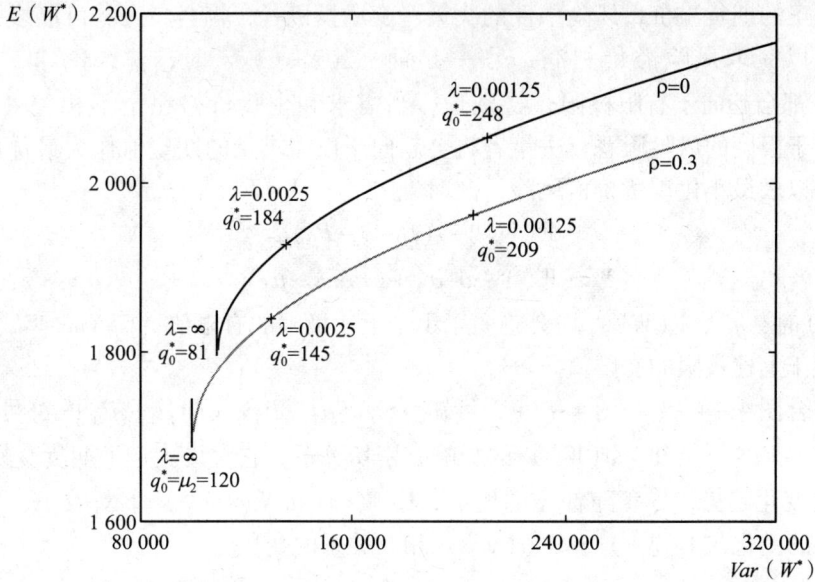

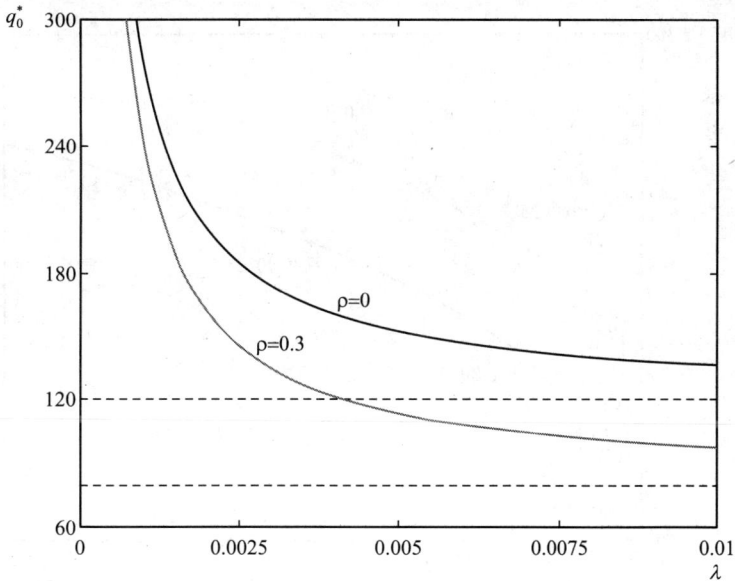

图 4 - 4 - 1　$\mu_1 > P_0$ 时 λ 对 q_0^*，$\mathrm{E}(W^*)$ 和 $\mathrm{Var}(W^*)$ 的影响

图 4-4-2 显示，当 $\mu_1 - P_0 < 0$ 时，市场为期货溢价，随着 λ 的增加，最优的期货定购量增加，进一步使得最优的期望利润和利润的方差也增加；对于非常小的 λ，最优的期货定购量也很小，在资金允许的情况下进行反向操作，而最优的期望利润和利润的方差都将变得很大。这说明：一方面，从行为表现来看，由于存在正的期货溢价，风险中性的决策者变成投机者，将会买入尽可能多的空头期货，以获取风险溢价利润。另一方面，当 $\lambda \to +\infty$ 时，q_0^*，$E(W^*)$，Var (W^*) 都会趋向于有限极限。特别地，当需求和现货价格完全不相关（$\rho = 0$）时，由于极度的风险厌恶，决策者将会趋向于以需求量的期望值作为最优期货定购量，以求最小化现货价格风险，此时，

$$E(W^*) \to (P - k - P_0)\mu_2 \tag{4.13}$$

$$\mathrm{Var}(W^*) \to \sigma_1^2\sigma_2^2 + (P - k - \mu_1)^2\sigma_2^2 \tag{4.14}$$

当 $\rho > 0$ 时，q_0^*，$E(W^*)$ 均会趋向于小于上述极限的有限值，而 Var (W^*) 会趋向于大于上述极限的有限值。

综合图 4-4-1 和图 4-4-2 可知，$\mathrm{Sign}(\mu_1 - P_0)$（即 $\mu_1 - P_0$ 的符号[①]）与 λ 对 q_0^*，$E(W^*)$ 和 Var(W^*) 的影响有密切关系，它直接决定了期货交易量 q_0^* 随 λ 的变化趋势，尽管随着 λ 的增加，$E(W^*)$ 和 Var(W^*) 不断减小，但它导致了 ρ 的变化与 $E(W^*)$ 和 Var(W^*) 相互关系的变化。

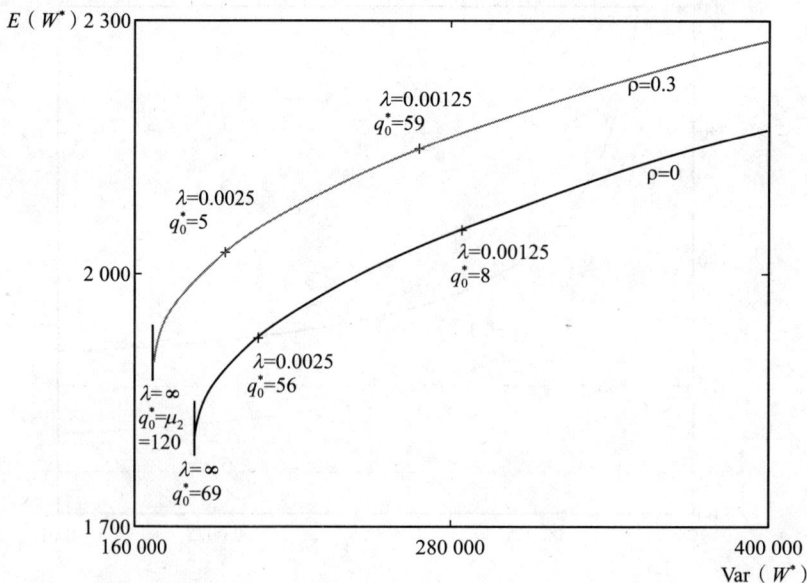

---

① 实质上是市场的不同表现。

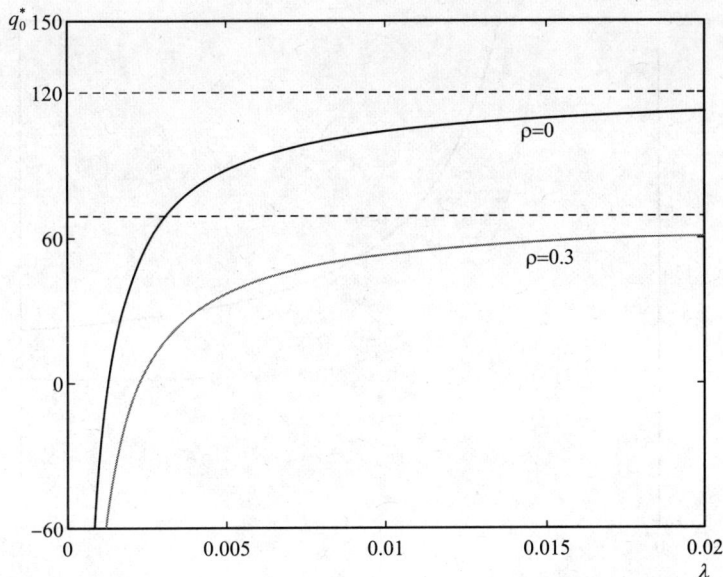

图 4 - 4 - 2　$\mu_1 < P_0$ 时 λ 对 q_0^*，E(W^*) 和 Var(W^*) 的影响

也就是说，若市场表现为现货溢价时，风险厌恶程度较低的决策者，将会加大期货交易量，不仅避免缺货的损失，而且可以获取现货溢价。若市场表现为期货溢价时，风险厌恶程度较低的决策者，将会减少期货交易量，甚至不用期货交易，所有原材料均从现货市场购买，利用期货是为了进行投机，以获取期货溢价。若市场无偏时，决策者的最优期货交易量不随其风险厌恶程度的变化而变化。

4.4.2　现货价格波动风险

由式（4.8）可得：

$$\frac{dq_0^*}{d\sigma_1} = -\frac{\delta}{6\lambda\sigma_1^3}\begin{cases} <0, & \delta>0 \\ =0, & \delta=0 \\ >0, & \delta<0 \end{cases} \qquad (4.15)$$

它表明，随着现货价格波动风险的加大，当市场表现为现货溢价时，尽管企业可以通过购买期货获取现货溢价，然而由于风险和收益同时变大，企业要在二者之间进行权衡，其最优决策应该减少期货交易量；当市场表现为期货溢价时，尽管企业进行期货交易将产生损失，然而为规避风险，企业应增加期货交易量，且风险越大，增加量越大，对于利用期货进行投机以获取期货溢价的企业，则应减少其投机头寸。当市场无偏时，无论现货价格波动风险如何变化，企业都无须改变其最优交易量（见图 4 - 4 - 3）。

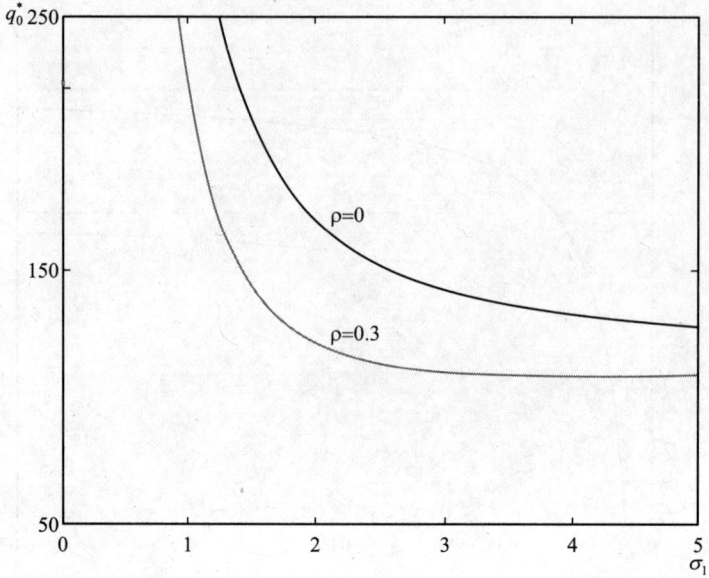

（a）

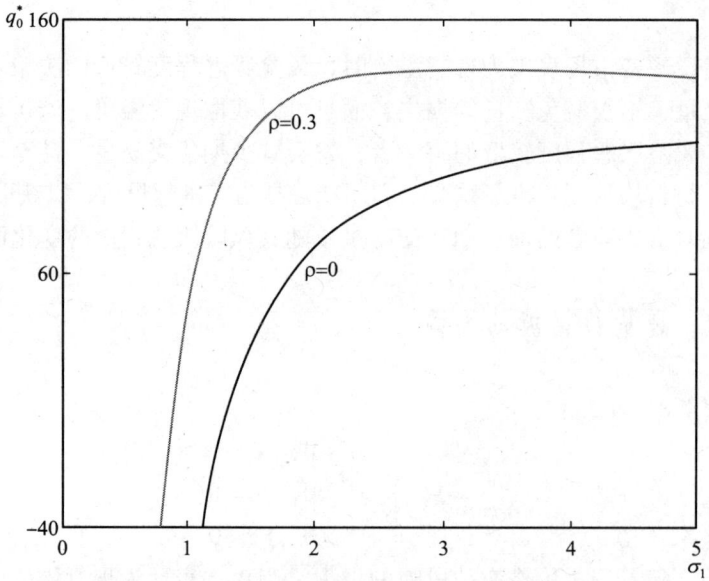

（b）

图 4 - 4 - 3   现货价格波动对最优采购量的影响

图 4 - 4 - 3（a）显示，当 $\mu_1 - P_0 > 0$ 时，随着现货价格波动风险 σ_1 的增加，最优期货交易量应减少，进一步使得最优的期望利润和利润的方差也降低；对于非常小的 σ_1，最优的期货交易量将变得很大。这说明：一方面，当市场出现无风险

套利机会时，企业应尽可能多地投入资金进行套利。另一方面，当 $\sigma_1 \to +\infty$ 时，q_0^* 都会趋向于有限极限。特别地，当需求和现货价格完全不相关（$\rho = 0$）时，由于极大的市场价格风险，决策者将会趋向于以需求量的期望值作为最优期货交易量，以最大程度地规避现货价格风险，此时，

$$\mathrm{E}(W^*) \to (P - k - P_0)\mu_2 \tag{4.16}$$

$$\mathrm{Var}(W^*) \to \sigma_1^2 \sigma_2^2 + (P - k - \mu_1)^2 \sigma_2^2 \tag{4.17}$$

而当 $\rho > 0$ 时，q_0^* 均会趋向于小于上述极限的有限值。

图 4 - 4 - 3（b）则显示了当 $\mu_1 - P_0 < 0$ 时的情形，随着 σ_1 的增加，最优的期货定购量增加，进一步使得最优的期望利润和利润的方差也增加；对于非常小的 σ_1，最优的期货交易量将变得很小，甚至反向操作，以最大程度地实现无风险套利；当 $\sigma_1 \to +\infty$ 时，q_0^*，$\mathrm{E}(W^*)$，$\mathrm{Var}(W^*)$ 都会趋向于有限极限。类似地，当需求和现货价格完全不相关（$\rho = 0$）时，由于极大的市场价格风险，决策者将会趋向于以需求量的期望值作为最优期货交易量，以最大程度地规避现货价格风险。当 $\rho > 0$ 时，q_0^* 均会趋向于大于上述极限的有限值。

图 4 - 4 - 4 和图 4 - 4 - 5 表明，尽管不同市场状况下现货价格波动对最优采购量的影响大相径庭，但它对企业的期望利润和利润方差的影响却是一致的。不管市场表现为期货溢价还是现货溢价，当现货价格波动风险加大时，企业的期望利润和方差都减少，换句话说，当现货价格波动较小时，企业面临一个较好的收益前沿。

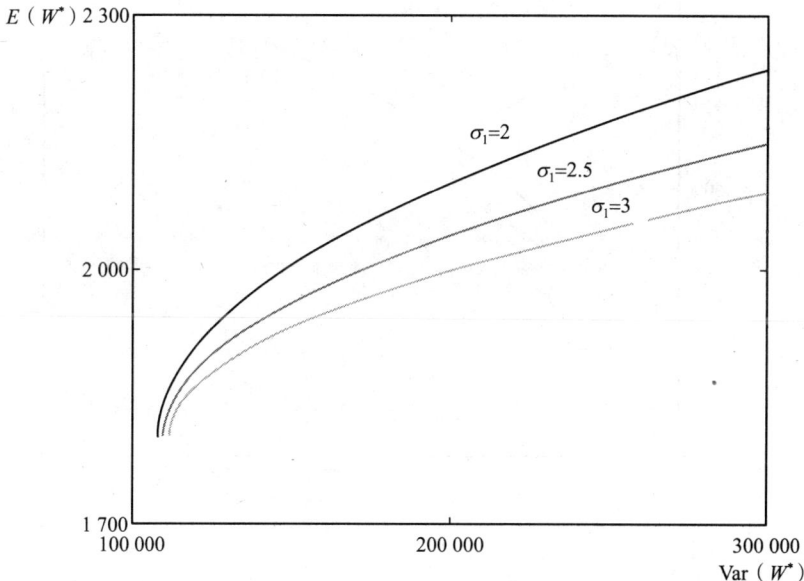

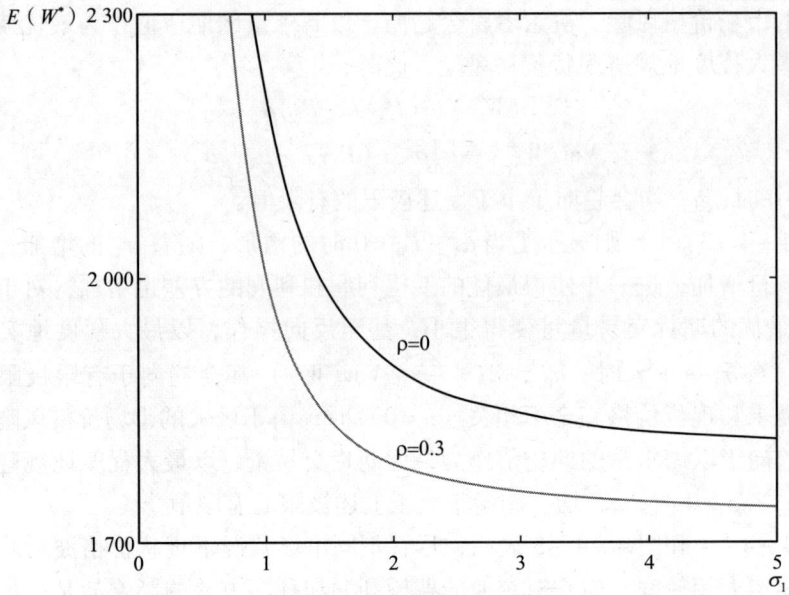

图 4 - 4 - 4 $\mu_1 > P_0$ 时 σ_1 对 E(W^*) 和 Var(W^*) 的影响

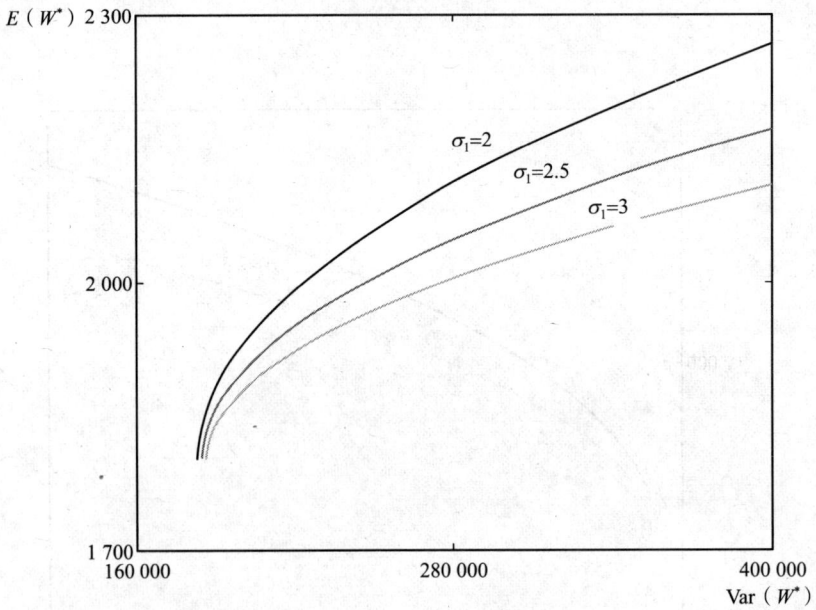

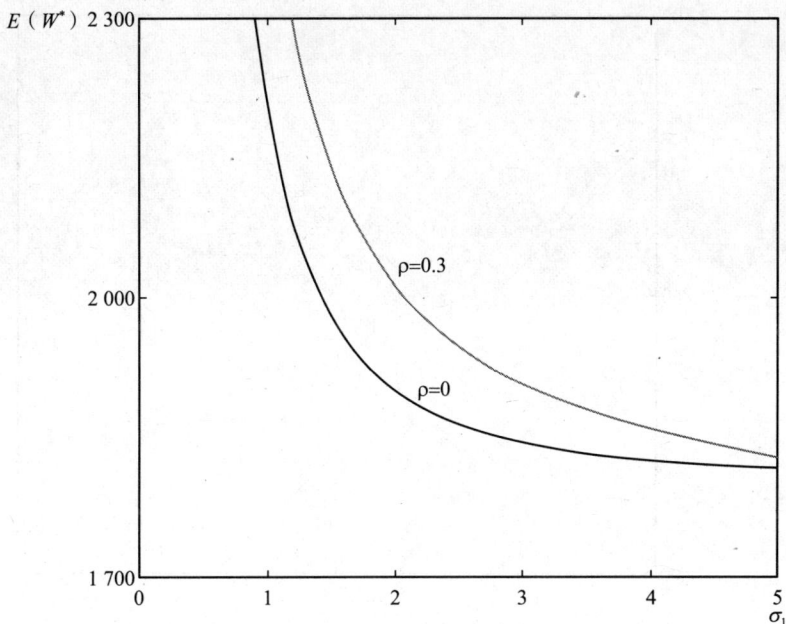

图 4 - 4 - 5 $\mu_1 < P_0$ 时 σ_1 对 E(W^*) 和 Var(W^*) 的影响

4.4.3 边际成本

由式 (4.5) 可得:

$$\frac{dq_0^*}{dk} = \frac{\rho\sigma_2}{\sigma_1} \geqslant 0 \qquad\qquad (4.18)$$

亦即, 随着 k 的增加, 最优采购量 q_0^* 增加。实质上就是说, 边际成本越大, 要求相应进行策略套期保值的期货采购量就越大, 但同等条件下的期望利润减少。也就是说, 边际成本比较小的企业, 其面临一个较好的有效收益前沿 (见图 4 - 4 - 6)。边际成本的极小变化导致利润的巨大变化 (图 4 - 4 - 6 中为114 倍)。这充分说明了在经济全球化的今天, 同质产品的价格差别越来越小, 企业的竞争越来越表现在成本的竞争, 企业的成本管理对于企业的发展具有重要意义。

$E(W^*)$ 2 100

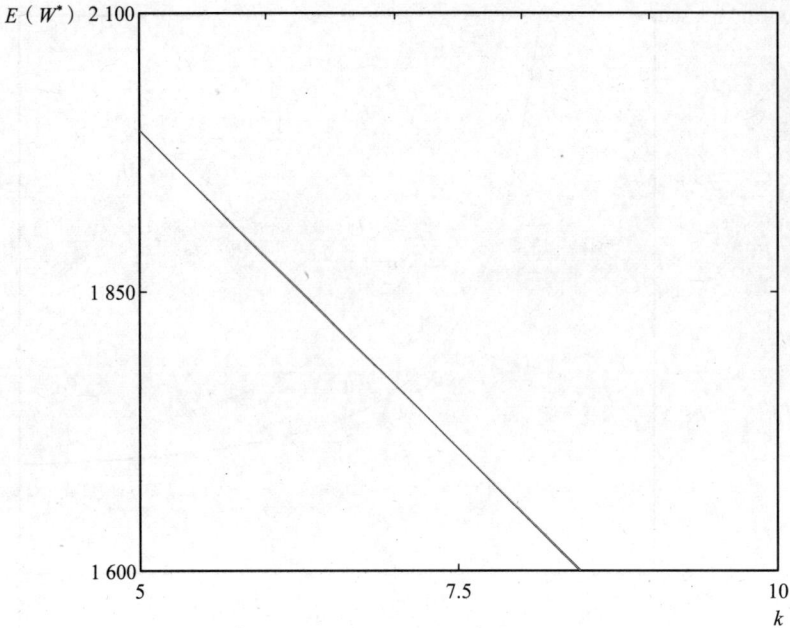

图 4 - 4 - 6 k 对 E(W^*) 的影响

4.5 本 章 小 结

长期以来，学术界对采购决策的研究很少结合期货理论，本书将二者相结合，研究完全竞争条件下面临随机需求的加工企业的采购决策，通过建立数学模型，揭示企业如何根据不同的市场状况，做出最佳的采购决策，并利用 Matlab 仿真技术，对模型中参数进行敏感性分析，研究结果还可直接帮助决策者决定最优采购量。

本章得到以下结论：（1）加工企业的交易量的确定要基于对市场（有偏或无偏）的正确判断，如果市场情况不明，则应以需求量的期望值为基准；（2）现货价格波动风险增加时，企业应根据不同的市场状况调整期货交易量；（3）除原材料以外成本的减少带来显著（数百倍于成本的减少）的利润增长。明确认识这些问题，不仅可以帮助加工企业决策者确定其最优采购策略，而且还对于决策者加强管理、提高竞争力具有很现实的管理意义。

由于研究问题的复杂性，需要进一步研究的还很多，例如，基差存在对生产理论的影响、期货市场逐日盯市制度对具体操作的影响等问题都值得进一步去探索；现实中企业如何在期市如何操作？持多少头寸？这些问题都是企业不愿意真实披露的，这给理论的实证研究带来很大的困难，如何进行这方面的实证研究也是一个有意义的研究方向。

附录

A4.1 总利润的期望和方差的计算

由式（4.2）可知，总利润 $W = (P-k)q - P_1(q-q_0) - P_0q_0$，在 1 时刻的现货价格 P_1 和实现的需求 q 为随机变量，其他为非随机变量，总利润的期望为：

$$E(W) = E[(P-k)q - P_1(q-q_0) - P_0q_0]$$
$$= (P-k)E(q) - E(P_1q) + q_0E(P_1) - P_0q_0$$

由 $(P_1, q) \sim N(\mu_1, \mu_2, \sigma_1, \sigma_2, \rho)$ 知：

$$E(q) = \mu_2, \quad E(P_1q) = \rho\sigma_1\sigma_2, \quad E(P_1) = \mu_1$$

故可得：

$$E(W) = (P-k-\mu_1)\mu_2 - \rho\sigma_1\sigma_2 + (\mu_1-P_0)q_0$$

此即为式（4.3）。

总利润的方差为：

$$\begin{aligned}
\mathrm{Var}(W) &= E\{[W-E(W)]^2\} \\
&= E\{[(P-k)q - P_1(q-q_0) - P_0q_0 \\
&\quad - (P-k-\mu_1)\mu_2 + \rho\sigma_1\sigma_2 - (\mu_1-P_0)q_0]^2\} \\
&= E\{[A+B]^2\} \\
&= E[A^2] + 2E[A]E[B] + E[B^2]
\end{aligned}$$

其中，

$$A = (P-k-\mu_1)(q-\mu_2) - (P_1-\mu_1)(q-\mu_2) + (P_1-\mu_1)(q_0-\mu_2)$$
$$B = 2\mu_1\mu_2 - 2\mu_1q_0 + \rho\sigma_1\sigma_2 - P_0q_0$$

下面分别计算 $E[A^2]$、$2E[A]E[B]$ 和 $E[B^2]$，根据麦金农（McKinnon）[70]，服从二元正态分布的两个随机变量 (P_1, q) 有下列关系：

$$E[(P_1-\mu_1)(q-\mu_2)] = \rho\sigma_1\sigma_2$$
$$E[(P_1-\mu_1)^2(q-\mu_2)] = E[(P_1-\mu_1)(q-\mu_2)^2] = 0$$
$$E[(P_1-\mu_1)^2(q-\mu_2)^2] = (1+2\rho^2)\sigma_1^2\sigma_2^2$$

可得：

$$\begin{aligned}
E[A^2] &= (P-k-\mu_1)E[(q-\mu_2)^2] - E[(P_1-\mu_1)^2(q-\mu_2)^2] \\
&\quad + (q_0-\mu_2)E[(P_1-\mu_1)^2] \\
&\quad - 2(P-k-\mu_1)E[(P_1-\mu_1)(q-\mu_2)^2]
\end{aligned}$$

$$-2(q_0 - \mu_2)\mathrm{E}\big[(P_1 - \mu_1)^2(q - \mu_2)\big]$$
$$+2(P - k - \mu_1)(q_0 - \mu_2)\mathrm{E}\big[(P_1 - \mu_1)(q - \mu_2)\big]$$
$$=(P - k - \mu_1)\mathrm{Var}(q) - \mathrm{E}\big[(P_1 - \mu_1)^2(q - \mu_2)^2\big]$$
$$+(q_0 - \mu_2)\mathrm{Var}(P_1) + 2(P - k - \mu_1)(q_0 - \mu_2)$$
$$\mathrm{E}\big[(P_1 - \mu_1)(q - \mu_2)\big]$$
$$=(P - k - \mu_1)\sigma_2^2 + (q_0 - \mu_2)\sigma_1^2 - (1 + 2\rho^2)\sigma_1^2\sigma_2^2$$
$$+2(P - k - \mu_1)(q_0 - \mu_2)\rho\sigma_1\sigma_2 \mathrm{E}\big[B^2\big] = B^2$$
$$=(2\mu_1\mu_2 - 2\mu_1 q_0 + \rho\sigma_1\sigma_2 - P_0 q_0)^2$$
$$\mathrm{E}[A]\mathrm{E}[B] = B\big[(P - k - \mu_1)\mathrm{E}(q - \mu_2) + (q_0 - \mu_2)\mathrm{E}(P_1 - \mu_1)\big]$$
$$-B\mathrm{E}\big[(P_1 - \mu_1)(q - \mu_2)\big]$$
$$= -B\rho\sigma_1\sigma_2$$
$$= -(2\mu_1\mu_2 - 2\mu_1 q_0 + \rho\sigma_1\sigma_2 - P_0 q_0)\rho\sigma_1\sigma_2$$

将 $\mathrm{E}[A^2]$、$2\mathrm{E}[A]\mathrm{E}[B]$ 和 $\mathrm{E}[B^2]$ 相加，并整理可得：

$$\mathrm{Var}(W) = (1 + \rho^2)\sigma_1^2\sigma_2^2 + (P - k - \mu_1)^2\sigma_2^2$$
$$+(q_0 - \mu_2)^2\sigma_1^2 + 2\rho\sigma_1\sigma_2(P - k - \mu_1)(q_0 - \mu_2)$$

此即为式（4.4）。

A4.2 最优解的存在性条件验证及其计算

将式（4.3）和式（4.4）代入函数 $U(W) = E(W) - \lambda\mathrm{Var}(W)$，可得：

$$U(q_0) = (P - k - \mu_1)\mu_2 - \rho\sigma_1\sigma_2 + (\mu_1 - P_0)q_0$$
$$-\lambda\big[(1 + \rho^2)\sigma_1^2\sigma_2^2 + (P - k - \mu_1)^2\sigma_2^2$$
$$+(q_0 - \mu_2)^2\sigma_1^2 + 2\rho\sigma_1\sigma_2(P - k - \mu_1)(q_0 - \mu_2)\big]$$

很明显，函数 $U(q_0)$ 为连续函数，且

$$\frac{d^2 U}{dq_0^2} = -\lambda\sigma_1^2 < 0, \quad \forall\, q_0 \in \mathfrak{R}^{①}$$

由 $\dfrac{\mathrm{d}U}{\mathrm{d}q_0} = -2\lambda\sigma_1^2 q_0 + 2\lambda\mu_2\sigma_1^2 - 2\rho\sigma_1\sigma_2(P - k - \mu_1) + \mu_1 - P_0 = 0$ 可得：

$$q_0^* = \mu_2 + \frac{\mu_1 - P_0}{2\lambda\sigma_1^2} - \rho\frac{\sigma_2}{\sigma_1}(P - k - \mu_1)$$

此即为式（4.5）。

由 $\dfrac{\mathrm{d}^2 U}{\mathrm{d}q_0^2}\bigg|_{q_0 = q_0^*} = -\lambda\sigma_1^2 < 0$ 及 $\dfrac{\mathrm{d}U}{\mathrm{d}q_0}\bigg|_{q_0 = q_0^*} = 0$ 可知：$q_0 = q_0^*$ 为优化问题（4.1）

---

① $\mathfrak{R}$ 表示实数集合。

的解。

A4.3　模型参数敏感性分析的部分 Matlab 程序

A4.3.1　风险厌恶的影响

1. 风险厌恶与收益—方差前沿

```
clear,clf,
k = 0.000025:0.000025:1.05;
y1 = 4./(25 * k.^2) + 100376.56;
y2 = 4./(12.5 * k) + 1703.25;
y3 = 4./(25 * k.^2) + 109531.25;
y4 = 4./(12.5 * k) + 1800;
y5 = 4./(25 * k.^2) + 168626.06;
y6 = 4./(12.5 * k) + 1893.25;
y7 = 4./(25 * k.^2) + 184531.25;
y8 = 4./(12.5 * k) + 1800;
plot(y1,y2,'r-');hold on;
plot(y3,y4,'b-');hold on;
plot(y5,y6,'r-');hold on;
plot(y7,y8,'b-');
axis([80000 400000 1600 2400])
```

2. 风险厌恶与最优期货定购量

```
clear,clf,
k = 0.000025:0.000025:1.05;
y1 = -2./(12.5 * k) + 69;
y2 = -2./(12.5 * k) + 120;
y3 = (0./(1 * k) + 69);
y4 = (0./(1 * k) + 120);
y5 = 2./(12.5 * k) + 69;
y6 = 2./(12.5 * k) + 120;
plot(k,y1,'r-');hold on;
plot(k,y2,'b-');
plot(k,y3,'r-');hold on;
plot(k,y4,'b-');
axis([0 0.04 -60 150]);
```

```
gtext('ρ = 0.3');
gtext('ρ = 0');
gtext('q0 = 69');
gtext('q0 = 120')
```

A4.3.2　期货、现货价格关系的影响

1. 期货、现货价格关系与收益—方差前沿

```
clear, clf,
k = 0.000025:0.000025:1.05;
y1 = 4./(25 * k.^2) + 100376.56;
y2 = 4./(12.5 * k) + 1703.25;
y3 = 4./(25 * k.^2) + 109531.25;
y4 = 4./(12.5 * k) + 1800;
y5 = 4./(25 * k.^2) + 168626.06;
y6 = 4./(12.5 * k) + 1893.25;
y7 = 4./(25 * k.^2) + 184531.25;
y8 = 4./(12.5 * k) + 1800;
plot(y1, y2, 'r-'); hold on;
plot(y3, y4, 'b-'); hold on;
plot(y5, y6, 'r-'); hold on;
plot(y7, y8, 'b-');
axis([80000 400000 1600 2400])
```

2. 期货、现货价格关系与最优期货定购量

```
clear, clf, k = 0.000025:0.000025:1.05;
y1 = -2./(12.5 * k) + 69;
y2 = -2./(12.5 * k) + 120;
y3 = (0./(1 * k) + 69);
y4 = (0./(1 * k) + 120);
y5 = 2./(12.5 * k) + 69;
y6 = 2./(12.5 * k) + 120;
subplot(1, 2, 1)
plot(k, y1, 'r-'); hold on;
plot(k, y2, 'b-');
plot(k, y3, 'r-'); hold on;    plot(k, y4, 'b-');
axis([0 0.04 -60 150]);
```

```
gtext('ρ = 0. 3');gtext('ρ = 0');gtext('q0 = 69');gtext('q0 = 120');
subplot(1,2,2)
plot(k,y5,'r -');hold on;
plot(k,y6,'b -');
plot(k,y3,'r -');hold on;   plot(k,y4,'b -');
axis([0 0. 04 60 200]);
gtext('ρ = 0. 3');gtext('ρ = 0');gtext('q0 = 69');gtext('q0 = 120')
```

A4. 3. 3　现货价格波动的影响

1. 现货价格波动与收益—方差前沿

```
clear,clf,k = 0. 000025:0. 000025:1. 05;
y3 = 4. /(25 * k. ^2) + 184531. 25;y4 = 4. /(12. 5 * k) + 1800;sigma1 = 2. 5,sigma2 = 25
y7 = 1. /(4 * k. ^2) + 183125;y8 = 1. /(2 * k) + 1800;% sigma1 = 2
y9 = 1. /(9 * k. ^2) + 186250;y10 = 2. /(9 * k) + 1800;% sigma1 = 3
plot(y3,y4,'r +');hold on;
plot(y7,y8,'b *');hold on;
plot(y9,y10,'y -');hold off;
axis([160000 400000 1700 2300])
```

2. 现货价格波动与最优期货定购量

```
clear,clf,k = 0. 000025:0. 000025:1. 05;
y1 = -2. /(12. 5 * k) + 120;% sigma1 = 2. 5,sigma2 = 25
y2 = -1. /(4 * k) + 120;% sigma1 = 2
y3 = -1. /(9 * k) + 120;% sigma1 = 3
plot(k,y1,'r -');hold on;
plot(k,y2,'b -');hold on;
plot(k,y3,'b +');hold off
```

A4. 3. 4　除原材料外的边际成本对利润的影响

```
clear,clf,k = linspace(5,10,4000);
y1 = 2565. 75 - 114. * k;% (u1 = 12,ρ = 0. 3)
y2 = 2541. 75 - 114. * k;% (u8 = 12,ρ = 0. 3)
plot(k,y1,'r -');
plot(k,y2,'b -');
axis([5 10 1600 2100])
```

第 5 章

关于做好企业套期保值的一些思考

本章首先根据前两章的研究结果，对第 1 章所提问题给出了解答，详细地论述了中国相关加工企业应如何根据不同市场状况采取不同的套期保值策略。

由于期货市场的套期保值绩效是期货商品加工企业选择不同套期保值策略的重要依据和基础，本书的研究结果表明，它对加工企业的收益有直接的影响。因此，国家应该在经济政策、制度建设和法律法规方面为期货市场的健康发展提供保障，促进期货市场的不断完善，提高期货市场的套期保值绩效，吸引企业和投资者积极参与期货交易；企业要想通过期货交易真正提高企业的市场竞争力，需要在生产管理、财务管理和期货知识学习等方面加以改进。本章在这些方面也进行了一些深层次的思考，提出一些有针对性的建议，对企业制定策略，国家制定政策有一定的指导意义。

5.1　中国相关加工企业的套期保值策略选择

利用第 3 章和第 4 章的研究结果，可以对本书开始提出的问题有一个初步的、相对完善的解答。

根据作者了解，现有关于中国相关企业套期保值策略的研究内容全部是保守型套期保值策略[95,99,103]，而没有进取型套期保值策略的研究，实务界也大多采用保守型套期保值策略[94,101,106]，因此对中国相关加工企业套期保值策略的讨论先从保守型套期保值策略开始，进而对相关加工企业进取型套期保值策略的实施进行探讨。

5.1.1　应用保守型套期保值策略的一个误区

一般认为，当企业面临比较稳定的需求，生产量比较固定，此时企业为规避原材料价格风险，利用期货市场进行套期保值。通常的做法就是：以稳定的原材料需求量为基准，预先采购一定比例的期货进行对冲，如果将一定量的原材料现货和按一定比例①确定的期货看做一个投资组合，在有效市场的前提下，该投资组合的期望收益为一固定常量，因此，确定这个比例的原理，就是使上述投资组合风险最小化。按照此种方法进行套期保值就称为企业采用保守型套期保值策略，现有中国实务界也正是按这一方法进行套期保值的，由此得到的比率就称为最优套期保值比率，对应的套期保值投资组合收益的方差与不进行套期保值的现货资产相比减少的百分比称为套期保值绩效。

可见，保守型套期保值策略是在产品需求比较稳定，企业期望收益变化不大的情况下，按风险最小化的目标确定最优期货交易量。套期保值绩效就是与不进行套期保值相比风险减小的程度，如果风险减少的程度较小，那相关企业是否应采用保守型套期保值策略就值得考虑了。

将前面提到的 2 个美国期货品种和 6 个中国期货品种的套期保值绩效集中在一起进行比较。由于第 3 章中豆一的现货价格和期货价格不存在协整关系，因此应用 OLS 方法确定其最优套期保值比率。

利用豆一的二周数据，做如下的 OLS 回归：

$$\Delta \ln s = \alpha + \beta \Delta \ln f + \varepsilon$$

得到的结果如表 5 – 1 – 1 所示。

表 5 – 1 – 1　　　　　　　不同期货品种的最优套期保值绩效比较

	系数	标准差	t – 统计量	P 值	R^2	调整的 R^2
$\Delta \ln f$	0.3230	0.0730	4.4252	0.0000	0.2136	0.2027
α	– 0.0072	0.0033	– 2.1518	0.0348		

根据文献 [22]，$\beta = 0.3230$ 即为对应的两周的最优套期保值比率，$R^2 = 0.2136$ 即为对应的套期保值绩效。

表 5 – 1 – 2 为各个不同期货品种的 2 周数据计算的套期保值绩效，其中 COMEX 铜、CBOT 玉米、SHFE 铜、SHFE 铝、SHFE 天胶和 DCE 玉米的绩效是用共同趋势模型得到的，DCE 豆一是用 OLS 方法得到的②。对 $k = 1$ 这一列进行比较，把 COMEX 铜和 CBOT 玉米作为基准，中国国内的 6 个期货品种可分为三类，第一类为 SHFE 铜和 SHFE 铝，其套期保值绩效为 0.9 以上，也就是说这两个品种的相关加工企业采用保守型套期保值策略可以减少 90% 以上的风险，对

①　期货量和现货量的比值。
②　由于数据所限，利用 OLS 方法不能得到超过两周的套期保值比率与绩效。

这类企业而言，采用这种策略是很好的选择；第二类为 SHFE 天胶和 SHFE 燃料油，其套期保值绩效为 0.6 以上，即这两个品种的相关加工企业采用保守型套期保值策略可以减少60% ~ 70%的风险，这一类企业若采用保守型套期保值策略，虽然可规避掉一部分风险，但仍有相当一部分（30% ~ 40%）的风险无法规避，尽管如此，采用保守型套期保值仍不失为一个较好的选择；第三类是 DCE 玉米和 DCE 豆一，其套期保值绩效在 0.45 以下，也即这两个品种的相关加工企业采用保守型套期保值策略仅仅可以减少45%以下的风险，有 50% 甚至更多的风险无法规避掉，这一类企业若采用保守型套期保值策略，基本上达不到套期保值的目的，因此应该考虑采用其他策略进行套期保值。

表 5 - 1 - 2　　　　　　　　　　不同期货品种的最优套期保值绩效比较

品种	$k = 1$	$k = 2$	$k = 3$	$k = 4$	$k = 5$
COMEX 铜	0.9700	0.9726	0.9750	0.9771	0.9789
CBOT 玉米	0.8283	0.8469	0.8629	0.8766	0.8885
SHFE 铜	0.9133	0.9261	0.9364	0.9448	0.9517
SHFE 铝	0.9105	0.9228	0.9328	0.9410	0.9479
SHFE 天胶	0.6510	0.7269	0.7812	0.8202	0.8486
SHFE 燃料油	0.6174	0.6930	0.7492	0.7913	0.8231
DCE 玉米	0.4046	0.4779	0.5404	0.5933	0.6380
DCE 豆一	0.2136				

现阶段中国相关加工企业在利用期货进行套期保值时存在认识上的理论误区，即认为保守型套期保值可以有效地规避原材料价格风险。然而本研究表明，事实并非如此。对于铜、铝等套期保值绩效较好的品种，相关企业可以采用保守型套期保值策略，而对玉米、豆一等套期保值绩效较差的品种，采用保守型套期保值策略起不到应有的规避风险的作用，相关企业最好不要盲目进行保守型套期保值。

5.1.2　相关加工企业进取型套期保值策略实施探讨

既然对玉米和大豆等相关加工企业而言，采用保守型套期保值策略不能有效地规避风险，那么采用将期货市场和企业生产实际相结合的进取型套期保值策略应是一个更好的选择①。

企业进取型套期保值策略远比保守型套期保值策略的内容要丰富得多，其实施过程更为复杂。简单地说，保守型套期保值策略仅仅需要确定最优套期保值比率，按照这个比率进行期货交易就可以了，而进取型套期保值策略需要将期货市场和企业生产实际相结合，不同企业的生产实际往往大不相同，这需要管理者（或决策者）对相关因素进行综合，最终决定期货采购量，采用进取型套期保值策略往往以风险和收益综合考虑的均值—方差效用的最大化为目标，当然也可以采用其他效用函数的形式。

第 4 章所建立的进取型套期保值策略模型，模拟了一类企业的具体的生产实际，实质上相当于给出了一个例子，相关企业如果要采取进取型套期保值策略，必须将期货市场和自身的生产实际相结合进行建模求解，以决定其在某一生产阶段的期货采购量。

下面以第 4 章的模型为例，说明相关企业如何进行进取型套期保值。

首先模型中的确定性变量：原材料期货合约价格和产品售价，除原材料以外的成本则需要按照企业的一定时期的相关数据统计得到，在作出生产计划时，需要对未来一个时期的需求和现货价格有一个估计，这在计划初期是不确定的随机变量，企业可以根据相关的统计数据，确定出其均值和方差，以及相关系数，就可以根据式（4.5）在计划初期决定期货采购量，为了使方案可行，需要一定量的模拟计算，这需要利用软件进行编程，最终在一定的收益—风险的目标下，决定一个合理的期货采购量。

至此，第 1 章所提问题有了一个初步的、相对完善的解答，对于与铜、铝等相关的加工企业采用保守型套期保值策略是一个很好的选择；对于与天胶、燃料油等相关的加工企业采用则需要综合考虑，对两种套期保值策略进行比较，选择一个较好的策略；对于与玉米、大豆相关的加工企业不宜采用保守型套期保值策略，采用进取型套期保值策略是一个更好的选择。具体的期货交易量可以通过第 3 章和第 4 章的方法来确定。

5.2 企业取得较好套期保值绩效的必要条件

在经济全球化的环境下，企业面临越来越大的风险，综合运用各种手段进行风险管理已成为国际企业日常管理的一部分，生产企业的原材料价格风险是所有

---

① 由于本书将企业套期保值策略分为保守型和进取型两类，此处是基于二分法的推理逻辑。

加工企业都必须要处理的问题，在拥有众多金融工具的发达国家中，企业常常将期货和期权相结合以规避原材料价格风险，反过来又有力地推动了这些国家期货等金融衍生品市场的发展。如今，利用期货进行套期保值已成为企业规避风险的必要手段，企业的套期保值能力已成为企业竞争力的一部分，对于中国众多不断发展壮大、即将走出国门的相关商品加工企业而言，套期保值能力就显得尤为重要。企业的套期保值实质上是一个系统工程，不管采用什么套期保值策略，要想取得较好的套期保值绩效，必须要有以下一些基本条件。

1. 完善的期货市场

完善的期货市场具有很丰富的内涵，最根本的有以下两个方面。

从功能角度讲，完善的期货市场是指各种机制运行良好，各种功能得到较好发挥的期货市场。期货市场最主要的两项功能是套期保值和价格发现，套期保值功能的有效发挥是和价格发现功能一起共同发挥作用的，它们是相辅相成、有机联系的。价格发现实质上是指期货价格是未来现货价格的一个预期，可以说二者在去除一些因素后是一致的，当价格发现功能充分发挥时，得到的价格是一个均衡的、有效地价格，它充分反映了参与各方的意愿和市场的信息，因而和现货价格有紧密联系，只有如此，才能得到较好的套期保值绩效，如果期货价格和现货价格背离很多，会出现较大的系统性风险，势必影响套期保值功能的发挥。

从市场运行角度讲，完善的期货市场的另一方面是指保证市场的交易在一定的风险下顺利进行，尽管有时会出现极强的投机性，使得市场的系统风险加大，但市场由于良好的运行机制，产生一定的纠错能力，在某种程度上抑制了风险的增大。期货市场从来不排斥风险，事实上正是由于风险的存在，才使得期货市场的存在成为必要，有风险必然会有投机，如果一个市场的投机性过重，将会导致价格扭曲、市场失去理性，导致市场无法正常运行，严重的会导致市场的崩溃，"3.27"国债事件就是一个例子，因此市场需要一定的秩序，这单靠市场参与各方的力量是不够的，需要国家出台一系列的法律法规进行规范，使市场在一定的空间下顺利运行，并得到不断的发展。

结合以上两个方面，完善的期货市场有两个必要条件：（1）众多的参与者，以保持价格的合理性；（2）适度的法律法规、规章制度，以保障市场的顺利运行。

2. 较好的期货和现货价格联动机制和信息传导机制

尽管套期保值功能是期货市场存在的原因，但并非所有的期货市场都能发挥较好的套期保值功能。套期保值之所以能够规避价格风险，达到套期保值目的，理论上是基于期货和现货价格的趋势性和趋同性，所谓趋势性是指商品期货价格和现货价格走势方向一致，具体而言，在期货市场和现货市场两个各自独立的市场，由于某一方面特定的商品期货价格和现货价格在同一市场环境内会受到相同的经济因素的影响和制约，一般情况下两个市场的价格变动趋势相同。所谓趋同性是指当期货合约到期日临近，期货价格和现货价格之间趋向一致，期货交易在合约到期时一般进行实物交割，到交割时，如果期货价格和现货价格不一致，就会存在套利行为，使得期货价格与现货价格趋于一致[96]。

然而，由于市场机制及其他方面的原因，新兴市场的期货价格和现货价格并不一定具有上述两个性质，根本原因是期货和现货市场的信息传导机制出现问题，导致期货和现货价格不能实现有机联动，期货市场作为现货市场的衍生产物，反过来又要影响现货市场的趋势和波动。一个良好的传导机制，能够保证两者间紧密的相互联系，使一个市场的信息能够及时、准确、真实地在一个市场上得以反映，它的存在，不仅有利于监管部门调节市场，减少市场非理性波动可能造成的系统性风险，也有助于市场功能的提高。

3. 完备准确的数据

本书中所讨论的企业套期保值策略，不管是保守型，还是进取型套期保值策略，从根本上讲都是以对数据进行分析为基础，保守型套期保值需要不同期货合约的交易数据和现货市场的交易数据，除了这两类重要数据之外，进取型套期保值还需要企业内部生产、产品销售价格、客户需求等方面的全面数据，数据越全面，提供的信息越多，作出的决策就越准确，越能取得好的套期保值绩效。反之，如果缺少这些数据，仅靠主观的直观判断和感性经验，势必会加大企业的风险，套期保值效果会适得其反。

不仅如此，科技的发展，尤其是计算机技术的发展，使得越来越多的企业开始重视信息化管理，企业信息化使企业的管理有了数据支持，即对企业的管理可以"用数据说话"。信息化管理的基础就是数据管理，数据是各种市场行为的记录，是事实的反映，它产生于企业的各项业务和管理活动，包含了很多信息。很多企业通过高效的信息化管理，形成了自己独特的核心竞争力。

4. 高素质的专业人才

期货作为一种金融衍生品，有着与股票、债券等金融产品不一样的特点，一方面可以利用它进行套期保值，另一方面，由于它采用保证金交易制度，使得它具有杠杆效应，只需支付一定比例的保证金，就可以控制数倍或数十倍不等的金融资产，它的盈利与亏损同倍放大，风险也被放大，正因为如此，人们通常会说期货风险太大；期货经常被投机客作为投机的对象，这使得期货交易必须有一套规章以规范交易者的行为，人们会因此认为期货交易比较复杂；由于期货作为现货的衍生品，其价格变动通常会受到现货价格和与之相关的各种因素的影响，使得期货价格的变化远比人们所熟悉的要复杂，造成其神秘感这就要求其期货交易的时机把握能力。

由于期货的上述特点，注定了期货交易不是一个仅凭热情参与就能达到目的的经济活动，只有对期货的原理、收益特点、交易制度比较了解，同时对影响期货价格的因素有较强认识，时机把握能力比较强的专业人士才能完成，而相关的法律法规的制定也需要期货业内人士才能做好。如果没有高素质的专业人才进行操作，期货一切功能的发挥都只能是镜花水月。

5.3　企业应采取的措施

1. 懂期货的高素质管理人才专门管理

在经济全球化的今天，商品的价格受国际因素的影响，供求形势越来越复杂，波动越来越剧烈，鉴于原材料对加工企业的重要性，企业必须有人专门负责做好原材料价格的风险管理工作。这样做有以下几方面的优势：

（1）专业人士对期货比较熟悉，可以保证交易效果。

期货的特殊性和期货市场的复杂性，决定了期货必须要有专业人士进行操作，套期保值应该成为加工企业的一项常规性的工作，是企业发展的长久之计，进行套期保值的必须是专业人士，有条件的企业应该做好专业人才的培养，规模较小的加工企业，可以考虑将套期保值业务委托给专业机构。

（2）专门管理可以保证决策的执行力，使决策得到很好的贯彻执行。

因为期货的特殊性，尽管从表面上看套期保值不直接参与生产，但套期保值能力直接影响企业竞争力，期货交易的时机性很强，有时需要当机立断，如果负责人员没有相关权限，难免会出现贻误战机的情况，造成无法挽回的损失。另一方面和其他日常的生产活动不同，套期保值操作有独有的特点，将其和其他日常活动相区分可以有效提高管理效率。

2. 做好数据管理，充分利用市场信息

数据管理是企业的一项基础性工作，在管理日益科学化、数字化的今天，数据管理具有重要的意义，有效的数据能够给决策提供有力的支持，如果数据有误或数据不够规范，都会导致数据失效，对于需要进行套期保值的加工企业而言，如果没有上述所需的数据，本书所讨论的技术方法都将成为空谈，变得毫无意义。

3. 专门的财务管理

期货交易的特殊性决定了进行套期保值时必须注意风险的控制，尤其是对于损失要有一定的限制，和一般的生产不同，期货交易的收益没有固定的时期，需要比较灵活的财务管理方法，同时，为了进行有效的风险控制，最好采用专门的财务管理办法，和一般的财务管理业务分开。

5.4　规范发展我国期货市场的若干建议

1. 法律法规制度创新

政府推动是我国期货市场成长的一个显著特征。与美国和其他国家由现货交易商和行业协会自发组织建立期货交易所的模式不同，我国期货市场的建立是国家高层管理机构从建立市场经济体制和解决经济运行过程所存在的实际问题出发，由上至下地推动期货市场的组建与发展。政府出面组建期货市场，有助于节约组织成本，但也极易助长政府对期货市场不应有的行政干预，从而使我国期货市场呈现较强的行政性特征。

政府的期货政策法规、重视程度和监管思路等制约期货市场发展。期货交易所至今仍实行行政管理体制，我国证券市场与期货市场是几乎同时起步的，十多年后的今天，证券市场获得空前发展，但期货市场却仍然没有摆脱困境，现在证券市场上市公司超过了 1 500 多家，市值曾超过 GDP 的 50%。而期货市场交易活跃的仅玉米、铜等几个品种，投资资金才 100 亿元左右。政府先后出台的对期货公司各项限制条款共同作用的结果，使期货公司成了一个没有明确定位的行业：理论上属于金融业，但不属于央行管理，宏观规制纳入证监会序列，但无任何金融权利，会计核算执行饮食服务业而非金融服务业会计制度，但又不同于一般服务业，无贷款权也无权为他人提供担保，连一般企业具有的"国民待遇"都无法享受。监管方面由于过去出现了多次严重的违规事件，所以政府对期货市场监管的严厉程度也超过任何一个金融市场。以上几个方面就严重地影响了一个新兴行业的发展，致使社会对期货市场的评价发生了巨大的偏差。

为促进期货市场的持续稳步发展，一方面必须建立完善的政策法规体系，要以法律的形式，给期货市场的发展一个合理的定位。期货市场的发展迫切需要通过期货立法保驾护航，应尽快开展我国《期货法》的立法工作，为推动我国期货市场持续稳步发展提供强有力的法律保障。另一方面应重点解决影响期货市场可持续发展的几个重大政策问题，如金融机构进入期货市场的问题，扩大期货市场投资主体的问题，培育机构投资者的问题，国有企业广泛参与期货市场进行套期保值的问题，期货交易新品种上市机制问题，期货经纪机构发展问题，保护中小投资者利益问题等。

中国期货市场经过多年的发展已逐渐走向规范并具备一定的发展条件，政府监管部门就要调整原有的以控制市场风险为唯一指向的监管目标，在目标中加上发展市场、提高市场效率的内容。逐步调整监管目标和监管体制，减少对期货市场发展的过度束缚，调整监管过严的倾向。要发挥交易所、期货业协会在监管体制中的作用，并尽可能少用行政手段，让市场机制发挥作用，以利于期货市场功能的发挥和市场效率的提高。

2. 发展和完善现货市场

现货市场是期货市场的生存基础，期货市场是市场经济发展到一定阶段以现货市场为基础发展起来的，它矫正并完善了现货市场本身所固有缺陷的种种不良影响，是现货市场的补充。但是中国的现货市场还相当不完善，制度不健全，法律不完备，现实中不仅存在区域市场的不均衡和分割的状态，城乡之间的市场也缺乏有机联系。现货市场的流通渠道不畅通，中间环节过多，合约违约率低，造成商品生产和经营者不仅要承担正常的经营风险（包括价格风险），还要承担许多非经营性风险。由于体制转轨中的特性，与期货品种相对应的现货商品在价格形成过程中程度不同的会受到行政干预，由此造成现货市场的价格扭曲，影响期货市场的价格发现和分散风险功能的正常发挥。

在现货市场处于较低的发展水平、国内市场的统一性程度不高的情况下，虽然回避市场风险的要求可能十分强烈，但期货价格会由于市场分隔、辐射范围有限、综合的信息不够充分而缺乏相应的权威性，发现价格的功能就不会很强。

由于我国的现货市场基础设施、信息集中处理和传递条件较差，现货商品和资金的流动性不佳，这既有技术上也有体制上的原因，在现货和资金的流动受阻的情况下，发育不良的现货市场就必然会给期货市场交割品的仓储、运输和交割带来诸多不便和限制，也不利于期货市场功能的发挥。

3. 优化期货市场主体结构、改善投资者结构

期货市场主体的发育状况和结构、参与程度和多元化程度在一定程度上决定着期货市场可持续发展的程度。主体结构的多元化能够增强市场流动性和稳定性，促进期货市场在更大范围内发挥其经济功能并服务经济发展，同时也是期货市场持续发展的动力源泉。我国期货市场应适应市场发展需要，加强和完善市场主体建设，尽快形成以期货交易所为龙头，以期货经纪公司为主体，以大型企业、商业银行和投资基金为骨干的市场格局，大力培育理性投资者队伍，发展期货基金，增强市场流动性和稳定性。

健全期货市场参与主体，完善主体结构是期货市场持续稳步发展的基础，针对目前期货经营机构的现状和期货市场未来发展的需要，应建立多层次市场中介机构体系、培育大型综合类期货公司，对期货经纪机构实行分类管理，形成结构合理、功能突出的期货经纪行业体系。通过加强营业部网点建设，改善机构布局，最终形成部分大型综合类期货公司为龙头、期货佣金代理商和期货投资咨询

公司为侧翼，一般性期货公司为基干、期货营业部为基础，既有分工又有竞争的分层次和专业化期货经纪行业结构及期货代理网络，在机构建设上为期货市场的可持续发展奠定基础。

改善投资者结构，培育机构投资者，要积极建立和培育以大型机构投资者、法人企业为主的投资者群体，培育套期保值者和理性投机者，同时引导个人投资者理性参与市场。研究培育期货投资基金，审慎吸收外国资本介入期货公司，研究试点中外合作投资基金。期货市场的成长和发展，离不开广大投资者的参与和投资，保护中小投资者权益，是期货市场可持续发展的强大动力。

美国期货市场发展实践表明：合理的市场投资者结构是期货市场规模大、流动性强、功能发挥好的基础与保障。而目前我国期货市场主体绝大多数为中小散户，严重影响了市场功能的正常发挥。本应作为市场主体的广大生产企业、加工企业和其他投资主体，对期货市场的认识水平和行为能力都十分欠缺，因而很难加入这个新型市场。

任何期货市场的发展壮大都离不开投资主体的参与，从交易性质来看，期货市场的投资主体有三大类：套期保值者、套利者和投机者，三者缺一不可，以保证股指期货市场供求平衡与市场功能的充分发挥。从规模结构来看，行业投资者和非行业投资者、机构投资者和自然人投资者（散户）之间必须保持一定的平衡，共同作用，才能保证市场的稳定与活跃，保证其价格形成的合理性。

另外，可通过政策倾斜，将大型证券公司、基金管理公司、保险公司和一些大型国有企业发展为套期保值交易的主体，同时积极发展套利交易，引导投机者进行理性交易，有利于壮大与完善股指期货的投资主体。

4. 培育和发展期货市场套期保值者和机构投资者

中国期货市场是一个处于发育初期的新兴市场，其套期保值者规模和数量与国家经济的发展极不相称。对国有企业而言由于受企业体制改革步伐的限制，国家与企业经营者的信息不对称、激励不相容、权资不对等，预算软约束的问题仍未解决，企业的风险意识淡薄，参与期货市场回避风险的意愿不强，对于一般的企业而言，与西方发达国家的企业不同，企业经营的大环境不断变化，市场制度不成熟、市场环境和经济结构不稳定，企业经营所遇到的风险中价格风险重要程度并不高，通过期货市场套期保值这种方式回避价格风险的意愿也不强，使得期货市场出现主体缺位的现象。

由于国有企业在国家经济中占较大比重，因此，要培育和发展期货市场套期保值者，首先要加快国有企业改革，增强国有企业风险管理意识。商品期货市场的专业性很强，它首先是行业内的市场，相关行业的企业应该成为期货市场的主要使用者。由于体制上的原因，国有企业对政府的依赖性较强，利用期货市场进行保值的迫切性不够强烈，还受到一定的政策性限制。因此，应该加快国有企业转换经营机制的步伐，使这些企业树立风险管理意识，充分认识积极参与期货市场的作用，利用期货市场的保值功能回避企业在现货市场中面临的价格风险。

要培育和发展期货市场套期保值者，还需要期货交易所加强套期保值业务的管理和创新。交易所在整个期货市场结构中处于龙头地位，套期保值业务又是期货市场的生命线，交易所应予高度重视。这方面国际上有许多通行做法，国内交易所应根据我国的国情充分借鉴，为我所用，适当采取优惠措施吸引保值者入市交易，如对保值者与投机者进行分户管理，对保值者在持仓限制、保证金水平等方面给予适当优惠，为保值者提供一个相对宽松稳定的交易环境。

以目前我国期货市场的机构投资者的参与投机状况，套期保值的实现非常困难，鼓励理性投机、培育真正意义上的理性投机者已经成为期货市场的燃眉之急。除去培育大型的、专业机构投资者之外，还应着重培育套利者和抢帽子者。套利交易包括期货的跨月套利、跨市套利、跨商品套利以及期货与现货套利，客观上可以起到控制风险、矫正价格、稳定市场的作用。套利交易（包括期货套利和现货套利）对于抑制过度投机，发现权威价格可以起到不可替代的作用。基于这一点，交易所应鼓励套利交易，采取净持仓收取保证金等有效措施。

5. 加大期货业人才的培训力度

期货市场在我国虽然已经建立 10 多年了，但生产经营者，包括广大投资者对期货市场的知识缺乏，严重影响了期货市场的发展。一是投资者不了解期货的投资特点，而是把期货当做股票一样的操作，风险控制意识不强，影响了投资收益，使潜在的投资者不敢进入期货市场。二是对期货市场存在许多误区，甚至把期货经营市场作为销售商品的主要场所，是一种销售商品的途径。三是生产经营企业对利用期货市场进行风险转移缺乏经验和专业人员。四是由于前几年期货市场交易冷淡，期货市场专业人才流失严重。

优秀人才的合理流动性难以维持。由于目前大多数公司的盈利不高，对于专业性很强的期货业来说，低廉的薪水是无法与其从业人员所面对的风险以及所需掌握的知识相匹配的，因此众多的优秀人才大多流向其他行业，而国外期货公司无不具有强大的咨询、分析、管理人才队伍。由于以上两方面的共同作用，我国期货公司在业务开拓、管理创新的整合上就显得举步维艰。

伴随市场经济的进程，我国期货市场从最初创立到清理整顿，再到今天的规范发展，其间经历了十多年的风雨路程。然而，相比于国外 150 多年的期货交易历史，我国期货市场才刚刚起步，我们需要不断学习国外的先进经验和理论知识，其中人才的培养问题尤为关键。期货业要取得健康快速的发展并实现期货市场的作用，必须依托大批高素质的从业人员的共同努力。目前，国内期货从业人员相对较缺乏，远远不能满足市场需求；同时，在专业技能、法律修养、道德素质等软指标方面还存在着参差不齐的现象。在知识经济时代，全球化的竞争，归根结底都是人才的竞争，只有具备了充足的智力储备，才能有效地促进我国期货行业的良性发展，才能应对国际风云变幻的经济环境。

中国期货业协会会长刘志超认为，实施"人才兴业"工程，要做好以下八方面的工作：第一，整合资源，构建社会化的期货教育培训体系。要切实增强期货教育培训市场化和社会化意识。第二，加强合作，建立高校期货后备人才培养基地。第三，分类管理，促进期货业人才结构的调整和完善。要进一步完善期货从业人员资格准入制度，增加从业人员资格考试次数和门类，尽快推出期货投资咨询资格考试。第四，创新手段，进一步加强期货从业人员后续职业培训，建立境内外培训基地，选拔优秀人才进行深造和实习，开展现代远程教育等实现期货后续职业培训的网络化。第五，突出重点，加强高层次专业和管理人才队伍建设。以期货公司高管人员资质测试与培训为重点，加快培养造就一批熟悉国际国内市场，懂经营善管理的复合型、外向型的中高级管理人员等。第六，要充分发掘各种社会资源，建立期货人才教育培训师资库。第七，德才并重，建立规范有效的人才评价和激励机制。建立由品德、知识、能力、业绩等要素构成的科学的人才评价指标体系，同时建立期货人才发展战略基金，选拔和资助优秀从业人员进行深造和学习，奖励对行业作出突出贡献的人员。第八，多管齐下，提升期货人才资源配置和使用效率。搭建期货业人力资源信息网络平台；规范期货行业人才流动秩序；积极推进企业人力资源管理的国际化进程。

6. 期货业人才的诚信机制

就当前而言中国政府在长期的计划经济中形成的强势地位及其宏观政策环境下，经济体制正处在变革之中，市场制度和环境存在着明显的缺陷和扭曲，商品的生产和经营者难以在市场上得到比较充分的信息，无法建立比较稳定的市场预期。

完善的信用制度和诚信机制是期货市场发展的基本保障之一。由于期货交易的特性决定了期货应该是由期货业专业人士来操作的，因此专业人士的职业道德，乃至整个业界的诚信机制显得尤为重要。

据了解，我国香港地区关于证券、期货的管理条例有几百页之多，而中国内地的期货市场至今仍缺乏一套完整的法律体系加以规范，目前，只有一个"条例"和四个相配套的"办法"，即新修订的《期货交易管理条例》、《期货交易所管理办法》、《期货经纪公司管理办法》、《期货经纪公司高级管理人员任职资格管理办法》和《期货业从业人员资格管理办法》。法律法规的不够健全和完善，是期货市场规范发展的重大障碍，也是期货市场诚信机制建立的阻力之一。

建立完善的信用制度和功能良好的诚信机制，需要加大处罚力度。对于发生过违法违规行为的期货公司、投资机构和期货从业人员，应由监管部门记录备案，实行信用评级制度和投诉制度，每年一次在覆盖面广的权威性媒体上进行公示。交易所、证监会应对此类有违法违规"前科"或被投诉的单位和个人予以重点关注，对信用评级低劣的单位和个人不予通过年检或将其列为"市场禁入者"。将制造风险的行为与信用体系联系起来，使风险制造者承担应有的信用损失，可以产生"杀一儆百"的威慑效果，降低市场风险的再次发生率。

最后，有理由相信，受中国经济持续高速增长而产生的对期货市场的需求推动，受益于国家决心大力发展的政策的春风，尽管任重而道远，中国的期货市场必将沿着已经形成的规范发展道路，向着不断完善的方向前进。

第 6 章

结论与展望

6.1 主要工作与创新点

本研究结合我国期货市场发展的实际状况，从一个独特的视角对中国加工企业套期保值决策这一根本问题进行研究，不仅能有效地指导企业实践，也是对现有期货套期保值理论的发展和补充，研究主要包含两个主要方面：不同期货市场的套期保值绩效的比较和企业套期保值策略的确定与实施。具体而言，本研究主要做了以下几个工作，得到了以下结果：

（1）确定了对不同期货市场套期保值绩效进行比较研究的科学方法。本研究通过对现有文献的回顾和深入分析发现：现有确定套期保值绩效的不同方法不论是用于不同市场，还是用于相同市场的比较都是不合适的；而且由于不同套期保值期限对套期保值绩效的影响，现有大部分方法对于相关比较研究也都是不合适的；多元协整序列共同趋势模型是用于不同期货市场比较的较为科学的方法。

（2）对中国 6 个主要期货品种进行了比较研究。发现 SHFE 的铜套期保值绩效最好，铝次之，以下依次为橡胶、燃料油、玉米和大豆。而燃料油期货是其中上市时间最短的品种，但其套期保值绩效却优于此前上市的玉米和大豆期货，这在一定程度说明上市时间长短不是市场发展的关键因素，这对于我国期货市场的完善和发展具有重要启发意义。

（3）对我国 SHFE 铜和 DCE 玉米与美国 COMEX 铜和 CBOT 玉米 4 个不同期货市场进行比较研究。发现美国 COMEX 铜、CBOT 玉米具有较好的套期保值绩效，且差别不大，说明不同的品种都可以通过市场的完善达到较好的套期保值绩效；我国 SHFE 铜的套期保值绩效和上述两个品种的套期保值绩效较为接近，从套期保值角度来看，它作为世界第三大铜定价中心名副其实，而 DCE 玉米的套期保值绩效则相差很多，与其世界第二大交易中心的称号很不相配。

（4）从管理的角度，把企业的套期保值行为分为保守型套期保值和进取型套期保值。现有文献通常不区分以下两种不同情况：一是单纯由期货市场确定的套期保值头寸，二是由期货市场和企业生产实际共同确定期货交易头寸。从管理的角度来看，这种做法不利于企业实际应用，本研究将两种情况加以区分，并分别称其为保守型套期保值和进取型套期保值，这种区分使得研究的可操作性大大增强。

（5）尝试性地建立了加工企业进取型套期保值策略模型，并以此模型为基础研究加工企业的套期保值决策。研究结果表明：加工企业的期货和现货采购量的确定不仅需要通过历史数据对需求和现货价格的概率分布、除原材料以外的成本以及需求和现货价格的相关性这些市场信息的把握，更为关键的是要基于对市场（有偏或无偏）的正确判断。

（6）根据研究结果，进行了一些深层次的思考，提出一些有针对性的建议。本文认为：国家应该在经济政策、制度建设和法律法规方面为期货市场的健康发展提供保障，促进期货市场的不断完善，提高期货市场的套期保值绩效，吸引企业和投资者积极参与期货交易。企业要想通过期货交易真正提高企业的市场竞争力，需要在生产管理、财务管理和期货知识学习等方面加以改进。

本研究的创新性主要体现在以下几个方面：

（1）第3章利用共同趋势模型这一科学方法对国内6个主要期货品种和美国2个期货品种进行比较研究，发现中国 SHFE 铜和美国两个期货品种——COMEX铜、CBOT 玉米的套期保值绩效比较接近，而现有研究结果往往不加区分地认为中国期货市场套期保值绩效比美国期货市场要差。研究还发现中国不同期货品种的套期保值绩效差别较大，而现有文献往往是用不同方法对单一品种或单一种类的套期保值绩效进行研究，得不到不同品种的客观评价。

（2）第4章在文献［87］的基础上，将加工企业的采购决策和套期保值决策相结合，研究了极具现实意义的一种情况——完全竞争条件下面临随机需求的加工企业的进取型套期保值策略。尝试性地建立了进取型套期保值策略模型，通过求解并进行数值模拟，其中所编的 MALTLAB 程序可被相关加工企业的决策者直接用于企业的进取型套期保值决策。与文献［87］考虑的侧重点不同，在文章模型中，产品的价格是一定的，企业面临的需求和原材料的现货价格是随机变量，主要考虑企业如何综合各种情况决定具体的期货交易量。另外，文献［87］没有给出随机变量的具体分布，其结果只能是定性地解释现象，本章利用具体的分布函数，为得到定量的结果提供了一个决策方法。

6.2　研究展望

本研究结合我国期货市场发展的实际状况，对中国期货商品加工企业套期保值决策这一根本问题进行深入研究，得到了一些有意义的结果。但由于时间、精力和资料收集的难度所限，本研究还有一些需要继续深入研究的部分：

（1）本研究指出用于研究期货套期保值比率和绩效的不同方法不具有可比性，但没能从根本上找到解决这一问题的办法。如何从方法方面进行改进，使这些不同方法所得的结果具有可比性，或者是找到一个具有一致性的套期保值绩效度量方法，应该是一个有意义的研究方向。

（2）尽管共同趋势模型方法利用了其特殊的分解形式，可以在确定套期保值比率和绩效的研究中引入期限参数，使它较小地受到数据量的局限而得到任意套期保值期限的套期保值绩效。但该方法的一个不足之处是它得到的是常数套期保值比率，这意味着在套期保值期间不需要对期货交易量作出调整，尽管现实中未必如此。将此方法进行改进，考虑动态的套期保值应是一个很好的研究方向。

（3）本研究将企业套期保值策略区分为保守型和进取型两类，从管理的角度来讲，很有新意，但对两种策略划分的标准缺少充分的论述，因而显得有些突兀，沿着这一思路进行下去，充分揭示其内涵和外延，将这一思想进一步规范化和系统化，这是需要进一步研究的问题。

（4）本研究在完全竞争的情形下，建立并求解了一个企业套期保值策略模型，实质上，不同行业甚至不同地区企业的成本—收益结构、不同的竞争结构，乃至生产实际的诸多方面都不相同，对相关研究感兴趣的读者，可以本研究的模型为基础，分行业、分区域建立更多、更具现实意义的模型。

（5）从某种程度上来说，本研究与其说是一个结果，毋宁说是一个开端。本研究是以理性人假定为基础的，将行为研究和本研究的研究相结合，将会是一个更广阔的研究领域。

研究二

中国期货市场功能
发挥及其影响
因素研究

第7章

基础性指标分析和计算方法确定

7.1 期现货基本状况指标含义与计算方法

7.1.1 现货市场情况

现货市场是期货市场存在的基础，是期货市场服务国民经济、实现自身功能的前提和保证。因此，期货市场功能发挥首先应从分析该商品所依存的现货市场出发，重点分析影响期货市场功能发挥的现货市场基本要素。主要有现货市场的生产、消费、进出口等基本规模状况，长期供求关系，产业集中度、产业政策整体行业在国民经济中的作用等方面指标。

1. 产量、进口量、出口量

产量和进出口量是反映一个国家现货市场规模、产品自给率和对外依存度的指标。从它们还可以看出某种商品在国际贸易中的地位和影响。这些数据对来源要求较高，一般需要由权威部门发布。

2. 表观消费量和可贸易量

表达含义：表观消费量是反映一个国家某种商品的总需求量的指标，可贸易量是反映一个国家某种商品的总供给量的一个指标。一般而言，二者反映的基本含义类似，但对于某些出口量较大的商品，可能导致当年的表观消费量为负的情况（这显然有悖常理），用可贸易量可以修正这一错误。这两个指标简单、直观地表示某种商品的总供给、总需求以及供给结构。这部分数据主要考虑可得性和权威性。一般国家粮油信息中心、国家统计局和美国农业部会定期发布相关信息。

计算或统计方法：表观消费量 = 产量 + 进口量 - 出口量；可贸易量 = 年初库

存＋产量＋进口量。

7.1.2　期货市场规模、结构及发展情况

主要包括期货市场交易量、持仓量、交割量等市场规模体量及发展趋势指标，还包括期货市场规范化程度、市场基础建设、异常风险发生情况和风险管理水平等指标。

1. 交易量（交易金额）、持仓量（持仓金额）和交割量

表达含义：交易量反映了期货市场规模的最直观指标，持仓量则是反映市场参与者对某一品种持久关注的程度和规模的指标，交割量则反映了愿意交割的参与者的规模。这些数据都是交易系统记录的，可以通过查询交易系统获得。

计算或统计方法：美国等国期货市场的交易量、持仓量和交割量均为单边进行统计，我国是以双边进行统计的，为方便比较，本书统一改为单边统计。交易系统中一般以手为单位，而不同品种的手是不一样的，为方便不同品种比较，可以采用吨（或万吨）作单位，或者是以对应金额作为衡量指标。

交易量是交易者一次性行为的反映，因此统计起来比较简单，只需直接累加，可得年交易量，也可以把交易金额作为交易量的一个衡量指标。

持仓量是一个时点性指标，因为每一持仓持有的时间长短不同，简单日持仓量的叠加不能很好地反映市场状况，所以持仓量通常采用年内日均持仓量来表示，单边计算，单位为手和吨。目前可得的美国持仓数据为月末持仓，可用年内月均持仓量表示。持仓金额用年内日均持仓金额表示，其中每日持仓金额＝日末持仓量×当日结算价。

每日交割量的叠加即为年总交割量，交割率应为年总交割量和年内所有交割合约挂牌至摘牌的交易总量。

2. 保证金

表达含义：证券、期货市场都有固化资金的作用，一方面将零散的资金汇集起来，另一方面吸收了一部分货币流动性，转化为证券、期货市场的流动性，达到配置资源的效果。这种固化资金的作用有利于货币市场的稳定，可以看成是货币市场的蓄水池，能够调节流动性资金。保证金规模越大，说明期货市场规模也越大，资金蓄水池的作用发挥得越好。

计算或统计方法：期货采用逐日盯市保证金制度，所以保证金的统计和持仓量的统计类似，用年内日均保证金来表示，每日保证金金额＝日末持仓量×当日结算价×保证金比例。

3. 参与交易客户数、法人和自然人客户交易及持仓占比

表达含义：由于中国的特殊国情，参与期货交易的自然人客户无论是绝对数

量还是相对占比都比较高，因此年内累计交易客户数是市场被关注程度的直观反映，市场受关注程度高，参与交易的客户数就明显增多，受关注程度低，参与交易的客户数就减少。

一般认为，期货市场更好地服务实体经济的一个直观表现是法人客户的参与程度，用法人客户交易占比和持仓量占比来表示。

计算或统计方法：法人客户交易占比＝某品种法人客户年总成交量/同品种年总成交量；法人客户持仓占比＝某品种法人客户年内日均持仓量/同品种年内日均持仓量。由于法人客户交易或持仓并不总是单边，所以计算这两个量时用双边统计量。

4. 涨跌停板发生次数和三个同方向涨跌停板单边市次数

这两个指标是以年为时间单位统计的，主要是基于风险监管的角度。如果涨跌停板发生次数越多，可能反映出市场风险监管的压力加大，也可能反映出该品种的涨跌停板幅度制度安排不够切合实际，还可能反映该品种当年的行情走势，为政府宏观调控和行业内企业提供信号。

7.1.3　期货现货市场依存度

由于期货市场是现货市场的衍生品市场，是为现货行业的生产、流通、资源配置和分散风险服务的，并能够带动产业升级，期货现货市场依存度指标主要是衡量某一品种期货市场规模与现货行业的均衡发展关系。

1. 交易量/产量、交易量/表观消费量和交易量/可贸易量

这三个比值从不同侧面反映了期货市场规模和现货市场规模的比较关系，也反映了期货市场赖以存在的现货基础。其中交易量/表观消费量习惯上被称为期现货市场规模比。根据成熟期货市场的经验，不同品种期货市场的期货与现货市场的规模比稳定在一定的水平值。当期现市场规模比达到稳定的水平时，标志着该商品的期货市场逐步走向成熟，能够满足行业企业参与期货市场套期保值的需求。若期现货市场规模比波动较大，说明市场的状态不够稳定，比值过小则说明市场参与度偏低，过大则说明市场投机气氛较浓。

其中交易量、产量、表观消费量和可贸易量的统计方法如前所述。

2. 持仓量/产量、持仓量/表观消费量和持仓量/可贸易量

这三个比值所反映出来的含义和交易量对应的三个比值类似，在计算中由于持仓量采用年内日均持仓量，所以所得的值一般应小于交易量对应的三个比值。

3. 交割量/产量、交割量/表观消费量和交割量/可贸易量

含义与前两组比值类似。

4. 交割量/年累计仓单注册总量

注册仓单在某种意义上是现货转化为期货的过程，交割量则是期货转化为现货的过程。这一个指标反映了仓单的流转情况。由于有些品种的注册仓单可以反复使用，因此存在交割后的仓单仍以期货形式存在的可能，此时就会出现这一比值大于1的情况，说明企业利用期货的方式比较灵活。如果这一比值小于且接近于1，反映参与企业以期货采购作为主要的采购方式，一方面说明期货交割品贴近现货，受现货企业青睐，另一方面也可能是企业利用期货的方式欠灵活，认为套期保值的最终结果是交割。

5. 年末交割库个数、年末交割库最高库容和仓单注册总量

交割库库容是指期货预留部分库容，年末交割库个数和交割库最高库容是反映某一时期的现货商品的总价值，一方面较大的交割库库容可以为现货企业提供更多的交割便利，另一方面在特殊时期可以有效地防范逼仓风险。仓单注册总量反映了交割仓库的使用效率，也可以看成是可供交割的产品的总量。

7.2 流动性指标与计算方法

期货市场流动性的含义是交易者在期货市场中根据自己的意愿买卖并达成交易的难易程度，也就是指在期货合约价格没有显著变化的情况下，投资者按照自己的意愿迅速交易一定数量期货合约的能力。期货市场要较好地发挥功能需要具备一定的流动性。没有足够的流动性，期货价格的代表性和影响力都相对较弱，也难以满足企业套期保值的需求；同时，合理的流动性也表明期货市场对现货市场已经产生了较大的影响，行业企业利用期货市场的积极性较高，从侧面说明了市场功能的发挥情况。

期货市场流动性是期货市场功能发挥的基础和保证，没有流动性的市场价格是没有意义的，它会令参与者失去参与兴趣，最终无法发挥其作用，也就失去其存在的价值。市场微观结构指标能够直接反映市场的运行机制，对市场流动性衡量更加准确。

1. 市场容量

表达含义：市场容量是指在一个最小变动价位上的所有成交量。即市场价格发生一个单位变动的交易量，或者一个交易量的增减能引起价格什么样的变化。如果价格发生微小的变动需要较大的交易量促成，那么就证明影响价格变动的信息被交易者充分挖掘和表达，认为这个市场的流动性较高。相反，如果很少的成交量变化就引起价格发生剧烈波动，那么这个市场就缺乏流动性。该指标一方面

反映了投资者进入期货市场的难易程度，另一方面反映了市场流动性的强弱。市场容量越大，流动性越好；市场容量越大，流动性越差。

计算或统计方法：市场容量的计算采用日数据，然后对得到的一年的数据进行基本描述性统计。简单的，用年内日市场容量的均值当做某品种市场容量的年度指标。其中，日市场容量＝成交量/（每日价格变动幅度/最小价格波动单位）。因为某一品种同时存在有多个期货合约，也就对应不同的成交量、价格变动幅度，严格来讲，不同合约的日市场容量不同，其年均值也不同，国际上通常把近月合约价格作为标准，我国由于特殊国情，近月合约成交量很小，价格变动幅度也很小，不能有效地反映期货市场的真实情况，所以应该选取主力合约作为统计的对象。

2. 换手率

表达含义：日换手率表示每一个持仓被反复交易的次数，是流动性的一个直观指标。换手率越大，说明流动性越高，如果换手率过大则有可能说明市场投机比较严重。

计算或统计方法：把年内日换手率的均值作为年换手率的指标，日换手率＝日交易量/日末持仓量。和上面同样的原因交易量和日末持仓量以主力合约的交易数据为标准。

3. 流动性比率

表达含义：流动性比率的含义是每单位换手率的变动能对价格造成多大程度的影响，是衡量市场流动性的一个指标，一般采用特定时间间隔内价格变动与该时间段内换手率的比值表示。从计算过程上看，流动性比率值越大说明市场换手率轻微的改变就能引起价格发生剧烈的变动，证明这个市场的流动性差，相反，流动性比率值越小说明合约的流动性越好。在流动性好的市场上，交易能以较低的成本迅速完成，市场价格通常反映出期货合约的内在价值。因此流动性是资本市场效率高低的重要体现。

国内外目前主要采用交易量与持仓量的比例来计算期货市场的换手率；这种计算结果波动较大，为了平缓数据，大连商品交易所采用修正方法，用交易量比日内交易量与持仓量之和的方式修正了换手率，以日结算价、日内开盘－收盘价变动情况来计算流动性比率。但这种修正目前还没有影响力，不利于交流，因此本书仍采用国际通行的计算方法。

计算或统计方法：日流动性比率＝日价格变动率/换手率，日价格变动率＝（日最高价－日最低价）/〔（日开盘价＋日收盘价）/2〕。

4. 日内交易量/日总交易量

这是表征期货市场流动性和活跃程度的指标。日内交易量是当日开平仓交易的量，日总交易量是当日的总交易量。这一比值越大，说明市场比较活跃，日内进出的短线交易较多，必然提供较好的流动性。这一比值同样使用主力合约的交易数据。

5. 期现货价格波动比率

表达含义：这一指标反映出期货收益率的波动率与现货收益率的波动率的大小关系，一般认为，期货可以有效地平抑现货价格的波动，期货收益率的波动率要小于现货收益率的波动率。

计算或统计方法：期货价格波动率可以用主力合约的收盘价（或结算价）的日、周、月收益率的年化波动率来表示。其中，年化日波动率 =（年内日收益率方差 × 当年交易天数）的算术平方根，年化周波动率 =（年内周收益率方差 × 当年交易周数）的算术平方根，年化月波动率 =（年内日收益率方差 × 当年交易月数）的算术平方根。一般来说，收盘价和结算价是不相等的，收盘价是交易形成的价格，而结算价是一个时段内交易价格的加权平均价，实质上是为了计算保证金而人为合成的价格，它无法等同于实际的价格。本书认为用收盘价比较好。由于13号指引要求用结算价，所以这里计算使用的是结算价。

6. 买卖价差

买卖价差是最佳买价和最佳卖价之间的差额，计算买卖价差一个关键点是时间间隔，通常取为500毫秒。若买卖价差越小，说明市场的交易效率越高，越能够很快达成交易。

7. 市场深度

市场深度一般是指按各个报价档位累积的买卖订单金额。买五档订单深度即订单簿中最高五个买价上订单金额总和，卖五档订单深度即订单簿中最高五个卖价上订单金额总和。同样的，市场深度的计算也有一个时间间隔问题。

8. 价格冲击指数

表达含义：价格冲击指数是表征价格冲击成本的指标。价格冲击成本是指在套利交易中需要迅速而且大规模地买进或者卖出证券，未能按照预定价位成交，从而多支付的成本。冲击成本被认为是机构大户难以摆脱的致命伤。例如，机构大户看好一组股票时，必须花很长时间才能实现自己的建仓目的，如果急于建仓，由于短时间内大量买进会抬高股价，势必会使建仓的成本远高于预期成本；同样，如果急于抛股时，等于是自己在打压股价，最后实现的卖出价低于原来的预期价格。对散户而言，由于买卖交易量很小，冲击成本几乎为零。微观上估量价格冲击成本是比较困难的，因此一般用价格冲击指数来反映（而不是准确度量）它。价格冲击指数衡量了一定金额的交易对市场价格的冲击程度。在给定的金额水平下，概率越高，说明市场流动性越差，价格冲击成本就越高。

计算或统计方法：设 A_1，A_2，$\cdots$，A_k 分别是 t 时刻的多个卖出价格，S_1，S_2，$\cdots$，S_k 分别表示各个卖出价位上的数量，δ 为合约最小波动价位，则购买 Q 金额导致合约价格发生 n 档最小波动价位变化的概率为：

$$P_{买} = \left\{ \frac{\mathrm{number}\left[\left(Q - \sum_{j=1}^{k} A_j \times S_j\right) \geqslant 0\right]}{总样本次数}, \text{ and } A_k - A_1 \leqslant n\delta \right\}$$

以此类推，可以计算卖出价格冲击指数。为研究方便，各品种统一考察 1 000 万元价值合约击穿 5 档价位的概率，即 $Q = 1\,000$（万元），$n = 5$。

9. 订单执行时间

订单执行时间是市场微观运行状况的指标。订单执行时间越短，效率越高，流动性就越好。一般可统计执行时间少于 1 秒的订单占所有成交订单的比例。

第8章

功能性指标分析和计算方法

8.1 套期保值功能的相关指标

衡量套期保值状况，首先需要客观反映期货品种套期保值交易参与程度、需求量及结构变化。这些指标可以反映期货品种套期保值的可实现程度，以及现在的市场风险管理制度和市场的贴切程度。基差风险是企业进行套期保值时必须关注的，因此基差风险分析是套期保值功能的一个重要内容。套期保值功能的另一个衡量指标是套期保值效果，需要用到一些计量方法。

8.1.1 申报及批准的套期保值情况

申报的套期保值情况主要包括以下几个量：参与客户数，额度申请总量及其中的买入卖出量，临近交割月套期保值额度申请总量及其中的买入卖出量，批准额度及其中的买入卖出量，临近交割月套期保值批准总量及其中的买入卖出量，额度实际使用总量及其中的买入卖出量，临近交割月套期保值额度使用总量及其中的买入卖出量，套期保值的交易量和持仓量及其中的多单空单量。

这一部分数据比较敏感，不宜公开，所以本研究后面给出必要结论，而略去此部分指标分析。

8.1.2 基差

基差是指某个时点上现货价格与期货价格之间的价差。它反映了期货价格偏离现货价格的程度。基差的分布结构影响到投资者进行套期保值的效果。如果基差的均值较大，且分布不集中，极端值出现的频率很高，意味着套期保值者可能将承担较大的基差风险。

基差分析不仅简便、直观，而且还包含了更有用的市场信息。基差的大小和稳定程度是衡量品种市场功能发挥情况的客观标准。对于套期保值者，无论使用任何一种套期保值策略和方法，基差都是唯一需要面对的风险。如果期货品种或市场的基差稳定，就意味着期货市场价格与现货市场价格之间维持了较为固定的关系，在这种情况下，不论是利用期货市场进行套期保值或是价格投机，都可以方便地按照当前（或历史）的基差情况来制定投资策略，获得比较确定的收益。此外，基差的稳定直观地表明了期货价格与现货价格之间存在紧密的联系，期货价格持续准确地反映出对未来现货价格的高低和走势的看法，期货市场的价格发现功能发挥出色。

国际市场上一般借助基差（现货价格－期货价格）风险来反映套期保值规避风险的程度。如果基差风险小于现货价格风险，则表明传统的套期保值在理论上是有效的，与现货价格变动的风险相比，基差风险越低，则传统套期保值的效果越好。

套期保值在某种意义上可以理解为用较小的基差风险来替代通常更大的现货价格变动风险。如果不进行套期保值操作，意味着企业全部承担现货价格变动的风险。按照传统套期保值做法，采取 1∶1 进行套期保值，意味着企业仅承担基差变动的风险，从而规避现货市场价格波动的风险。因此，可以比较基差风险与现货价格波动的风险，以此来判断期货市场规避风险的能力。

由于基差每时每刻都在发生变化，因此基差的数据量很大，本书通过对基差的描述性统计和基差的到期收敛性两个方面来刻画。

1. 基差描述性统计

基差一般是指某商品的现货价格与期货近月合约价格之差，由于我国期货市场具有自身的特殊性，近月合约极不活跃，成交量很小，价格代表性不强，因此对基差的描述性统计选用每日现货价格和期货主力合约收盘价之差，也有期货实务专家提出用期货主力合约结算价，由于结算价不是投资者交易的直接价格，本书认为使用期货主力合约收盘价更为合理些。基差的描述性统计采用如下方法，每日现货价格和期货主力合约收盘价之差，按年为统计时段计算其均值、方差、最大值和最小值。

2. 到期价格收敛性

期货能够很好地发挥其套期保值功能的基础是期货价格和现货价格在交割日的趋同性以及二者变动趋势的相似性。期货的到期价格收敛性实质上就是二者的趋同程度，由于期货交割品和现货品质的差异，以及物流运输等因素的影响，一般而言在交割月基差应保持相对稳定。

先计算每年的每月到期合约最后交易日现货价格与当月到期合约的交割结算价之差，再计算出这些数的均值，得到交割日基差。将每年的每月到期合约最后交易日现货价格与当月到期合约的交割结算价之差，除以最后交易日的现货价格，再计算出这些数的均值，得到当年的期现价差率。

8.1.3 套期保值比率与效果

套期保值比率是指为对冲现货市场风险，套期保值者建立期货头寸的总数量与所保值的现货总数量之间的比率。套期保值效率是指按照最优套期保值比率对冲风险后期现货组合的风险相对于不对冲时现货风险减少的比例。

埃德林顿（Ederington，1979）和莱恩（Lien，2002）给出了套期保值绩效的衡量指标，即与未参与套期保值时收益方差相比，参与套期保值后收益方差的减少程度，未参与套期保值和参与套期保值收益方差可以分别表示为：

$$Var(U_t) = Var(\Delta lnS_t) = Var(lnS_t - lnS_{t-1})$$

$$Var(H_t) = Var(\Delta lnS_t) + h_t^2 Var(\Delta lnF_t) - 2h_t Cov(\Delta lnS_t, \Delta lnF_t)$$

其中，$H_t = \Delta lnS_t + h_t \Delta lnF_t$，$h_t$ 为套期保值比率，于是可以得到套期保值绩效的指标：

$$H_e = [Var(U_t) - Var(H_t)] / Var(U_t)$$

该指标反映了进行套期保值相对于不进行套期保值时风险降低的程度。其计算分为两步：首先计算出最优套期保值比率，然后根据上述公式计算出套期保值绩效。

一般来说，最优套期保值比率及对应的套期保值效率与时间期限有关，仅仅计算某一期限（如日、周、月、季）的套期保值比率套期保值效果是不够的，需要将日、周、月、季的套期保值比率与效果都计算出来。由于数据量的原因，分别按周、月、季套期保值期限计算当年（周）、最近 3 年（月）、最近 5 年（季）套期保值效率。

关于套期保值比率的确定，现有的计量方法比较多，常用的有 OLS 回归、ECM 模型、GARCH 模型和共同趋势模型等，不同的方法计算出的套期保值比率准确度不一样，但就效果的比较而言，一般的 OLS 回归就可以满足需要，本书最优套期保值比率和效果的计算就采用 OLS 回归的方法。采用这一方法的一个最大的好处是计算方便，回归得到的一次项系数就是最优套期保值比率，表明拟合程度的 R^2 就是套期保值效率。

8.2　价格发现功能的相关指标

在我国，期货价格已是国家宏观调控的重要参考和实体经济主体组织生产流通的直接参考。价格发现功能主要是通过一系列的统计方法和计量检验从不同的角度进行衡量。

8.2.1　期货价格与现货价格的相关性

相关系数是表示两个数量序列之间的短期变化的相关关系程度的指标，是说明两个现象之间相关关系密切程度的统计分析指标。相关系数用希腊字母 γ 表示，γ 值的范围在 -1 和 $+1$ 之间。

$\gamma > 0$ 为正相关，$\gamma < 0$ 为负相关。$\gamma = 0$ 表示不相关；γ 的绝对值越大，相关程度越高。

两个现象之间的相关程度，一般划分为四级：如两者呈正相关，r 呈正值，$r = 1$ 时为完全正相关；如两者呈负相关则 r 呈负值，而 $r = -1$ 时为完全负相关。完全正相关或负相关时，所有图点都在直线回归线上；点子的分布在直线回归线上下越离散，r 的绝对值越小。当列数相等时，相关系数的绝对值越接近 1，相关越密切；越接近于 0，相关越不密切。当 $r = 0$ 时，说明 X 和 Y 两个变量之间无直线关系。通常 $|r|$ 大于 0.8 时，认为两个变量有很强的线性相关性。

对于期货价格和现货价格序列而言，相关系数越高，表明二者短期的变化方向相同的次数占比较高，或者说二者的走势具有较强的趋同性，说明期货市场充分消化、吸收了影响现货价格波动的因素，较好地反映了现货市场各种信息，由于受到相同因素的影响，两者的相关性自然就高。相关系数越高，期货市场价格发现的功能就越强。

8.2.2　期货价格与现货价格的长期稳定关系分析

现货价格是期货价格的基础，期货市场是否具有价格发现功能，不仅仅是短期的期货、现货价格相关性强，还要看期货价格与现货价格之间是否存在长期稳定的关系，如果存在，其价格发现的功能就强。

国际上一般使用协整关系来检验期货价格与现货价格之间是否存在长期稳定的关系。如果期货价格与现货价格之间存在着协整关系，期货价格与现货价格的相关关系就比较稳定，那么短期的冲击并不能影响期货市场价格发现功能的实现。

8.2.3　期货价格与现货价格的相互影响分析

如果期货市场具有较好的价格发现功能，那么它对现货价格应该具有较强的影响作用，在定价体系中，期货价格处于决定地位，而现货价格对期货价格的影响作用应该较弱。

国际市场上，一般使用 Granger 因果关系检验来考查期货价格与现货价格之间的相互影响关系。若期货价格对现货价格存在 Granger 因果关系，则说明期货价格变动是现货价格变动的原因，期货价格引导现货价格功能强；若现货价格对期货价格存在 Granger 因果关系，则说明现货价格是期货价格变动的 Granger 原因，现货价格引导期货价格的功能强。期货价格引导现货价格功能越强，期货市场价格发现功能就越强。

第9章

期货品种功能发挥指标计算
结果的纵横对比

9.1 单品种的计算结果分析和评估结论

9.1.1 强麦

9.1.1.1 市场基本情况

1. 现货市场状况

（1）产量。

2003 年以来，我国小麦已经连续 8 年实现增收，产量几乎都保持在 1 亿吨以上，基本实现自足自给。长达 8 年的连续增产为我国小麦能够自给自足打下了坚实的基础。相比而言，美国小麦产量 2008 年以来一直呈现下降趋势，见表 9 - 1 - 1。

表 9 - 1 - 1　　　　　　　2005 ~ 2010 年中、美小麦年度产量　　　　　单位：万吨

国别 ＼ 年份	2005	2006	2007	2008	2009	2010
中国	9 745	10 847	10 930	11 246	11 510	11 415
美国	5 728	4 922	5 582	6 802	6 037	6 010

资料来源：Wind 资讯、中华粮网。

（2）进出口量。

我国小麦进出口量一直保持在很低水平，进口小麦主要是为改善面粉质量，多用于生产高品质糕点。我国小麦进出口量主要是用于外贸平衡，2009 年和 2010 年的小麦进口量分别为 136.9 万吨和 150 万吨。美国的小麦出口量远大于进口量，2009 年为 2 398 万吨，2010 年为 3 500 万吨，而同期的出口量仅为 323 万吨和 272 万吨。

（3）表观消费量。

我国是小麦生产和消费大国，而美国是小麦生产和出口大国，2005 年以来，我国小麦表观消费量一直呈增长趋势，年均增长率为 1.59%，远远低于 3.4% 的产量年均增长率；从平均量来看，我国小麦年均产量为 10 641 万吨，消费量保持在年均 10 600 万吨的水平，两者几乎相当，我国的小麦供需基本平衡。美国小麦消费量变化情况与产量有些相似，2005 ~ 2007 年处于减少阶段，而 2008 ~ 2009 年表观消费量大幅上升，2010 年大幅减少，见表 9 - 1 - 2。

表 9 - 1 - 2　　　　　2005 ~ 2010 年中、美小麦年度表观消费量　　　　　单位：万吨

国别 ＼ 年份	2005	2006	2007	2008	2009	2010
中国	9 805	10 709	10 776	11 290	11 646	11 562
美国	3 136	3 094	2 861	3 429	3 962	2 782

资料来源：Wind 资讯。

2. 期货市场规模及发展情况

（1）保证金[①]。

2008 年之前保证金规模呈增长趋势，2008 年达到顶峰，2009 年开始回落明显。强麦期货市场规模在近两年有所减少，这主要是受国际金融危机影响，国家基于期货市场平稳性的考量对小麦价格进行干预，使得强麦期货市场的资金参与程度远不如金融危机爆发之前。

（2）参与交易的客户数。

2005 ~ 2010 年，强麦年内累计参与交易的客户数情况和保证金情况相似，以 2008 年金融危机为分水岭，也是一个先增长后回落的过程。总体来看，近两年的客户数要多于危机前的客户数，表明市场交易者参与度在逐渐提高。

---

① 正常情况下，本章中各指标数据均附有数据表，如果没有具体数据，则说明该指标数据属于非公开数据，下文不再一一说明。

（3）交易量。

强麦期货交易量除了与自身流动性有关外，还受其他期货品种流动性的影响。

表 9 - 1 - 3 显示了郑州商品交易所强麦期货合约的交易量占郑商所全部交易量的比重。可以看出，2007 年的交易量占郑商所全部交易量的 42% 左右，其后呈明显下滑态势。即便如此，2006 年、2007 年两年的平均交易量也占交易所总体交易量的 37%。然而从 2008 年开始，其交易量占比大幅下降，尤其是 2010 年，其交易量占比不足郑商所全部交易量的 1.2%，说明强麦期货市场活跃程度急剧下滑。这固然是由于复杂的经济形势和国家政策的原因，但需要引起我们的关注，交易量过低，市场流动性差，将对市场功能的发挥造成不利影响。

表 9 - 1 - 3　　　　　　　　2006 ~ 2010 年强麦期货交易量及占比

分类＼年份	2006	2007	2008	2009	2010
交易量（万手）	1 467	3 898	2 751	683	580
强麦交易量/郑商所总交易量（%）	31.70	41.90	12.36	3.01	1.17

资料来源：中国期货业协会。

（4）持仓量和交割量。

郑商所统计数据显示，2006 ~ 2010 年强麦年内日均持仓量的变化和交易量的变化情况基本雷同。交割量则在 2006 年之后呈现持续减少趋势。

（5）交割率。

因为交割是对当年合约而言的，而农产品期货又有活跃月份提前的现象，所以此处交割率是指交割量和当年交割合约挂盘至摘盘的交易量。

2007 ~ 2010 年强麦期货交割量持续减少，合约对应的交易量减少幅度更大。这也反映出强麦期货市场活跃度近两年有所降低。

3. 期货市场依存度

（1）交割库与库容。

2008 年交割库调整幅度较大，强麦交割库由 21 个减少到 11 个，但交割库服务质量和效率都有明显的提升。

（2）交易量与产量、消费量、可贸易量的比值。

由于我国的小麦产量、消费量和可贸易量近年来一直比较稳定，所以这一比值走势与交易量的走势一致。交易量与产量、消费量、可贸易量的比值均于 2007 年达到顶峰，之后开始回落，尤其是 2009 年、2010 年两年比值回落更加明显。

单从比值而言，2009 年之前，强麦期货市场的交易量是比较大的，交易比较活跃。但由于宏观经济环境以及自身等方面的原因，近两年强麦期货的交易量大打折扣。交易量与产量的比值由 2007 年的 3.57 下降到 2010 年的 0.51。

（3）持仓量、交割量与产量、消费量、可贸易量的比值。

在统计的 5 年里，持仓量与产量、消费量、可贸易量的比值以及交割量与产量、消费量、可贸易量的比值和前述交易量与产量、消费量、可贸易量的比值走势类似，不再赘述。

4. 本节小结

通过分析上述各个指标，我们得出以下结论：在 2008 年经济危机以前，强麦期货市场功能的发挥处于一个逐步上升的过程；但 2008 年经济危机爆发以后，在整个宏观经济形势、强麦市场内在缺陷以及其他新上期货品种分流市场的影响下，强麦期货市场交易者参与度和资金参与度均大幅下降，这对功能的发挥造成不利的影响。

与国际对比，美国小麦期货的成交量与现货市场的可贸易量之比近几年一般在 30～40 倍之间。我国强麦期货在 2007 年最活跃的时候仅为 2.5 倍，其余年份都在此以下，可以看出，与国际同品种期货相比，我国强麦期货市场的规模明显不够，投资者参与程度有待提高。

9.1.1.2　套期保值功能发挥情况

1. 市场结构性指标

（1）法人客户与自然人客户持仓占比情况统计。

伴随着市场规模的扩大、期货市场功能的逐步发挥，强麦期货法人客户的参与度亦呈增长态势。其主要表现是持仓量占比的增加，据统计，2010 年法人客户的持仓量较 2006 年增加了 16%，且 2008～2010 年基本都稳定在 50% 上下，市场结构正在稳步改善。

（2）法人客户与自然人客户交易占比情况统计。

2006 年以来，强麦期货自然人客户的交易量呈递增态势，2008～2010 年连续 3 年的交易占比均保持在比较高的水平。

2. 套期保值的有效性

（1）基差。

强麦期货的基差比较大，主要是因为期货基准交割品的品质较高，其中 2006 年的为 -140 元，绝对值最小，从均值来看 2010 年基差不算大，方差也不算大，说明基差相对稳定，见表 9-1-4。

表 9 − 1 − 4 **基差描述性统计** 单位：元/吨

年份 类别	2006	2007	2008	2009	2010
均值	− 140	− 247	− 276	− 160	− 232
方差	4 753	12 891	13 734	5 287	10 368
最大	− 10	− 76	− 82	14	− 85
最小	− 314	− 494	− 545	− 296	− 421

资料来源：根据易盛数据库数据计算得出。

（2）到期价格收敛性。

强麦期货 2006 ~ 2010 年的到期日平均基差分别为 − 110、 − 130、 − 150、 − 60、 − 120，期现价差率分别为 0.1253、0.1553、0.1100、0.0328、0.0943，见表 9 − 1 − 5。

表 9 − 1 − 5 **2006 ~ 2010 年强麦期货到期收敛性**

年份	2006	2007	2008	2009	2010
基差（元/吨）	− 110	− 130	− 150	− 60	− 120
期现价差率	0.1253	0.1553	0.1100	0.0328	0.0943

资料来源：根据易盛数据库数据计算得出。

考虑到强麦期货基准品的较高品质，从期现价差率来看，收敛性较好。

（3）套期保值比率和套期保值效率。

使用 Eviews，通过最小二乘法计算出当年（周）、最近 3 年（月）、最近 5 年（季度）的静态最优套期保值比率。

根据最优套保比率，计算出强麦期货 2006 ~ 2010 年的套期保值效率如表 9 − 1 − 6 所示。

表 9 − 1 − 6 **2006 ~ 2010 年套保比例及效率变化情况**

年份 类别	2006	2007	2008	2009	2010
周套保比例（当年）	0.0539	− 0.0206	− 0.0568	− 0.0590	0.2058
月套保比例（3 年）			0.0206	− 0.0759	− 0.0795
季套保比例（5 年）					0.1587
周套保效率（当年）	0.0407	0.0018	0.0334	0.0214	0.0253
月套保效率（3 年）			0.0051	0.0506	0.0335
季套保效率（5 年）					0.0862

资料来源：根据易盛数据库数据计算得出。

纵向比较可以发现，强麦期货市场套保效果较差，说明从理想状态看，强麦期货交易不能有效地减少风险。

3. 本节小结

数据分析结果显示，我国强麦现货市场价格波动较低，而期货市场波动相对较高，套期保值绩效低，效果不理想；同时，由于强麦期货的基差在各合约到期日收敛性不佳，表明强麦期货市场与现货市场分割严重，这也影响了套期保值的绩效。

9.1.1.3 价格发现功能发挥情况

1. 价格发现功能的有效性

（1）期现价格的相关性。

用主力合约日价格数据来估计期现货年度相关系数。从表9－1－7中可以看出，2006年、2010年高度正相关，相关系数在0.8以上。2007年基本不相关，2008年、2009年两年相关度一般。

表9－1－7　　　　　　　2005～2010年强麦现货与期货相关系数

年份	2006	2007	2008	2009	2010
相关系数	0.86	0.07	0.50	0.58	0.86

资料来源：根据易盛数据库数据计算得出。

（2）期现价格协整关系检验。

ADF检验结果表明各年期、现货价格序列都是一阶单整的，因此我们可以检验序列之间的协整关系。如表9－1－8所示采用E－G两步检验法，从第二步统计分析步骤，即期现货残差序列平稳性检验来看，2005～2010年中，只有2006年、2009年、2010年残差序列呈现平稳特征，其余年度残差序列均不平稳。由此可以得出，只有2006年、2009年、2010年强麦现货与期货具有协整关系，其余2007年、2008年均不具有协整关系。

表9－1－8　　　　　　　2006～2010年度期现序列残差ADF检验

年份 类别	2006	2007	2008	2009	2010
t-统计量	－4.443	－0.905	－1.999	－1.704	－2.526
1%显著性	－3.996	－3.997	－3.997	－2.575	－2.575
5%显著性	－3.428	－3.429	－3.429	－1.942	－1.942
10%显著性	－3.1381	－3.138	－3.138	－1.616	－1.616

资料来源：根据易盛数据库数据计算得出。

（3）期现价格引导关系检验。

如表 9 - 1 - 9 所示，2006 ~ 2010 年现货与期货尽管没有相互引导关系，不过依然有一定的引导关系。5 年中有 1 年没有引导关系；有 4 年呈现单向引导关系，其中 2006 年和 2009 年是现货引导期货，2007 年和 2010 年是期货引导现货。

表 9 - 1 - 9　　　2006 ~ 2010 年小麦期现货价格的 Granger 因果关系检验

年份	Granger 因果关系	F 统计值	P 值
2006	S 引导 F	7.42621	0.0007
	F 不引导 S	2.0823	0.1269
2007	S 不引导 F	1.09915	0.3617
	F 引导 S	3.5638	0.004
2008	S 不引导 F	2.0528	0.1307
	F 不引导 S	0.88543	0.4139
2009	S 引导 F	2.61581	0.0518
	F 不引导 S	0.10854	0.9551
2010	S 不引导 F	0.10012	0.9048
	F 引导 S	4.62098	0.0108

资料来源：根据易盛数据库数据计算得出。

2. 市场行为及流动性

（1）日内交易量/日总交易量。

2006 ~ 2010 年强麦期货日内交易量与日总交易量之比年均值分别为 31.73%、34.52%、33.48%、25.7% 和 28.74%，2006 ~ 2008 年在 30% 以上，2009 年、2010 年有所下降，表明市场流动性不足。

（2）期货价格波动率。

根据 2006 ~ 2010 年的统计数据（见表 9 - 1 - 10），我国强麦期货价格波动远大于现货价格，而美国则表现出现货价格波动相对较大、期货价格波动较小的运行情况。这主要是由我国强麦期货市场投机者较多和流动性不足造成的。

表 9 - 1 - 10　　　强麦期货价格波动率和期现价格波动比率情况

类别	年份	2006	2007	2008	2009	2010
年期货价格波动率	日	0.3374	0.1546	0.1630	0.1830	0.1045
	周	0.2296	0.1540	0.1734	0.1548	0.0987
	月	0.2095	0.1460	0.1829	0.1224	0.1120

类别 \ 年份		2006	2007	2008	2009	2010
期现价格 波动比率	日	5.48	2.22	3.55	3.30	0.81
	周	3.75	2.11	3.22	2.52	0.71
	月	3.32	2.89	4.46	2.09	1.42

资料来源：根据易盛数据库数据计算得出。

（3）日均换手率。

如图9－1－1和表9－1－11所示，2006～2010年的强麦期货市场换手率在2007年达到最高，强麦期货市场最活跃，但2007年以后整体呈现出下降趋势，表明市场的活跃程度正在减弱。

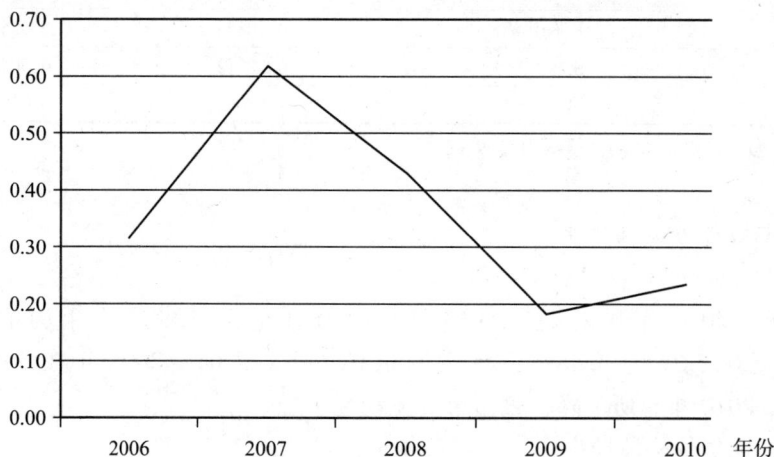

图9－1－1　2005～2010年强麦期货日均换手率

表9－1－11　　　　　　　　　2005～2010年强麦期货日均换手率

年份	2006	2007	2008	2009	2010
日均换手率	0.64	1.24	0.86	0.37	0.48

资料来源：根据易盛数据库数据计算得出。

（4）市场容量。

2006～2010年强麦日市场容量分别为186 556、416 165、266 831、89 830和64 134。从图9－1－2可以看出，市场容量在2007年最高，表明2007年强

麦期货市场的流动性较高，2007 年以后呈现出逐年下降的趋势，市场流动性越来越弱。

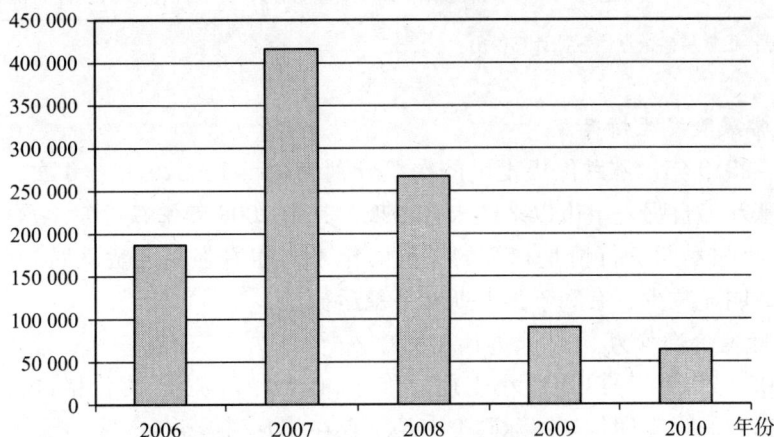

图 9 － 1 － 2　2006 ～ 2010 年强麦期货市场容量

资料来源：根据易盛数据库数据计算得出。

（5）流动性比率。

如图 9 － 1 － 3 和表 9 － 1 － 12 所示，强麦期货价格流动性比率 2007 年最小，证明 2007 年的合约流动性最好，与市场容量指标分析结论相吻合。但总体而言，强麦期货市场的合约流动性较差。

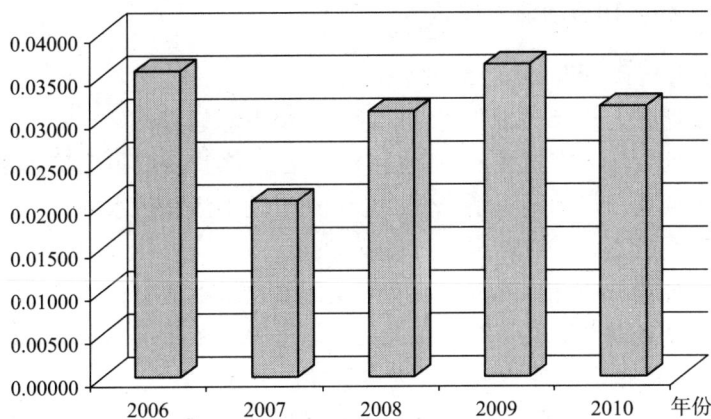

图 9 － 1 － 3　2006 ～ 2010 年强麦期货市场流动性比率

表 9 – 1 – 12   **2006 ~ 2010 年强麦期货市场流动性比率**

年份	2006	2007	2008	2009	2010
流动性比率	0.03574	0.02047	0.03099	0.03640	0.03156

资料来源：根据易盛数据库数据计算得出。

3. 异常风险发生情况

2006 ~ 2010 年，涨跌停板发生的次数分别为 15、11、26、1、0 次，连续同方向三次涨跌停自强麦上市以来还未曾出现。其中 2008 年涨跌停发生次数最多，这与 2008 年强麦期货行情是相符的，近两年来，随着强麦期货涨跌幅的调整，涨跌停次数明显减少，有利于强麦期货平稳运行。

4. 国际定价影响力

对 2006 ~ 2010 年的 CBOT 小麦期货价格和郑商所强麦期货价格进行的检验结果表明，我国强麦期货与国际同类产品不存在相互引导关系。

5. 本节小结

从本节的分析结果看，首先，强麦期货价格与现货价格存在正相关。其次，强麦期货市场交易活跃程度总体还处于较低水平，这在一定程度上影响了价格发现功能的发挥。最后，在期现价格稳定关系和相互引导分析中，我们进一步发现强麦期货价格与现货价格不存在长期稳定的关系，也不存在相互引导关系。此外，与国际同种产品期货价格的引导关系分析结果也表明它们不存在相互引导的关系，我国强麦期货的国际定价影响力还较弱。

9.1.1.4　强麦期货功能发挥总结

通过以上分析，可得出如下结论：

（1）强麦期货客户参与量和交易量近两年呈下降趋势；

（2）强麦期货法人客户交易占比较少，但法人客户持仓占比整体比较稳定；

（3）强麦期货市场活跃程度降低，总体处于较不活跃的水平；

（4）强麦期货基差相对稳定，波动较小；

（5）利用计量方法计算的强麦期货套期保值效果不理想；

（6）强麦期货期现价格存在正相关关系但这种关系稳定性有欠缺，导致期货市场价格发现功能偏弱，期货对现货价格引导性不强；

（7）强麦期货与 CBOT 小麦期货价格无相互引导关系，表明强麦期货与国际同品种期货的市场联动性不强。

9.1.2 硬 麦

9.1.2.1 市场基本情况

1. 供需情况

（1）产量。

2003 年以来，我国小麦已经连续 8 年实现增收，产量几乎都保持在 1 亿吨以上，基本实现自足自给。相比而言，美国小麦产量 2008 年以来一直呈现下降趋势，见表 9-1-13。

表 9-1-13　　　　　**2006～2010 年中、美小麦年度产量**　　　　单位：万吨

年份 国别	2006	2007	2008	2009	2010
中国	10 847	10 930	11 246	11 510	11 415
美国	4 922	5 582	6 802	6 037	6 010

资料来源：Wind 资讯、中华粮网。

（2）表观消费量。

我国是小麦生产和消费大国，而美国是小麦生产和出口大国。2006 年以来，我国小麦表观消费量一直呈增长趋势，年均增长率为 1.59%。从平均量来看，我国小麦年均产量为 10 641 万吨，消费量保持在年均 10 600 万吨的水平，两者几乎相当。我国的小麦供需基本平衡，美国小麦消费量变化情况与产量有些相似，2005～2007 年处于减少阶段，而 2008～2009 年表观消费量大幅上升，2010 年大幅减少，见 9-1-14。

表 9-1-14　　　　　**2006～2010 年中、美小麦年度表观消费量**　　　　单位：万吨

年份 国别	2006	2007	2008	2009	2010
中国	10 709	10 776	11 290	11 646	11 562
美国	3 094	2 861	3 429	3 962	2 782

资料来源：Wind 资讯。

（3）进出口量。

我国小麦进出口量一直保持在很低水平，进出口小麦主要是为了贸易平衡。

2009 年和 2010 年的小麦进口量分别为 136.9 万吨和 150 万吨。美国的小麦出口量远大于进口量，2009 年为 2 398 万吨，2010 年为 3 500 万吨，而同期的进口量仅为 323 万吨和 272 万吨。

2. 期货市场规模及发展情况

（1）保证金。

从保证金变化情况来看，统计区间里新《小麦》标准实施的 2008 年最高，但也仅相当于强麦期货同期保证金的 0.5%，其他年份则更低。总体而言，硬麦期货市场日均保证金近年来一直呈低位徘徊的状态，处于很低的水平。日均保证金量表明，硬麦期货市场参与资金量极少，规模很小。

（2）参与交易的客户量。

2006～2010 年，硬麦年内累计参与交易的客户量 2008 年最多，2006 年、2007 年和 2009 年 3 年处于较低水平，2010 年出现恢复性增长。整体而言，硬麦期货市场客户参与量一直保持在一个极低的水平。

（3）交易量。

表 9－1－15 显示了郑州商品交易所硬麦期货合约的成交量占郑商所全部交易量的比重。可以看出，最高的 2008 年占比也只有不到 0.2%，其后呈逐年下降趋势，到 2010 年占比只有 0.01%。整体上，硬麦期货交易量占比极少，参与者较少。

表 9－1－15 2006～2010 年度硬麦期货交易量及占比

类别 \ 年份	2006	2007	2008	2009	2010
总交易量（手）	28 052	25 719	164 209	19 830	35 095
硬麦交易量/郑商所总交易量（%）	0.12	0.06	0.15	0.02	0.01

资料来源：期货业协会。

（4）持仓量和交割量。

2006～2010 年，硬麦年内日均持仓量总体处于较低水平，期货的交割量，呈现大幅波动且交割量减少的特征。

（5）交割率。

因为交割是对当年合约而言的，而农产品期货又有活跃月份提前的现象，所以此处交割率是指交割量和当年交割合约挂盘至摘盘的交易量。

可以看到，2006～2010 年，与其他年份相比 2009 年的硬麦期货交割量和交易量都比较大，2010 年交割量大幅减少，由于交易量减少幅度更大，所以交割率比较大。

3. 期货市场依存度

（1）交割库与库容。

2008年1月1日，国家质量监督检验检疫总局、国家标准化管理委员会批准发布了新的《小麦国家标准》并于当年5月1日起正式实施。新《小麦标准》发布后，原先的22家硬麦交割库全部停止使用，郑商所重新指定了15家硬麦交割库，到2010年减少为14家。在交割库大幅减少的同时，交割库容也由2007年的44万吨减为2008年的30万吨，在2010年减为28万吨。

（2）交易量与产量、消费量、可贸易量的比值。

小麦的产量、消费量和可贸易量基本稳定，这几个比值和交易量的走势一致。而近几年的交易极不活跃，因此比值很小，如表9－1－16所示。

表9－1－16　　　　交易量与产量、消费量、可贸易量的比值　　　　单位：%

类别 ＼ 年份	2006	2007	2008	2009	2010
交易量/产量	0.26	0.24	1.46	0.17	0.31
交易量/消费量	0.26	0.24	1.45	0.17	0.30
交易量/可贸易量	0.18	0.16	0.96	0.12	0.23

资料来源：根据易盛数据库数据计算得出。

（3）持仓量、交割量与产量、消费量、可贸易量的比值。

2006~2010年5年内，持仓量、交割量与产量、消费量、可贸易量比值最高也只有百分之零点零几，还不到0.1%，其他年份几乎可以忽略（见表9－1－17和表9－1－18）。跟现货市场相比，硬麦期货市场上的持仓量和交割量微乎其微。

表9－1－17　　　2006~2010年持仓量与产量、消费量、可贸易量的比值　　　单位：%

类别 ＼ 年份	2006	2007	2008	2009	2010
持仓量/产量	0.002	0.005	0.036	0.012	0.007
持仓量/消费量	0.002	0.005	0.036	0.012	0.007
持仓量/可贸易量	0.0016	0.003	0.024	0.009	0.005

资料来源：根据易盛数据库数据计算得出。

表 9 – 1 – 18   2006～2010 年交割量与产量、消费量、可贸易量的比值   单位：%

类别 \ 年份	2006	2007	2008	2009	2010
交割量/产量	0.001	0.001	0.002	0.014	0.003
交割量/消费量	0.001	0.001	0.002	0.014	0.003
交割量/可贸易量	0.001	0.001	0.001	0.010	0.003

资料来源：根据易盛数据库数据计算得出。

4. 本节小结

2006 年，国家开始执行小麦托市收购，小麦有了国家的收购价托底，价格（尤其是硬麦）变化相比之前较小，法人客户通过期货市场进行套期保值的需求降低，投资者在价格变动很小的硬麦期货市场上投入资金的意愿也较低。因此，2006 年以前，硬麦期货市场虽然不活跃但还有一定的市场规模；但从 2006 年国家执行小麦托市收购之后，硬麦期货市场相比之前有很大的差距。

美国期货市场的成交量与现货市场的规模比一般在 40～50 倍之间。我国硬麦期货在 2005 年最活跃的时候也不过 0.1。即使是与强麦相比，我国硬麦期货市场不只是流动性不足的问题，而是基本上没有流动性可言。可以看出，即使是与国内品种相比，我国硬麦期货市场几乎没有什么流动性，必须针对上述问题做出有针对性的改进，才能更好地发挥硬麦期货的市场功能。

9.1.2.2   套期保值功能发挥情况

1. 市场结构性指标

硬麦期货法人客户持仓占比逐年上升，自然人客户持仓占比逐年下降，2010 年法人客户持仓占比远超过自然人，显示自然人投资者对硬麦的兴趣越来越低。

从交易量来看，2006～2007 年法人客户占比比较稳定，2008～2010 年变化较大，呈大幅下降态势。

2. 套期保值规模及其变化情况

硬麦期货近几年很不活跃，成交量很小，投资者参与度和资金参与度都比较低，近 5 年都没有套期保值的申请。

3. 套期保值的有效性

（1）基差。

2006～2010 年，硬麦期货基差均值都不算大，2009 年基差的均值和方差都很小，2010 年基差的方差较大，显示较大的波动性，见表 9 – 1 – 19。

表 9 - 1 - 19 硬麦期货基差 单位: 元/吨

类别 \ 年份	2006	2007	2008	2009	2010
均值	- 73	- 108	- 156	3	- 55
方差	2 189	6 415	6 829	2 363	13 174
最大	156	61	34	146	164
最小	- 220	- 309	- 370	- 146	- 309

资料来源: 根据易盛数据库数据计算得出。

（2）到期价格收敛性。

如表 9 - 1 - 20 所示，无论是从基差的绝对数据还是从期现价差率来看，硬麦期货的到期价格收敛性都比较好。

表 9 - 1 - 20 2006 ~ 2010 年硬麦期货到期收敛性

类别 \ 年份	2006	2007	2008	2009	2010
基差（元/吨）	- 29	- 28	- 36	23	17
期现价差率	0.041	0.036	0.058	0.018	0.045

资料来源: 根据易盛数据库数据计算得出。

（3）套期保值比率和套期保值效率。

使用 Eviews，通过最小二乘法计算出当年（周）、最近三年（月）、最近 5 年（季度）的静态最优套期保值比率。

根据最佳套保比例计算，得出的 2006 ~ 2010 年硬麦期货的套期保值效率如表 9 - 1 - 21 所示。

表 9 - 1 - 21 2005 ~ 2010 年套保效率变化情况

类别 \ 年份	2006	2007	2008	2009	2010
周套保比例（当年）	0.0147	- 0.0193	- 0.018	- 0.0493	- 0.0406
月套保比例（3 年）			0.1139	0.0563	0.0527
季套保比例（5 年）					0.2495
周套保效率（当年）	0.006	0.0051	0.0052	0.0061	0.0267
月套保效率（3 年）			0.0296	0.0102	0.0313
季套保效率（5 年）					0.1658

资料来源: 根据易盛数据库数据计算得出。

纵向比较可以发现，硬麦期货市场套保效果较差，说明从理想状态看，硬麦期货交易不能有效地减少风险。

4. 本节小结

数据分析结果显示，我国硬麦现货市场价格波动较低，而期货市场波动相对较高，套期保值绩效低，效果不理想；虽然硬麦期货的基差在各合约到期日收敛性较好，但市场参与度很低，品种很不活跃，这严重影响了套期保值的绩效。

9.1.2.3 价格发现功能评价

1. 价格发现功能的有效性

（1）期现价格的相关性。

2006～2010 年，硬麦期货和对应现货价格的相关系数最低为 0.4（2008 年），其余 4 年期现货价格的相关系数均在 0.7 以上，现货与期货的相关性较强，见表 9 - 1 - 22。

表 9 - 1 - 22　　　　　　　2006～2010 年硬麦现货与期货相关系数

年份	2006	2007	2008	2009	2010
期现货相关系数	0.74	0.70	0.40	0.71	0.82

资料来源：根据易盛数据库数据计算得出。

（2）期现价格协整关系检验。

2006～2010 年硬麦期现货各年度序列都是一阶单整的。我们采用 E - G 两步法检验它们的协整关系，第二步统计结果见表 9 - 1 - 23。可以看出，只有 2008 年度现货与期货在 5% 显著性水平下不具有协整关系，2006 年、2007 年、2009 年、2010 年均存在协整关系。

表 9 - 1 - 23　　　　　　　2006～2010 年度期现序列残差 ADF 检验

类别 \ 年份	2006	2007	2008	2009	2010
t - 统计量	- 4.446451	- 3.557076	- 3.153378	- 5.140616	- 7.466161
1% 显著性	- 2.575813	- 2.574714	- 3.998457	- 3.996754	- 2.574593
5% 显著性	- 1.942317	- 1.942164	- 3.429484	- 3.42866	- 1.942147
10% 显著性	- 1.615712	- 1.61581	- 3.138243	- 3.137757	- 1.615821

资料来源：根据易盛数据库数据计算得出。

（3）期现价格引导关系检验。

表 9 - 1 - 24 显示，2006 年、2009 年、2010 年现货与期货价格互为引导，而

2007 年、2008 年现货与期货无引导关系。2006～2010 年期货与现货的相互引导关系并不稳定，5 年中有 3 年呈现互为引导关系，有 2 年则互不引导。

表 9 – 1 – 24　　2006～2010 年小麦期现货价格的 Granger 因果关系检验

年份	Granger 因果关系	F 统计值	P 值
2006	S 引导 F	15. 3953	6. 00E – 07
	F 引导 S	4. 68811	0. 0102
2007	S 不引导 F	2. 90815	0. 0566
	F 不引导 S	2. 86403	0. 059
2008	S 不引导 F	2. 29478	0. 1031
	F 不引导 S	1. 08615	0. 3393
2009	S 引导 F	13. 4335	3. 00E – 06
	F 引导 S	3. 527	0. 031
2010	S 引导 F	6. 8036	0. 0013
	F 引导 S	12. 7428	6. 00E – 06

资料来源：根据易盛数据库数据计算得出。

2. 市场行为及流动性

（1）日内交易量/日总交易量。

根据 2006～2010 年的统计数据，硬麦期货日内交易量与日总交易量之比分别为 37. 97%、30. 54%、10. 04%、15. 94%、17. 91%，可见硬麦期货市场日内交易较少，考虑到总的交易量也较小，可以看出硬麦期货市场交易不活跃，流动性较差。

（2）期货价格波动率。

如表 9 – 1 – 25 所示，硬麦期货价格波动率大于现货价格波动率，且短期波动率大于长期波动率。每年的期现价格波动比率均大于 1，说明期货价格波动比现货价格波动剧烈。

表 9 – 1 – 25　　　　　　　　2006～2010 年硬麦期货价格波动率情况

类别	年份	2006	2007	2008	2009	2010
年期货价格波动率	日	0. 5364	0. 5057	0. 3758	0. 3241	0. 5634
	周	0. 3653	0. 2648	0. 2407	0. 1205	0. 3148
	月	0. 0860	0. 1392	0. 1626	0. 1030	0. 2531

类别＼年份		2006	2007	2008	2009	2010
期现价格波动比率	日	7.17	7.27	7.37	4.49	7.19
	周	5.01	3.55	4.57	1.54	4.01
	月	0.87	1.38	2.38	2.16	6.98

资料来源：根据易盛数据库数据计算得出。

（3）日均换手率。

如表9-1-26所示，2006~2010年硬麦期货市场日均换手率在2006年达到最高，随后几年持续下降。即使是换手率最高的2006年也只有0.6751，2010年最低为0.4863。整体而言，硬麦期货市场换手率极低，都在1以下，市场极不活跃。

表9-1-26　　　　　　　2005~2010年硬麦期货日均换手率

年份	2006	2007	2008	2009	2010
换手率	0.6751	0.6136	0.5380	0.5228	0.4863

资料来源：根据易盛数据库数据计算得出。

（4）市场容量。

2006~2010年硬麦期货市场容量如表9-1-27所示。硬麦期货市场容量较小，在2008年最高。其他年份都很低，表明硬麦期货市场一直处于流动性很弱的局面。

表9-1-27　　　　　　　　2006~2010年硬麦期货市场容量

年份	2006	2007	2008	2009	2010
市场容量	265	204	2 209	1 272	274

资料来源：根据易盛数据库数据计算得出。

（5）流动性比率。

如表9-1-28所示，硬麦期货价格流动性比率2008年最小，说明2008年的合约流动性最好，与市场容量指标结果相吻合。这从一个侧面反映了硬麦期货的流动性在大大减弱。

表9-1-28　　　　　　　　2006~2010年硬麦期货流动性比率

年份	2006	2007	2008	2009	2010
流动性比率	0.1856	0.2054	0.0660	0.2424	0.1154

资料来源：根据易盛数据库数据计算得出。

3. 异常风险发生情况

2006 ~ 2010 年，每年的涨跌停板次数分别为 19、12、14、3 和 6 次，其中在 2007 年有一次三个涨停板的单边市。硬麦期货市场异常风险情况逐年降低，市场运行状况良好。

4. 国际定价影响力

对 2006 ~ 2010 年的 CBOT 小麦期货价格和郑商所硬麦期货价格进行 Granger 因果关系检验，结果表明我国硬麦期货与国际同类产品不存在相互引导关系。

5. 本节小结

从本节的分析结果看，首先，硬麦期货价格与现货价格存在正相关关系，但比国际同类产品期货、现货价格的相关度低。其次，硬麦期货市场交易活跃程度总体处于极低水平，这在一定程度上影响了价格发现功能的发挥。最后，在期现价格稳定关系和相互引导分析中，我们进一步发现硬麦期货价格与现货价格存在一定的均衡关系，但不存在稳定的因果关系。此外，与国际同种产品期货价格的引导关系分析结果也表明它们不存在相互引导的关系，我国硬麦期货国际定价影响力很小。

9.1.2.4　硬麦期货功能发挥总结

通过以上分析，可得出如下结论：

（1）自 2006 年国家开始执行小麦托市收购起，硬麦期货客户参与量和交易量变得更少，比较稳定地保持在很低水平；

（2）硬麦期货法人客户持仓占比呈高速增长态势，法人客户交易占比呈现高速减少态势。

（3）市场活跃程度很低，总体处于不活跃的水平；

（4）统计结果表明，基差风险较小；

（5）期现价格存在正相关关系但这种关系稳定性有欠缺，并且两者之间无稳定的因果关系；

（6）硬麦期货价格与国际同品种期货价格不存在相互引导关系。

综合上述分析结果，对于硬麦期货而言，目前最迫切的任务是提高硬麦期货市场的流动性和活跃度。

从 2006 年国家开始执行小麦托市收购后，硬麦期货市场就更加不活跃了。原因很可能是国家加强了对小麦价格的干预，使得小麦，尤其是硬麦价格变化幅度很小，并且也不是市场化。这就使得现货企业没有通过期货市场进行套期保值的必要，也使广大投资者不愿意在价格变动很小的硬麦期货市场投入资金和精力。

从 2008 年新《小麦》标准修订以后，郑商所就相应地对硬麦期货合约进行修订，并于 2009 年 1 月 1 日起实施。修订后的新《小麦》标准和新硬麦期货合约使得硬麦主产区的大部分小麦纳入到了可供期货交易、交割的范围，每天 0.25 元/吨的仓储费与国储粮仓储补贴费用也比较贴近，并且硬麦实施散粮交割，克服了因包装物升贴水而造成的交易、交割障碍。从合约的设计方面而言，硬麦期货合约更贴近现货市场，但对投资者参与期货市场的促进效果并不明显。

9.1.3 早籼稻

9.1.3.1 市场基本情况

1. 期货市场规模及发展情况

（1）保证金。

我国早籼稻期货自 2009 年 4 月上市以来，市场交易日趋活跃，保证金规模大幅提升。2009 年，日均保证金金额为 0.23 亿元；2010 年年度保证金总额为 633.14 亿元，日均保证金金额为 2.62 亿元，日均同比增长 1 039.13%。

（2）参与交易客户数。

早籼稻上市两年来参与交易的客户数稳步上升，其中企业客户参与数量增长较快。

（3）交易量和持仓量。

2009 年早籼稻期货单边总成交量为 1 950 083 手，年内日均持仓量为 34 040 手；2010 年单边总成交量为 26 852 240 手，同比增长 1 276.98%，年内日均持仓量为 198 545 手，同比增长 483.27%。从这些数据可以看出，2010 年早籼稻期货成交量和持仓量较 2009 年都有较大幅度的增加，并且成交量增幅远大于持仓量增幅。

（4）交割量和交割率。

早籼稻期货上市两年多来合约交割量一直较少，交割率较低，且随着交易量的增加，交割率有降低趋势。2009 年交割率为 0.60%；2010 年交割率为 0.24%，交割率同比下降了 60%。

尽管早籼稻期货交割量在期货交易总量中所占比例很小，但这部分交割将期货市场和现货市场有机地联系了起来。交割是期货和现货市场连接的桥梁和流动，是期货市场存在的基础，也是期货市场两大经济功能发挥的根本前提。

2. 我国稻谷现货市场基本情况

如表 9 - 1 - 29 所示，近 5 年国内稻谷产量稳中有升，期初库存实现逐年较大幅度增加，稻谷进口量较少但基本维持稳定。国内消费量逐年小幅上升，出口量较少并有逐渐减少的趋势。

表 9 – 1 – 29　　　　　　　　**稻谷现货市场供需平衡**　　　　　　单位：万吨

年度	播种面积	期初库存	本年供给		本年需求		期末库存
			产量	进口量	国内消费量	出口量	
2006	28 937	3 639	18 172	72	17 973	124	3 787
2007	28 918	3 787	18 603	65	18 575	133	3 747
2008	29 241	3 747	19 190	40	18 360	140	4 294
2009	30 000	4 294	19 510	45	18 375	110	4 508
2010	30 133	4 508	19 570	50	18 650	75	4 669

资料来源：中华粮网。

（1）产量。

我国稻谷供给充分，根据中华粮网的最新数据，2006～2010 年的稻谷产量分别为 18 171.8 万吨、18 603.4 万吨、19 190 万吨、19 510 万吨和 19 570 万吨，尽管近年来受自然灾害多发重发等因素影响，但我国稻谷产量总体上仍呈现稳中有升的趋势。

（2）进口量。

我国稻谷产量与消费量基本维持平衡，因此稻谷进口需求较小，2006～2010 年稻谷的进口量分别为 72 万吨、65 万吨、40 万吨、45 万吨和 50 万吨，基本维持在 50 万吨左右的一个较小数量上。可见国内稻谷需求对国际供给依赖性小，国际稻谷现货价格波动不会对国内市场产生较大影响。

（3）出口量。

由于国内稻谷产量的逐年提高，在 2006～2008 年稻谷的出口量呈微幅上升趋势。但之后随着稻谷库存量的增加以及产量增速的放缓等原因，稻谷的出口量开始减少。但总的来说我国稻谷出口量较少。

（4）表观消费量。

受产量稳步提升的主要影响，2006～2009 年稻谷表观消费量不断上升，但 2010 年因受灾减产而略有下降。2006～2010 年表观消费量分别为 18 120 万吨、18 535 万吨、19 090 万吨、19 445 万吨、19 405 万吨，基本与当年产量持平。

从最终用途来看，早籼稻的消费主要是口粮、工业用粮和饲料用粮三个方面。近年来，早籼稻消费模式从口粮向饲料消费及工业深加工发展。由于早籼稻廉价且淀粉含量高的特点，早籼稻主要用来生产米粉、啤酒、糖浆、米糠油等。

从供求关系来看，当前抛荒现象加剧，"双改单"的趋势未得到扭转，早籼稻的种植面积处于较低水平，工业用途的开发与需求增加，使得早籼稻供应紧平衡的格局难于改变。从长期看，我国稻谷种植面积受耕地减少、水资源匮乏、工业污染等诸多因素影响，难以再恢复到历史较高水平，紧平衡的格局仍将延续。

早稻仍以现货市场的供求为主要定价方式，及以销定购、产销结合的贸易模式，同时最低收购价政策和公开销售政策仍是近年市场价格重要的参考依据。

（5）可贸易量。

2006～2010 年的可贸易量逐年增加，主要源于产量和库存的增加，2006～2010 年的可贸易量分别为 21 883 万吨、22 455 万吨、22 977 万吨、23 849 万吨、24 844 万吨。

3. 早籼稻期现货市场依存度

（1）交割与现货市场。

根据早籼稻产销区域的分布，2010 年交易所指定的期货交割仓库有 18 家，最高交割库容 19 万吨。与 2009 年比，交易所增加了 4 家交割库，最高交割库容增加了 36%。

由于年交割量都较少，产量、消费量、可贸易量的基数值相对较大，因此交割量同产量、消费量、可贸易量等现货数据的比值都偏小。但是从数据中依旧可以看出，2010 年的交割量比 2009 年有较大幅度的提升，同比增加了 353.57%，因此在现货基本持平的情况下，相关比值也出现大幅度的增长。

（2）交易量与现货市场。

在现货市场基本平稳的情况下，2010 年期货市场的交易量相对 2009 年则是大幅提升，2009 年的交易量/产量、交易量/消费量和交易量/可贸易量分别为 0.10、0.10、0.08，2010 年则分别为 1.37、1.37、1.11，见表 9-1-30。

表 9-1-30　　　　　交易量与产量、消费量、可贸易量等的比值

年份	产量（万吨）	表观消费量（万吨）	可贸易量（万吨）	交易量（万吨）	交易量/产量	交易量/消费量	交易量/可贸易量
2010	19 570	19 545	24 128	26 852.24	1.37	1.37	1.11
2009	19 510	19 445	23 849	1 950.083	0.10	0.10	0.08

资料来源：郑州商品交易所、中华粮网。

（3）持仓量与现货市场。

受国家政策支撑、国内通胀预期及国际量化宽松货币政策等因素影响，2010 年早籼稻持仓量大幅增长。2010 年日均持仓量为 199 万吨，同比 2009 年的 34 万吨增加了 483%。2009 年持仓量与产量、消费量、可贸易量等的比值分别为 0.0002、0.0002、0.0001，2010 年分别为 0.01、0.01、0.008，见表 9-1-31。

表 9 - 1 - 31　　　　　　持仓量与产量、消费量、可贸易量等的比值

年份	产量（万吨）	表观消费量（万吨）	可贸易量（万吨）	持仓量（万吨）	持仓量/产量	持仓量/消费量	持仓量/可贸易量
2010	19 570	19 545	24 128	198. 545	0. 01	0. 01	0. 008
2009	19 510	19 445	23 849	34. 04	0. 002	0. 002	0. 001

资料来源：郑州商品交易所、中华粮网。

4. 小结

从前面我们计算的一些指标数值可以看出，与成熟市场相比，我国早籼稻期货市场的流动性明显不足，企业参与热情还不够高，后期有待进一步加强。

9.1.3.2　套期保值功能发挥情况

1. 市场结构性指标

2010 年早籼稻期货市场参与客户实现较大幅度增加，市场结构进一步完善，法人客户占市场比重较 2009 年上升。

（1）法人客户与自然人客户持仓占比情况。

早籼稻期货自上市以来自然人持仓量一直高于法人客户持仓量，其中，2009 年早籼稻市场自然人客户持仓是法人客户的 2.80 倍，2010 年为 1.93 倍。

（2）法人客户与自然人客户交易占比情况。

早籼稻期货自上市以来，自然人客户交易量一直远高于法人客户交易量，2009 年和 2010 年早籼稻期货市场自然人客户交易量分别是法人客户交易量的 6.81 倍、16.54 倍。

2. 套期保值有效性

（1）基差。

对早籼稻期货进行基差分析时，我们选取了农业部统计的早籼稻广东到站价作为现货价格，以其与早籼稻主力合约每日结算价之差为基差。经统计计算，2009 年基差的均值为 - 99.91，方差为 1 912.99，最大基差为 - 26，最小基差为 - 200；2010 年基差均值为 - 161.45，方差为 13 822.19，最大基差为 17，最小基差为 - 480。2010 年基差的变动幅度和变动频率都更大的主要原因在于期货市场主力合约价格的波动更为激烈，而现货市场价格总体来说较为稳定。

（2）到期价格收敛性。

根据统计，早籼稻期货 2009 年有 9 月和 11 月两个到期合约，到期的基差绝对值的均值为 16.5，当年期现价差率为 0.85%；2010 年全年有 6 个到期合约，基差绝对值的均值为 103.79，期现价差率为 5.13%。两年中 2010 年交割的 6 个到期合约的基差较大，但两年的期现价差率均值都较小，说明早籼稻期货的到期

收敛性较好，但不同月份合约间的基差偏离较大，见表9－1－32。

表9－1－32 早籼稻期货合约到期收敛性

年度	合约月份	1	3	5	7	9	11	月均值
2010	基差	40.41	64.78	145.56	135.25	23.40	213.35	103.79
	期现价差率	0.021	0.032	0.071	0.067	0.012	0.106	0.051
2009	基差					22.16	10.41	16.28
	期现价差率					0.012	0.005	0.0084

资料来源：根据易盛数据库数据计算得出。

（3）套期保值比率。

2009年和2010年早籼稻期货的周最优套期保值比率分别为5.73%和－0.95%；月度最优套期保值比率为8.39%；季度最优套期保值比率为52.15%。短期内的套期保值比率较低，套期保值难度较大，而中长期限的套期保值可操作性良好，季度套期保值比率达52.15%。

（4）套期保值效率。

计算可得，2009年和2010年早籼稻期货的周套期保值效率分别为1.16%和0.04%；月度套期保值效率为1.69%；季度套期保值效率为43.68%。可见短期套期保值效果并不明显，企业进行套期保值应从更长远的规划着手。

3. 小结

套期保值的动机源于现货市场价格的波动风险过高，在未来价格难以预测的情况下，商品生产和消费企业应该选择在期货市场上进行套期保值来规避风险。本书获得的数据分析结果显示，稻谷现货价格总体较为稳定，但期货价格波动率相对较高，企业套期保值的需求偏低，另外我国早籼稻期货企业套期保值参与比率还较低，也影响了早籼稻期货品种市场功能的发挥。

9.1.3.3 价格发现功能发挥情况

期货市场可以对标的资产的未来价格进行交易，通过买卖双方的竞争，通过期货合约约定标的资产的未来交割价格，实现了对标的资产未来价格的提前发现，从而对现货市场的价格产生影响，可以促进标的资产现货市场的发展，并自动调节现货市场的供求。

1. 价格发现功能的有效性

（1）期现价格的相关系数。

一般来说，期货价格和现货价格具有完美的线性数量关系。对于同种商品来说，如果价格出现差异，必然出现套利机会。

2009 年稻谷每日现货价格与早籼稻期货近交割月结算价的相关系数为 0.78；2010 年每日现货价格与近交割月期货结算价的相关系数为 0.688。

（2）期现价格的协整关系检验。

分别对 2009 年和 2010 年的早籼稻期现每日价格进行协整检验，两年的期现价格数据实证结果显示，期现货价格存在协整关系，即期现货价格的变动关系平稳。

（3）期现价格引导关系检验。

我们对每年的稻谷现货价格对数日收益率与早籼稻期货主力合约结算价对数日收益率进行 Granger 因果检验后发现：2009 年由于早籼稻期货刚上市，期货价格对现货价格的引导作用并不显著，反而是现货价格对期货价格的引导作用较显著，滞后期约为 16。2010 年期货市场的价格发现功能开始得到发挥，期货价格对现货价格的引导作用显著，滞后期约为 12，而现货价格对期货价格的引导作用不显著。

2. 市场行为及流动性

（1）日内交易量/总成交量。

根据统计，2009 年和 2010 年早籼稻期货的"日内交易量/总成交量"年内日均值分别为 22.54% 和 35.71%。2010 年的日内交易量与总成交量比值均有所增长，显示期货交易活跃程度有所提高。

（2）期货价格波动率。

根据统计，2009 年早籼稻期货的日波动率为 8.91%，周波动率为 7.27%，月波动率为 9.26%。2010 年的日波动率为 25.00%，周波动率为 18.35%，月波动率为 13.52%。其中 2010 年的日、周价格波动率相对 2009 年分别上升了 180.63% 和 152.40%，月波动率上升了 45.95%。可见 2010 年早籼稻期货市场的交投氛围远比 2009 年活跃，日波动率、周波动率和月波动率都远高于 2009 年，并且短期波动率比中长期波动率来得高，见表 9 - 1 - 33。

表 9 - 1 - 33　　　　　　　　　期货价格波动率　　　　　　　单位：%

年期货价格波动率	2009 年	2010 年	同比增长
日	8.9071	24.9963	180.63
周	7.2694	18.3477	152.40
月	9.2618	13.5174	45.95

资料来源：根据易盛数据库数据计算得出。

（3）期现价格波动比率。

根据统计数据计算，2009 年早籼稻日、周、月的期现价格波动比率分别为

3.1577、2.5245、2.6270。2010 年早籼稻日、周、月的期现价格波动比率分别为3.7738、2.7824、2.0922，相对 2009 年的变动幅度分别为 19.51%、10.22%和 -20.36%（见表 9 - 1 - 34）。2010 年的短期期现价格波动比率上升，而月度的波动比率则出现较大幅度的下降，可见通过期货市场来平稳现货价格的功能正逐步显现。

表 9 - 1 - 34　　　　　　　　　　期现价格波动比率

年份 类别	2009	2010	同比增长（%）
期现价格波动比率（日）	3.1577	3.7738	19.51
期现价格波动比率（周）	2.5245	2.7824	10.22
期现价格波动比率（月）	2.6270	2.0922	-20.36

资料来源：根据易盛数据库数据计算得出。

（4）换手率。

2009 年早籼稻期货的年换手率为 82.51，由于 2010 年的年总成交量同比大增 1 276.98%，而日均持仓量只同比增加了 319.71%，因此年换手率同比增加了228.08%，全年交投相当活跃，市场流动性良好，见表 9 - 1 - 35。

表 9 - 1 - 35　　　　　　　　　　早籼稻期货年换手率

年份 类别	2009	2010	同比增减（%）
年总成交量（手）	1 950 083	26 852 240	1 276.98
日均持仓量（手）	23 634	99 194	319.71
年换手率	82.51	270.70	228.08

资料来源：根据易盛数据库数据计算得出。

（5）市场容量。

根据统计数据计算，2009 年和 2010 年早籼稻期货的年内日市场容量的均值分别为 1 020 和 4 821。2010 年的市场容量同比增长了 372.65%，可见早籼稻期货市场吸引力正在提高，市场交易日趋活跃，流动性不断增强。

（6）流动性比率。

根据统计数据计算，2009 年和 2010 年早籼稻期货的流动性比率分别为21.06 和 61.03。从之前的几个指标也可看出，2010 年市场流动性相对 2009 年大幅提高，市场每天价格变动幅度扩大，交投氛围活跃。

3. 异常风险发生情况

涨跌停板制度与保证金制度相结合,对于保障期货市场的运转,稳定期货市场的秩序以及发挥期货市场的功能具有十分重要的作用。

2010 年 12 月 31 日的数据统计,早籼稻期货发生涨停板单边市 12 次。没有发生连续三个同方向涨跌停板单边市。

9.1.3.4 早籼稻期货功能发挥总结

通过以上分析,可得出如下结论:

(1) 早籼稻期货客户参与量和交易量近两年呈上升趋势;

(2) 早籼稻期货法人客户交易占比和持仓占比整体偏低;

(3) 利用计量方法计算的早籼稻期货套期保值效果不理想;

(4) 早籼稻期货期现价格存在正相关关系但这种关系稳定性有欠缺,期货对现货价格引导性逐步改善;

(5) 早籼稻期货与 CBOT 小麦期货价格无相互引导关系,表明早籼稻期货与国际同品种期货的市场联动性不强。

9.1.4 棉花

9.1.4.1 市场基本情况

1. 期货市场规模及发展情况

(1) 保证金。

棉花期货自上市起,保证金规模稳中有升,并在 2010 年度出现较大幅度的增长:2009 年日均保证金比上年增长 11.06%;2010 年日均保证金规模比上年增长 361.72%。这标志着郑棉期货市场深度大幅增加。

(2) 参与交易客户数。

以参与交易的客户数作为期货市场规模的衡量指标,可以看出,2006~2010 年,棉花期货市场规模一直在稳步发展中,其中,2010 年棉花期货交易客户数量尤其有较大发展,2010 年是 2006 年的 6.65 倍,是 2009 年的 2.34 倍。

(3) 交易量。

交易量是反映期货品种流动性的重要指标。自 2006 年起,郑棉期货交易量稳步增长,2009 年达到 4 265 万吨,2010 年交易量大幅增加,达到 43 472 万吨,首次超越美棉期货交易量;美棉期货交易量相对平稳,2009 年以来交易量有小幅萎缩,见表 9-1-36。

表 9 - 1 - 36   棉花期货年度交易量   单位：万吨

年份 类别	2006	2007	2008	2009	2010
郑棉交易量	1 037	1 472	2 694	4 265	15 753
美棉交易量	10 039	9 976	9 898	7 577	7 934

资料来源：中国期货业协会。

（4）持仓量。

自 2006 年以来，郑棉期货持仓量逐年增加，2009 年达到 22.35 万吨，2010 年持仓量大幅增加，达到 90.93 万吨，比上年增长 306.9%，见表 9 - 1 - 37。

表 9 - 1 - 37   棉花期货年度持仓量

年份	2006	2007	2008	2009	2010
郑棉持仓量（万吨）	12.32	19.57	20.50	22.35	90.93

资料来源：易盛数据库。

（5）交割量、交割率。

2008 年期现价差较大，期现套利交易活跃，郑棉期货交割量达到峰值，仓单数量也达到历史峰值。受金融危机以及国家储备政策的影响，2009 年交割量大幅减少。2010 年又大幅上升。自棉花上市以来，企业和其他投资者对于棉花期货的认识度和参与度不断增加，棉花期货市场逐渐活跃，交易量逐年增长，期货交割率呈下降趋势，2009 年的交割率已经降至 0.26%，远远低于 2008 年的 1.06% 的交割率水平，2010 年交割率低至 0.16%。

（6）小结。

从保证金、客户数、交易量、持仓量、交割量等市场基础性指标在年度间的分布来看，郑州棉花期货呈现出培育和发展期的特点，2006～2009 年保持了温和上升的态势。2009 年 11 月棉花期货合约规则修订并实施以后，尤其是 2010 年以来，各项基础指标呈现较为猛烈的增长势头。

2. 现货市场规模

对比世界其他国家，我国的棉花产业链拥有四个"最大，"即最大的棉花生产能力，最大的纺织产能，最大的终端消费潜能，最大的棉花市场容量。棉花产业经济对维护民生、拉动经济增长、出口创汇均起着举足轻重的作用。

（1）产量。

我国是最大的产棉国，2005 年以来，我国的棉花产量一直稳定在 600 万吨以上，约占全球棉花产量的 1/4。我国棉花纤维品质在世界主产棉国中处于中等偏上水平，4 级以上棉花产量占棉花总量的 88% 以上。近 20 年来，我国棉花单产年均增长 2.0%，而且随着优新品种的推广和栽培技术的提高，未来棉花产量仍有大的上升空间。

棉花产量主要受种植技术，天气和由农产品的相对收益决定的种植意愿的影响。由于种植技术的提高，2006 ~ 2008 年我国棉花产量得到提高。而由于受天气和种植意愿的影响，2009 年和 2010 年产量呈下降趋势，美国棉花产量则在 2005 年以后呈现下降态势，见表 9 - 1 - 38。

表 9 - 1 - 38　　　　　　　　　　棉花期货年度产量

年份 类别	2006	2007	2008	2009	2010
中国棉花产量（万吨）	618.3	772.9	805.6	799.1	707.6
美国棉花产量（万吨）	520.1	470	418.2	279	265.4

资料来源：中国棉花信息网。

（2）中国棉花进出口量。

我国是世界上最大的棉花生产和消费国，与此同时也是世界上影响力最大的进口国。随着我国经济的发展和人民生活水平的不断提高，近年来，我国纺织业得到快速发展，棉花的需求量逐年增加，这就使得我国棉花进口量保持在较高水平。

我国棉花直接出口量极小，几乎可忽略不计，进口量如表 9 - 1 - 39 所示。

表 9 - 1 - 39　　　　　　　　　　中国棉花进口量

年份	2006	2007	2008	2009	2010
中国棉花进口量（万吨）	364.3	246	211.3	152.7	268.7

资料来源：中国棉花信息网。

（3）表观消费量。

2006 年以来，我国棉花的表观消费量都保持在 900 万吨以上的水平，2008 年达到阶段高点 1 056.6 万吨；而美国在 2009 年以前的棉花表观消费量保持在 100 万吨以上，2009 年至今，其表观消费量降至一个很低的水平，2009 年为 -9.7 万吨，2010 年为 3.3 万吨，仅为我国的 0.3%（见表 9 - 1 - 40）。

（4）可贸易量。

利用可贸易量指标，可以得到中美棉花可贸易量之比约为 2 ~ 4，不像表观消费量那样结果比较极端。2008 年以来，美国棉花市场的可贸易量逐渐减少，其直接原因是产量和库存的双双回落。这就会直接造成套期保值需求下降，进而削弱美棉期货市场的国际影响力（见表 9 - 1 - 41）。

表 9 - 1 - 40　　　　　　　　　中美棉花表观消费量　　　　　　　　单位：万吨

年份 类别	2006	2007	2008	2009	2010
中国表观消费量	1 038.2	1 003.4	1 056.6	951.4	945.8
美国表观消费量	138	187.8	121.4	-9.7	3.3

资料来源：中国棉花信息网。

表 9 - 1 - 41　　　　　　　　　中美棉花可贸易量　　　　　　　　单位：万吨

年度 类别	2005	2006	2007	2008	2009	2010
中国棉花可贸易量	1 199.1	1 528.9	1 450.5	1 503	1 438.4	1 365.6
美国棉花可贸易量	625.8	652.2	676.4	637	417	332.9

资料来源：中国棉花信息网。

（5）小结。

我国棉花产业链拥有四个"最大"：即最大的棉花生产能力，近年平均产量 650 万吨左右；最大的纺织产能，超过一亿锭；最大的棉花终端消费，内需启动出口内销比逆转；以及最大的棉花现货市场规模，可贸易量近年均值为 1 400 余万吨。美国是主要的棉花出口国，其出口量大致等于我国的净进口规模。美国还是我国纺织品出口的主要对象国之一。美国棉花的可贸易量近六年均值为 557 万吨。

3. 期货市场依存度

（1）交易量与产量比值。

2006 年以来，中美棉花期货交易量与现货产量比值均呈现上升趋势，美国增速平稳，均在 10% ~20% 之间；中国增速较高，2007 ~2009 年分别为 1.9、3.34 和 5.34，2010 年高速增长，达到 61.44（见表 9 - 1 - 42）。这两组数字背后的含义是不同的，美国的交易量和产量均呈下降趋势，该比值的增长是由于产量的大幅下降造成的，而我国的产量是相对稳定的，这个比值的增加说明交易量的不断增长。

表 9 - 1 - 42　　　　　　　　中美棉花期货交易量与现货产量

年份 类别	2006	2007	2008	2009	2010
郑棉交易量（万吨）	1 037.0	1 471.6	2 693.8	4 265.2	43 471.6
中棉产量（万吨）	618.3	772.9	805.6	799.1	707.6
郑棉比率	1.68	1.90	3.34	5.34	61.44

续表

年份 类别	2006	2007	2008	2009	2010
美棉交易量（万吨）	10 039.5	9 976.2	9 897.8	7 576.9	7 934
美棉产量（万吨）	520.1	470	418.2	279	265.4
美棉比率	19.3	21.23	23.67	27.16	29.89

资料来源：易盛数据库。

（2）中、美棉花交易量与表观消费量比值。

2005 ~ 2008 年，美国交易量与表观消费量之比基本稳定在 60 附近，2009 ~ 2010 年，由于表观消费量有正有负，极不平稳，这一比值发生了急剧变化，见表 9 - 1 - 43。中国的交易量与表观消费量之比自 2006 年以来一直处于上升趋势，主要是由交易量的大幅增长造成的。

表 9 - 1 - 43　　　　　　中美棉花期货交易量与表观消费量　　　　　单位：万吨

年份 类别	2005	2006	2007	2008	2009	2010
郑棉交易量	5 435.4	1 037.0	1 471.6	2 693.8	4 265.2	43 471.6
中国棉花表观消费量	798.7	1 038.2	1 003.4	1 056.6	951.4	945.8
美棉交易量	8 673.7	10 039.5	9 976.2	9 897.8	7 576.9	7 934
美国棉花表观消费量	191.9	138	186.7	120.9	- 10.1	4.1

资料来源：易盛数据库。

（3）中、美棉花持仓量与产量比值。

自 2006 年以来，中国这一比值处于上升趋势，表明机构投资者参与郑棉期货程度越来越高，2010 年达到 13%，相较 2009 年增长 359.46%，说明 2010 年棉花期货越来越受到投资者关注，见表 9 - 1 - 44。

表 9 - 1 - 44　　　　　　中美棉花期货持仓量与产量比值

年份 类别	2006	2007	2008	2009	2010
郑棉持仓量（万吨）	12.32	19.57	20.50	22.35	90.93
中棉产量（万吨）	618.3	772.9	805.6	799.1	707.6
郑棉比率	0.02	0.03	0.03	0.03	0.13

续表

年份 类别	2006	2007	2008	2009	2010
美棉持仓（万吨）	85 737	115 056.9	123 378	77 588.9	77 347.6
美棉产量（万吨）	520.1	470	418.2	279	265.4
美棉比率	164.85	244.8	295.02	278.1	291.4

资料来源：易盛数据库。

（4）中、美棉花持仓量与表观消费量比值图。

美国2009年表观消费量为负值，因此持仓量与表观消费量比为负值，见表9-1-45。

表9-1-45　　　　中美棉花期货持仓量与表观消费量比值

年份 类别	2006	2007	2008	2009	2010
郑棉持仓（万吨）	12.32	19.57	20.50	22.35	90.93
中国棉花表观消费量（万吨）	1 038.2	1 003.4	1 056.6	951.4	945.8
郑棉比率	0.01	0.02	0.02	0.02	0.10
美棉持仓（万吨）	85 737	115 056.9	123 378	77 588.9	66 706.7
美国棉花表观消费量（万吨）	138	186.7	120.9	-10.1	4.1
美棉比	621.28	616.27	1 020.5	-7 682.07	18 865.26

资料来源：易盛数据库。

（5）成交量与可贸易量比值。

2006～2010年，我国的这一比值一直处于较低水平，这说明我国期货市场仍然有很大的发展空间，见表9-1-46。

表9-1-46　　　　中美棉花期货交易量与可贸易量

年份 类别	2006	2007	2008	2009	2010
郑棉期货交易量（万吨）	1 037.0	1 471.6	2 693.8	4 265.2	43 471.6
中国棉花可贸易量（万吨）	1 528.9	1 450.5	1 503	1 438.4	1 365.6
成交量比率	0.68	1.01	1.79	2.97	31.83
美棉期货交易量（万吨）	10 039.5	9 976.2	9 897.8	7 576.9	7 934
美国棉花可贸易量（万吨）	652.2	676.4	637	417	332.9
成交量比率	15.39	14.75	15.54	18.17	23.83

资料来源：易盛数据库。

9.1.4.2　套期保值功能发挥情况

1. 市场结构性指标

（1）法人客户与自然人客户持仓占比情况统计。

棉花期货在 2006～2009 年法人持仓量一直高于自然人客户持仓量，但 2010 年自然人客户持仓增长较快，达法人客户持仓的 1.88 倍。

（2）法人客户与自然人客户交易占比情况统计。

2006～2010 年这 5 年间，除第 1 年以外，其余年度棉花期货自然人交易量一直高于法人客户交易量，并且法人客户交易量一直呈下降之势。

2. 套期保值的有效性

（1）基差。

基差研究有三个基本方向：

①基差波动的大小程度。对于套期保值者，无论使用任何一种套期保值策略和方法，基差都是唯一需要面对的风险。国际市场上一般借助基差风险来反映规避风险的程度。如果基差风险小于现货价格风险，则表明传统的套期保值在理论上是有效的，与现货价格变动的风险相比，基差风险越低，则传统套期保值的效果越好。套期保值在某种意义上可以理解为用较小的基差风险来替代通常更大的现货价格风险。如果不进行套期保值操作，意味着企业全部承担现货价格变动的风险。按照传统套期保值做法，采取 1∶1 进行套期保值，意味着企业仅承担基差变动的风险，从而规避现货市场价格波动的风险。因此，可以比较基差风险与现货价格波动的风险，以此来判断期货市场规避风险的能力。

②基差稳定程度。如果基差稳定，就意味着期货市场价格与现货市场价格之间维持了较为固定的关系，在这种情况下，不论是利用期货市场进行套期保值或是价格投机都可以方便的按照当前（或历史）的基差情况来制定投资策略，获得比较确定的收益。此外，基差的稳定直观的表明了期货价格与现货价格之间存在紧密的联系，期货价格持续准确的反映出对未来现货价格的高低和走势的看法，期货市场的价格发现功能发挥出色。从参与主体的实用角度，基差的分布结构影响到投资者进行套期保值的效果，如果基差的分布不集中，极端值出现的频率很高，意味着套期保值者可能将承担较大的基差风险。

③另一个是特殊的基差，也就是合约到期日基差收敛情况。

棉花期货市场运行 6 年来，以价格指数计算的基差（ZJ）标准差为 645，以近交割月连续价格计算的基差（JJ）标准差为 478，现货价格（ZXH）的标准差为 1 497。最近一年中的 ZJ 标准差为 908，JJ 的标准差为 332，ZXH 的标准差为 1 725。但 6 年来现货价格日变动超过 100 的天数只有 44 个，而 ZJ 变动超过 100

的则有 452 个，JJ 变动超过 100 的有 335 个。

以上数据说明，棉花期货市场的基差运行平稳，长期来看，基差波动风险小于现货价格波动风险，棉花期货存在并可以发挥规避风险功能。

随着我国棉花期货市场和现货市场的不断发展与完善，这种短期波动的差异性必然会逐步缩小，我们也应当结合实际，逐步落实配套措施，促进功能发挥。

为了更加细致的研究不同年度的基差分布情况，以及与国外期货市场的对比，我们分别列出了 2006 ~ 2010 年每年的中外期货市场关键统计值，如表 9 - 1 - 47 所示。

表 9 - 1 - 47　　　　　　　　中美棉花期货基差比较　　　　　　　　单位：元/吨

年份	中国				美国			
	均值	方差	最大	最小	均值	方差	最大	最小
2006	- 550. 25	202 038. 1	350	- 1 444	- 5. 84273	1. 434039	- 3. 9	- 8. 05
2007	- 838	229 149. 4	40	- 2 198	- 6. 92118	0. 911307	- 4. 62	- 8. 61
2008	- 643. 86	270 720. 9	541	- 2 555	- 9. 4497	12. 37445	- 2. 93	- 14. 91
2009	- 676. 55	95 948. 65	- 135	- 1 791	- 6. 51974	0. 647215	- 3. 62	- 8. 37
2010	- 114. 08	1 001 571	1736	- 1 918	- 3. 71242	9. 185855	2. 62	- 6. 99

资料来源：根据易盛数据库数据计算得出。

上述数据显示，对于中国期货市场和美国期货市场而言，特殊的基差波动剧烈情况都有发生，中国是 2010 年，美国是 2008 年和 2010 年。而在大部分时间里两国的期货市场的基差运行都较为平稳。不同的地方在于，中国期货市场的基差在大部分年度内有正有负，而美国基本都为负基差，依照时间成本学说来讲，基差为负是正常现象，这也显示了我国期货市场发展中的特殊性和美国期货市场的成熟性。

（2）到期价格收敛性。

为了研究期货最后交易日价格与现货价格的吻合情况，我们列举了自 2004 年 11 月至 2010 年 7 月的所有最后交易日的基差（JC），形成表 9 - 1 - 48。

表 9 - 1 - 48　　　　　　　　到期价格收敛性

日期	JC	日期	JC	日期	JC
2004 - 11 - 12	- 2 221	2005 - 5 - 20	- 298	2005 - 8 - 12	448
2005 - 1 - 17	- 1 078	2005 - 6 - 14	- 139	2005 - 9 - 14	- 347
2005 - 3 - 14	- 1 602	2005 - 7 - 14	- 25	2005 - 10 - 21	- 242

续表

日期	JC	日期	JC	日期	JC
2005 - 11 - 14	-437	2006 - 12 - 14	-135	2008 - 9 - 12	295
2005 - 12 - 14	-555	2007 - 1 - 17	-510	2008 - 11 - 14	-46
2006 - 1 - 17	-594	2007 - 3 - 14	-409	2009 - 1 - 16	-393
2006 - 3 - 14	-197	2007 - 4 - 13	-201	2009 - 3 - 13	-235
2006 - 4 - 14	-79	2007 - 5 - 21	-13	2009 - 5 - 15	-238
2006 - 5 - 19	146	2007 - 7 - 13	-90	2009 - 7 - 14	-534
2006 - 6 - 14	11	2007 - 9 - 14	403	2009 - 9 - 14	-184
2006 - 7 - 14	233	2007 - 11 - 14	-544	2009 - 11 - 13	-471
2006 - 8 - 14	-40	2008 - 1 - 15	-652	2010 - 1 - 15	-403
2006 - 9 - 14	52	2008 - 3 - 14	-912	2010 - 3 - 12	-674
2006 - 10 - 20	-14	2008 - 5 - 16	-78	2010 - 5 - 17	-362
2006 - 11 - 14	-150	2008 - 7 - 14	323	2010 - 7 - 14	-72

资料来源：根据易盛数据库数据计算得出。

由表 9 - 1 - 48 可见，6 年间的 JC 平均值为 - 295，这是个比较合理的价格差值。标准差为 482，说明各个数据与平均值的离散程度基本正常，可以接受，下面我们需要具体研究 JC 的分布。

JC 极值为（- 2 221，448），基差最小的前 3 位出现在棉花期货上市的前 3 次交割，分别为 - 2 221、- 1 602、- 1 078。整体来看，JC 大部分时间在（- 500，500）之间运行，不在此范围内运行的次数为 11，占总比例的 24%。分时间看，2005 年以后，JC 每年的异常情况为 1 ~ 2 次。对此的解释为：第一，从世界范围内期货市场运行的历史来看，新品种上市普遍会出现期现货价格关联程度较差的情况，随着期货市场运行时间的增加，这种情况会逐步改善，所以上述前 3 次极值在研究上是可以正常接受的；第二，JC 的标准差正常，在区间（- 500，500）内运行的比例为 76%，并且从棉花期货上市的第 2 年开始运行稳定。这说明从历史上看，最后交易日期货价格与现货价的吻合程度良好。

下面我们列出分年度的中美期货市场到期日基差的关键统计值。此处的基差取年内所有最后交易日基差的算术平均值。期现价差率的算法为：采用某个年度内，每个交割月合约最后交易日的基差 A，与当日现货价格 B 的比率 C，对 C 取绝对值 D，再求 D 的算数平均值，结果如表 9 - 1 - 49 所示。

表 9 – 1 – 49　　　　　　　　　中美棉花期货期现价差率比较

年份	中国		美国	
	基差	期现价差率	基差	期现价差率
2006	– 69. 7	0. 010804	– 2. 3	0. 0488723
2007	– 194. 9	0. 023278	– 2. 018	0. 0397334
2008	– 178. 3	0. 0284346	– 4. 178	0. 0678846
2009	– 342. 5	0. 0271635	– 3. 316	0. 0631573
2010	– 377. 8	0. 0240678	– 5. 19	0. 0695681

资料来源：根据易盛数据库数据计算得出。

由以上数据可知，中国棉花期货市场的到期日价格收敛程度是优于美国期货市场的。

（3）套期保值比率。

采用基本的最小二乘法来计算最优套期保值率，基础数据使用对数收益率。我们详细计算了中国期货市场和美国期货市场各年度的日、周、月最优套期保值比率，结果如表 9 – 1 – 50 所示。

表 9 – 1 – 50　　　　　　　　　中美棉花期货套期保值比率

年份	中国			美国		
	日	周	月	日	周	月
2006	0. 047611	0. 181871	0. 128662	0. 830455	0. 764005	0. 87602
2007	0. 015861	0. 138937	0. 610964	0. 868678	0. 98488	1. 108817
2008	0. 027697	0. 199911	0. 847549	0. 958606	0. 973525	1. 035063
2009	0. 009733	0. 157207	0. 656351	0. 918061	1. 011718	1. 22501
2010	0. 004027	0. 033971	0. 163176	0. 967152	1. 028209	0. 958507

资料来源：根据易盛数据库数据计算得出。

表 9 – 1 – 50 从数据上反映出了前文所述的，对于中国期货市场来说采用日数据计算最优套期保值比率存在的局限性，各年度结果都无法很好地用于实际套期保值操作。但是随着计算周期的加长（周、月），期货价格和现货价格的长期均衡性得到显示，最优套期保值率计算结果比较符合实际。2010 年，中国棉花市场出现剧烈的供求失衡状况，市场自身调节功能减弱，这也是各种周期计算的套期保值率都不理想的原因。而对于成熟的美国期货市场来说，各周期各年度的

套期保值效率都比较均衡。

（4）套期保值效率。

根据上一部分得出的各年度各周期最优套期保值率，得出中国期货市场和美国期货市场的套期保值的绩效如表 9 – 1 – 51 所示。

表 9 – 1 – 51　　　　　　　　　中美棉花期货套期保值效率

年份	中国			美国		
	日	周	月	日	周	月
2006	0.009338	0.068328	0.013401	0.864795	0.877214	0.8745
2007	0.00000639	0.037223	0.169869	0.846101	0.892617	0.976518
2008	0.010681	0.163012	0.708764	0.872726	0.955412	0.946445
2009	0.001445	0.075837	0.443685	0.850012	0.948469	0.957411
2010	0.000299	0.005087	0.017679	0.812426	0.88021	0.824041

资料来源：根据易盛数据库数据计算得出。

由表 9 – 1 – 51 可知，在中国棉花期货市场进行套期保值操作是可以规避部分现货风险的，但风险规避程度在不同时间阶段表现参差不齐，中国棉花期货市场的确发挥了一定的套期保值功能，但对于一个发展中的市场来讲，这种功能发挥的程度还有待提高和稳定。

（5）小结。

中国棉花期货市场的基差历年来整体运行稳定，到期价格收敛性良好，并且优于美国棉花期货市场的表现。在中国棉花期货市场以理论最优套期保值率进行套保，可以规避一定风险，但相对较为成熟的美国棉花期货市场来讲，仍存在差距。

9.1.4.3　价格发现功能发挥状况

1. 价格发现功能的有效性

（1）期现价格的相关性。

郑州棉花期货价格指数（ZQH）与近月连续价格指数（JY）以及棉花现货价格走势图（ZXH）的相关系数如表 9 – 1 – 52 所示。

结果显示，期货价格与现货价格的相关系数趋近于 1，表现出良好的正相关性，期货市场具备了期货价格发现和套期保值功能的实现条件。分阶段看，2009年 11 月新合约规则发布实施以来，这种正相关性较历史而言有所提高，期货价格和现货价格的走势更加贴近。

表 9－1－52 郑棉期货价格和现货价格相关性

时间	研究对象	相关系数
2004. 7～2010. 5	ZQH 与 ZXH	0.905139
	JY 与 ZXH	0.940584
2004. 7～2009. 11	ZQH 与 ZXH	0.852861
	JY 与 ZXH	0.852668
2009. 11～2010. 5	ZQH 与 ZXH	0.883657
	JY 与 ZXH	0.981545

资料来源：根据易盛数据库数据计算得出。

由表 9－1－53 年度中外数据对比可得，中国棉花期货价格与现货价格的相关系数整体呈现逐年正向提高的态势，符合发展中期货市场的实际情况。美国棉花期货价格与现货价格的相关系数保持稳定并为较高的正值，是成熟期货市场的真实反映。2010 年中国棉花期货与现货的相关系数降低，这是由于该年度棉花供求剧烈失衡，市场的自我调节功能出现了暂时性障碍，同期美国期货市场也出现了类似的情况。

表 9－1－53 中美棉花期现货价格相关系数

年份	中国	美国
2005	0.7626	0.9627
2006	0.6943	0.8411
2007	0.6282	0.9872
2008	0.9331	0.9896
2009	0.9741	0.9971
2010	0.7599	0.8388

资料来源：根据易盛数据库数据计算得出。

（2）期现价格协整关系检验。

检验结果表明，即郑州棉花期货价格和棉花现货价格、棉花近月合约价格和棉花现货价格存在协整关系。2009 年前，棉花期货内外盘价格不存在协整关系；2009～2010 年这两年棉花期货内外盘的价格联动性有所增强，具有较弱意义上的协整关系。

（3）期现价格引导关系检验。

Granger 因果检验结果表明，2006～2010 年，郑棉期货价格引导现货价格，而现货价格不引导期货价格。

（4）小结。

中国棉花期、现价格历年来都具备较高的正相关性，虽然分年度存在期现价格不协整，但自中国棉花期货上市至今的整体数据是协整的，期货价格是现货价格的格兰杰原因。美国棉花期货市场也显示出类似的数据研究结论，从数据统计角度实证了中国棉花期货市场价格发现功能的有效性。

2. 市场行为及流动性

（1）日内成交量与总成交量比值。

日内成交量与总成交量的比值越大，期货合约的活跃度越高，市场流动性也越好。在统计阶段中，郑棉日内成交量与总成交量比值整体高于美棉日内成交量与总成交量比值。

（2）期货价格波动率。

由表 9 - 1 - 54 可知，在统计年份中，与美国棉花期货价格波动率相比，我国棉花期货价格波动率较小，但整体运行较为稳定。

表 9 - 1 - 54　　　　　　　　中美棉花期货价格波动率

年份 类别	2006	2007	2008	2009	2010
中国棉花期货价格波动率	0.007	0.008	0.014	0.009	0.017
美国棉花期货价格波动率	0.0099	0.0098	0.0188	0.0149	0.0100

资料来源：根据易盛数据库数据计算得出。

（3）期现价格波动比率。

由表 9 - 1 - 55 可知，在统计年份中，期现价格波动比率在 1～5 倍之间波动，整体运行较为稳定。

表 9 - 1 - 55　　　　　　　　郑棉期货、现货价格波动比率

年份	2006	2007	2008	2009	2010
期现价格日波动比率	2.531	3.537	4.433	4.259	1.951

资料来源：根据易盛数据库数据计算得出。

（4）换手率。

如表 9 - 1 - 56 所示，2006～2010 年棉花期货市场的换手率逐渐提高，2009年换手率达到了 62.50%，2010 年换手率为 220.20%，比上年提高 244.31%，反映出棉花期货市场的投资资金逐渐增加，市场的交投逐渐活跃。

表 9 – 1 – 56　　　　　　　郑棉、美棉期货换手率

年度 类别	2005	2006	2007	2008	2009	2010
郑棉期货换手率	0.5124	0.3647	0.3447	0.7662	0.6250	2.2020
美棉期货换手率	0.1279	0.1040	0.0770	0.0750	0.8090	0.0950

资料来源：根据易盛数据库数据计算得出。

（5）市场容量。

由表 9 – 1 – 57 的统计数据显示，2006 年郑棉期货市场容量为 399.68，代表该交易日内每个最小价格变动单位沉淀了 399.68 手的交易量，2010 年的市场容量为 6 847.31，增长 1 613%。以上数据表明，最近一年郑棉期货市场的市场容量出现了迅猛增长，流动性出现较大幅度的增强。

表 9 – 1 – 57　　　　　　　郑棉、美棉期货市场容量

年度 类别	2006	2007	2008	2009	2010
郑棉市场容量	399.68	718.71	892.64	1 523.19	6 847.31
美棉市场容量	477.88	466.12	180.31	188.23	288.18

资料来源：根据易盛数据库数据计算得出。

（6）流动性比率。

流动性比率是衡量市场流动性的一个指标，其含义为每单位换手率的变动能对价格造成多大程度的影响，计算公式为：流动性比率 =（当日最高价 – 当日最低价）/换手率。流动性比率越大说明市场换手率轻微的改变就能引起价格发生剧烈的变动，市场的流动性差。相反，流动性比率越小说明合约的流动性越好，交易能以较低的成本迅速完成，市场价格通常反映出期货合约的内在价值。如表 9 – 1 – 58 所示，从 2007 年之后，郑棉期货流动性比率出现明显减小的趋势，2009 年为 0.022，2010 年降为 0.009，降幅达 56.72%，从一个侧面反映出郑棉期货的流动性大大增加。

表 9 – 1 – 58　　　　　　　郑棉期货流动性比率

年度	2006	2007	2008	2009	2010
郑棉流动性比率	0.028	0.031	0.030	0.022	0.009

资料来源：根据易盛数据库数据计算得出。

（7）小结。

反映市场效率的主要指标，流动性比率和波动率是反映市场效率的主要指标，两者同比表现出了良好的发展性，。说明市场流动性充分、波动性基本合理、市场富有效率。

3. 国际定价影响力

对郑棉期货价格和美棉期货价格进行 Granger 因果检验，结果如表 9 - 1 - 59 所示。

表 9 - 1 - 59　　　　　　　　中美棉花期货价格 Granger 因果关系

年份	结果
2005	互不为 Granger 原因
2006	互不为 Granger 原因
2007	美棉期货是郑棉期货的 Granger 原因
2008	互为 Granger 原因
2009	郑棉期货是美棉期货的 Granger 原因
2010	美棉期货是郑棉期货的 Granger 原因

资料来源：根据易盛数据库数据计算得出。

郑棉期货价格先是和美棉期货价格相互独立，然后受美棉期货价格影响，近两年两者相互影响，表明郑棉期货的国际定价影响力在逐步提高。中国是世界主要棉花进口国，而美国是世界主要棉花出口国，两国之间棉花贸易的差别性造成了两国棉花期货市场之间引导关系的反复性。

9.1.4.4　棉花期货功能发挥总结

通过数据以及实证分析，可以看出，棉花期货功能得到了比较好的发挥。具体有以下结论：

（1）棉花期货价格与现货价格之间存在高度的正相关关系。同时，随着 2009 年 11 月的棉花交易规则修改，这种相关性又有了明显的提高。

（2）期货价格和现货价格保持长期稳定的协整关系，即使短期内出现价格走势差异，长期看也会得到逐步修正。协整的存在表达了我国棉花期货市场的价格发现功能。

（3）Granger 因果关系检验结果表明，我国棉花期货价格是现货价格的 Granger 原因，现货价格不是期货价格的 Granger 原因。

（4）基差部分的研究结果显示，无论是历史情况还是最近一年，基差标准差都是明显小于现货标准差的。这说明基差运行相对平稳，套期保值功能是可以得到发挥的。

（5）最后交易日期货价格与现货价格的一致性保持良好，波动范围稳定，说明期货市场的价格发现功能得到良好发挥，同时套期保值功能也具备了基础的实现条件。

（6）从市场参与结构来看，产业链机构客户开户总数呈逐步增长的数据结构。成交量、持仓量的套保比重和投机比重配置情况基本合理。

（7）流动性方面，我们通过成交量比率、持仓量比率、市场容量等指标来分析，作为市场主要效率性指标的棉花期货流动性逐年提高。

（8）棉花期货市场在资源配置、信息传输、决策参考、规范市场行为、引导信用、促进产品质量提升、产业升级、促进现货市场完善与发展，以及促进其他社会效益方面发挥了积极而重要的作用。

9.1.5　菜籽油

9.1.5.1　市场基本情况

1. 期货市场规模情况及发展情况

（1）保证金。

自上市起，菜油期货日均保证金金额便呈现稳中有升的态势，展现了菜油由新品种到培育和成熟的过程。虽然经历了 2008 年的金融危机，但菜油的日均保证金还是维持了较高的水平。

（2）参与交易客户数。

菜油期货参与交易客户数的稳中有升，反映出菜油期货的参与程度的显著增加。

（3）交易量、持仓量。

菜油期货年度总成交量呈现出逐步抬升的势头。菜油的成交量占农产品期货成交量的比重从 2007 年上市初期开始逐渐增大，近 3 年的增速逐步趋于稳定状态。

菜油期货年内日均持仓量稳中有升。虽然菜油的行业规模没有大豆加工行业的大，但是其利用期货市场的比重较大，利用期货来进行套期保值的企业较多。

（4）交割量、交割率。

2008 年后，菜油期货的年内总交割量集中放大的趋势较为明显。从 2007 年开始上市至今，菜油的交割量平均在 4 500 张仓单左右，但在 2009 年出现了较大的波动，尤其是 2009 年 9 月的交割量创下了历史最高点，达到了 7 361 手合约。

菜油交割量与成交量之比较交割量与持仓量之比的变化幅度要大；从变化趋势来看，两者则趋于同步。菜油的交割率呈现出较为稳定的态势。

2. 现货市场规模

（1）产量。

近 5 年来，我国油菜籽的种植面积和产量波动都较大，相应地，我国的菜油产量呈现出高位波动的格局。

（2）进、出口量。

2005 年后，我国菜油进口量呈现稳中有升的态势。从我国菜油的年度进出口数据来看，菜油的出口量一直在 0.5 万 ~ 1 万吨左右徘徊，而进口量较大，由于国内菜籽品质的下降和国内菜籽价格持续的走高，在 2009 年和 2010 年达到 54.4 万吨和 90 万吨。

（3）表观消费量。

菜油的消费量和现货总产量呈交错上升的态势。其中，产量和消费量的产销缺口（总产量 – 消费量）波动较小，自 2007 年以来，产量均略高于消费量，呈现出供大于求的情况。由于目前存在较多的油脂替代品种以及消费者的偏好多偏向于豆油，导致与豆油相比，菜油的相对价格处于劣势。总的来说，菜油的消费量占全国油脂的总体消费量比重较小。

（4）可贸易量。

近 5 年来，四级菜油的国内可贸易量呈现逐渐抬升的态势。进入 2000 年后，我国菜油的可贸易量呈现平稳上升的态势，尤其是 2008 年以后一举突破 500 万吨的总量。

3. 期货现货市场依存度

（1）年末交割库个数、年末交割库最高库容、仓单注册总量。

2007 ~ 2010 年交割库分布合理，交割库库容能够满足交割的需要。

（2）交易量/产量、交易量/消费量、交易量/可贸易量。

期货交易量与产量、消费量、可贸易量之比处于 0 ~ 12 之间。随着年度的增加，两者的比值数据也在不断地变大，体现出菜油期货品种的逐步发展和成熟。

（3）持仓量/产量、持仓量/消费量、持仓量/可贸易量。

选用年化日均持仓量，菜油的产量也选用总产量的日均数据。菜油持仓量与产量之比处于 0 ~ 0.2 之间，且随着年度的增长该比值呈现出增长的趋势。

（4）交割量/产量、交割量/消费量、交割量/可贸易量。

菜油的交割量呈现出逐年递增之势，也不难看出机构客户对于该品种的参与度在逐步的提高。

9.1.5.2 套期保值功能发挥情况

1. 市场结构性指标

菜油期货市场的参与者主要有一般散户、金融机构投资者、企业客户和贸易商。根据投资者的性质及参与的目的不同，可以将其分为个人客户和法人客户。

2007~2010年，菜油期货市场除了企业和机构投资者的套保、套利之外，还吸引了大批个人投资者，反映了菜油期货正逐渐成熟，市场的广度和深度也不断增加。法人客户参与程度较高。

2. 套期保值有效性

（1）基差。

国内菜油期货和加拿大油菜籽期货的基差分布还是有一定的差别，国内菜油期货基差长期处于正值状态。而加拿大的油菜籽期货的价差分布则较为合理，基差为负，处于正向市场。

菜籽油期货的基差风险低于现货风险，套期保值的效果较好。但国内基差的相对风险仍没有国外基差的相对风险低，表明国内期货套期保值的效果仍有待改善，见表9-1-60。

表9-1-60 基差描述性统计及正态检验

单样本 Kolmogorov – Smirnov 检验		国内基差	国外基差
N		164	163
正态参数[a,b]	均值	131.71	-19.2
	标准差	150.524	12.8
最极端差别	绝对值	0.101	0.163
	正	0.101	0.088
	负	-0.074	-0.163
Kolmogorov – Smirnov Z		1.299	2.076
渐近显著性（双侧）		0.069	0

注：a. 检验分布为正态分布。
b. 根据数据计算得到。
资料来源：根据易盛数据库数据计算得出。

（2）到期收敛性。

到期收敛性指越是临近期货合约的交割日，期货价格越是趋近于现货价格。这个过程，实质上就是期货基差趋向于最小化的过程，也可以说是期货价格逼近现货价格、二者逐渐收敛的过程，见表9-1-61。

表 9 - 1 - 61　　　　　　　　　　菜籽油期货的期现价差率

年份　类别	2007	2008	2009	2010
基差	91.606	1 066.892	226.589	60.241
期现价差率	0.029	0.119	0.021	0.035

资料来源：根据易盛数据库数据计算得出。

（3）套期保值比率与套期保值效率。

如表 9 - 1 - 62 所示，套期保值比率与效果的计算结果显示，菜籽油期货的套期保值效果还不够稳定。

表 9 - 1 - 62　　　　　　　　　　套期保值比率与效果

年份　类别		2007	2008	2009	2010
比率	周（当年）	0.212	0.225	0.237	0.250
	月（3 年）	0.322	0.245	0.569	0.283
	季（5 年）	0.749	0.767	0.771	0.775
效果	周（当年）	0.010	0.023	0.080	0.273
	月（3 年）	0.200	0.359	0.594	0.206
	季（5 年）	0.583	0.591	0.598	0.604

资料来源：根据易盛数据库数据计算得出。

9.1.5.3　价格发现功能发挥情况

1. 价格发现功能的有效性

（1）期现价格的相关系数。

期现价格的相关性较高，2007～2010 年相关系数分别为 0.96、0.94、0.68 和 0.95。

（2）期现价格的协整关系检验。

分别选取菜籽油主力合约 2008 年、2009 年和 2010 年结算价和现货价格进行相关协整关系分析。结果显示，2009 年的现货价格和主力合约结算价格未通过协整检验，即不存在显著的协整关系，2008 年、2010 年的现货价格和主力合约结算价格有较高的显著性，也就是说 2008 年、2010 年的现货价格和主力合约结算价格都具有协整关系，具备一种长期均衡关系。

（3）期现价格引导关系检验。

实证检验表明，2008～2010 年菜籽油的现货价格和主力合约结算价格与理论上所认为的菜籽油期货市场价格对现货市场价格具有较强的预先引导作用在数量分析上的结果吻合，菜籽油期货市场在发现价格中起主要作用。

2. 市场行为及流动性

（1）日内交易量/总成交量。

近 4 年菜籽油期货的日内成交量与总成交量的比值分别为 59.82%、74.66%、70.05% 和 64.38%，显示出交易比较活跃。

（2）期现价格波动比率。

结果发现期货价格波动率高于现货价格波动率，主要是现货市场不够发达造成的，这将对期货功能发挥有一定影响。

（3）市场容量。

菜籽油期货的市场容量见图 9－1－4。

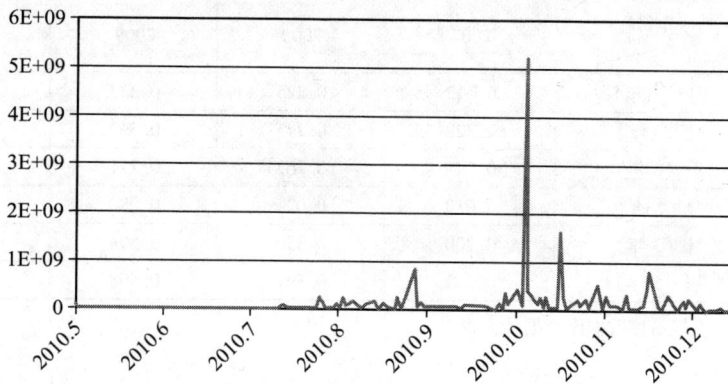

图 9－1－4 菜籽油的市场容量

资料来源：根据易盛数据库数据计算得出。

从图 9－1－4 中不难看出，自 2010 年 7 月 13 日起，市场容量指标明显异动，随后，微小的价格变动便可促成较大的交易量，并且不断地攀升，这使得流动性不断增强，也基本符合当期的合约价格走势。流动性的增强标志着市场活跃度的增加，更加适合相应期价随趋势变动。

（4）流动性比率。

流动性比值处于 0.01～0.06 之间，流动性比值很小，说明合约的流动性好。

3. 异常风险发生情况

（1）涨停板半边市发生的次数。

年内发生涨停板单边市的次数：1 次。

（2）三个同方向涨停板单边市的次数。

年内发生连续三个同方向涨跌停板单边市的次数：无。

4. 国际定价影响力

样本数据的单位根检验和协整检验结果表明我国的菜籽油近月合约、指数和主力合约与国外的期货价格具有长期的稳定关系，价格发现功能发挥的较好，但是相对于国际期货品种而言，仍存在一定的发展空间。

从各组 Granger 因果检验结果可以看出，对于所选取的中国、加拿大和澳大利亚的期货价格数据基本上呈现出，加拿大领先中国和澳大利亚期货价格，中国仅领先于澳大利亚期货价格。

菜籽油期货市场在菜籽国际定价体系中的作用与加拿大期货市场以及澳大利亚期货市场还有一定差距，主要是国内菜籽油期货市场与现货市场缺乏有机联系，从而使得菜籽油期价不能通过国内菜籽油现货市场有效影响国际菜籽价格。

9.1.5.4 菜籽油期货功能发挥总结

通过以上分析，可得出如下结论：
（1）菜籽油期货客户参与量和交易量逐年上升；
（2）菜籽油期货法人客户交易占比和持仓占比整体比较稳定；
（3）利用计量方法计算的菜籽油期货套期保值效果不理想；
（4）菜籽油期货与加拿大菜籽油期货价格相互引导关系检验表明，菜籽油期货的国际定价影响力有待进一步加强。

9.1.6 白糖

9.1.6.1 市场基本情况

1. 现货市场基本情况

作为重要的食糖生产国，糖料种植在我国农业经济中占有重要地位，其产量和产值仅次于粮食、油料和棉花。我国食糖产量仅次于巴西、印度，居世界第三位，如果把欧盟作为一个整体统计，我国食糖产量居世界第四位。

（1）产量。

甘蔗有着不同于其他农作物的生长特点，其种植具有自然的周期性生长规律：甘蔗种植一次，宿根可以生长 3 年。这种作物生长特点使得我国食糖生产具有非常强的周期性（见图 9－1－5）。一般以 5～6 年为一个生产周期，一旦增产则连续 2～3 年，供给过大使得价格大幅回落，从而导致下一轮的播种面积大量减少，继而 2～3 年连续减产。而周期性出现的自然灾害也加剧了糖料生产的强周期性。

（万吨）

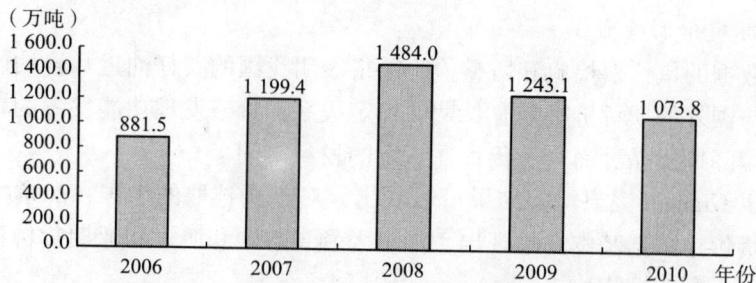

图 9 - 1 - 5　中国食糖产量

资料来源：易盛数据库。

近 5 年，我国白糖产量 2008 年较高，产糖为 1 484 万吨，而 2009 年、2010 年接连减产，到 2010 年我国产量为 1 073.8 万吨。

（2）进出口量。

长期来看我国的食糖供求基本平衡，略有缺口。在需求量相对稳定的情况下，我国食糖产量和进口量符合此消彼长的关系。所以我国进口量在 2008 年最低，为 78 万吨；2007 年和 2009 年次之，分别为 110.4 万吨和 106.5 万吨；2006 年和 2010 年则分别为 136.5 万吨和 176.6 万吨，见图 9 - 1 - 6。

（万吨）

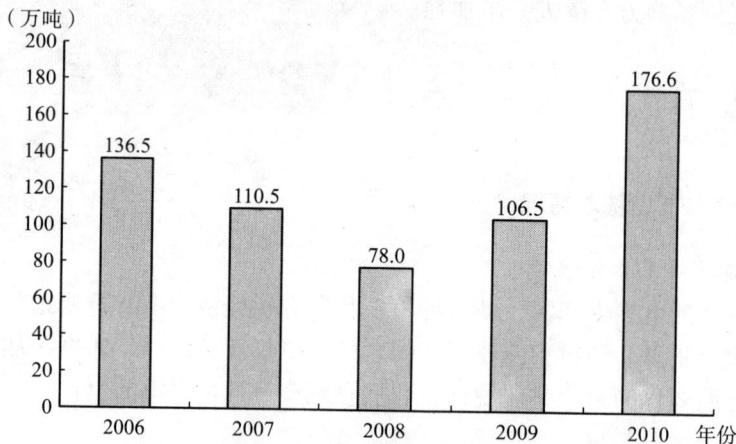

图 9 - 1 - 6　中国食糖进口量

资料来源：易盛数据库。

由于我国食糖消费的不断增加，而播种面积的增加却非常有限，导致我国正慢慢地转向食糖净进口国，整体来看，我国的食糖出口量是在下降的。2006 年为 15.5 万吨，2010 年为 9.4 万吨，见图 9 - 1 - 7。

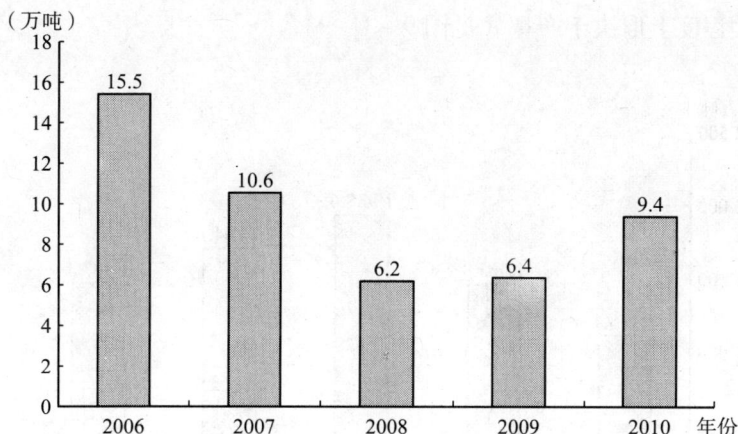

图 9 – 1 – 7　中国食糖出口量

资料来源：易盛数据库。

（3）表观消费量。

我国食糖的表观消费量在 2006～2008 年不断上升，达到最大值为 1 555.8 万吨；在 2008 年后则逐步下降，至 2010 年恢复到 1 241 万吨的水平，见图 9 – 1 – 8。这主要是因为当进入高糖价时代，市场上的替代糖的份额会有所提升。

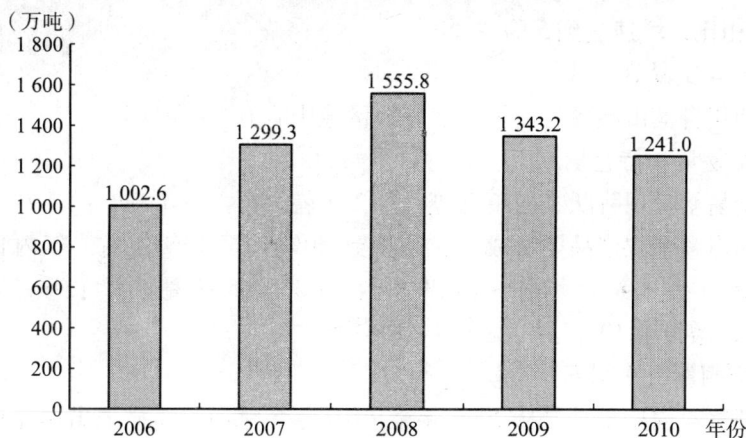

图 9 – 1 – 8　中国食糖表观消费量

资料来源：易盛数据库。

（4）可贸易量。

2006～2010 年我国白糖的可贸易量呈现出先升后降的走势，分别为 1 116.4 万吨、1 465.8 万吨、1 938.6 万吨、1 704.1 万吨、1 467.3 万吨，主要是由于可贸易量很大程度上取决于产量（见图9－1－9）。

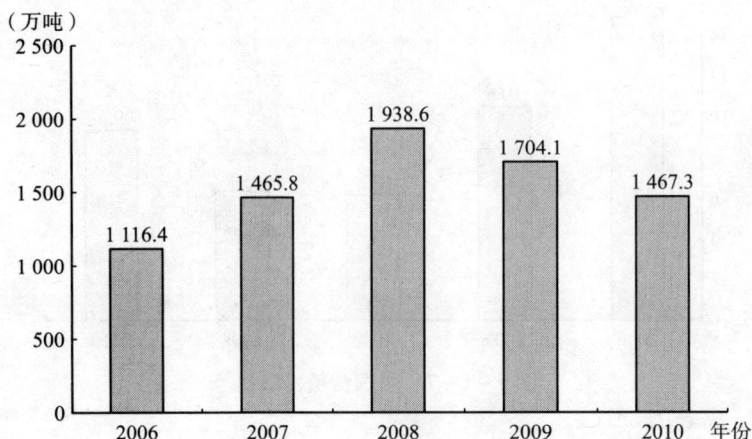

图9－1－9　中国食糖可贸易量

资料来源：易盛数据库。

2. 期货市场规模情况及发展情况

（1）保证金。

2006～2010年年内日均保证金金额持续增长。2010年年内日均保证金金额与2009年相比，增速达到50%之多。

（2）参与交易客户数。

白糖期货自上市起参与交易的客户数量稳中有升。

（3）交易量、持仓量。

白糖交易量呈现跳跃式增长态势，每2年就会再上一个新台阶。在成交占比方面，白糖占整个农产品期货成交比从不到20%升至40%左右。年内日均持仓量在5年内几乎成线性增长，由2006年的56 065手稳步增长至2010年的572 604手，增长了10倍多，见图9－1－10。

（4）交割量、交割率。

白糖期货年内交割总量从2006年至2010年5年内整体显现出快速增长的趋势。交割率则有一个稳定的趋势，反映市场日趋成熟。

（5）国际糖期货市场。

2006～2010年，纽约期糖成交量连续6年稳定、大幅增加，并在2010年高达2 913.36万手，创下了新的历史纪录。持仓量呈现出增加的趋势。2006年仅为40 699手，2008年高达826 541手，2009～2010年略有下降，但仍处于高位，分别为747 835手和656 023手，见图9－1－11。

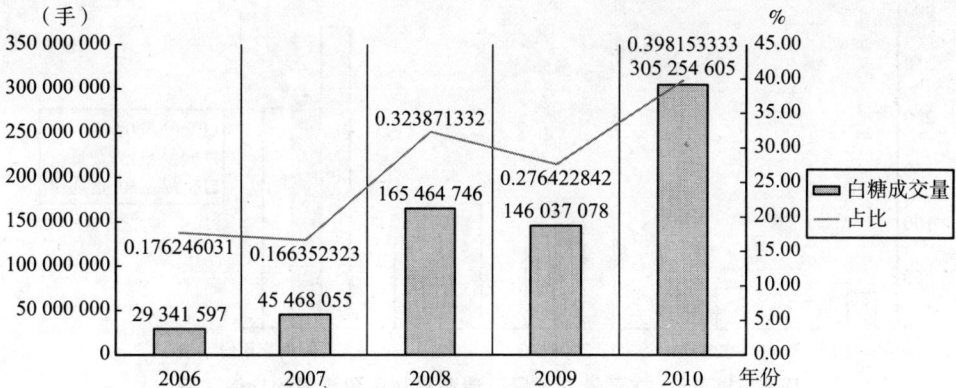

图 9 - 1 - 10　白糖期货成交量及占国内农产品期货成交量之比

资料来源：易盛数据库。

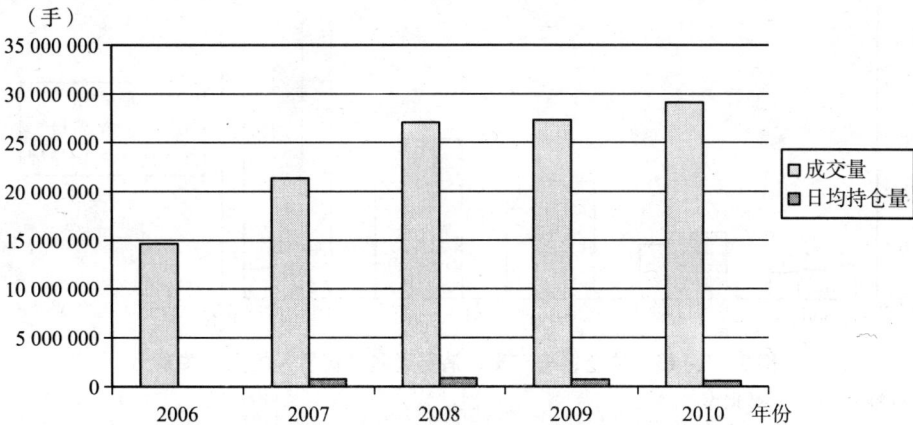

图 9 - 1 - 11　ICE11#糖交易量及持仓量

资料来源：易盛数据库。

3. 期货现货市场依存度

（1）年末交割库个数、年末交割库最高库容。

白糖交割仓库数量不断稳定扩大。交割库库容随着交割仓库数量的增加而增加。

（2）交易量/产量、交易量/消费量、交易量/可贸易量。

由于交易量的大幅增长，而产量、消费量和可贸易量则相对稳定，所以这三个比值和交易量的变化基本一致，呈现出阶梯形快速增长的态势，见图 9 - 1 - 12。

（3）持仓量/产量、持仓量/消费量、持仓量/可贸易量。

2006 ~ 2010 年，白糖的这三个比值走势基本一致，整体来看稳定增长，见图 9 - 1 - 13。

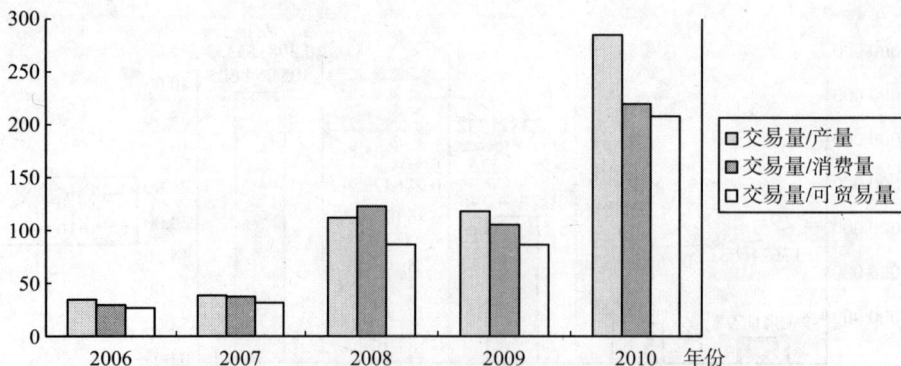

图 9 – 1 – 12　交易量与产量、消费量和可贸易量的比值关系

资料来源：易盛数据库。

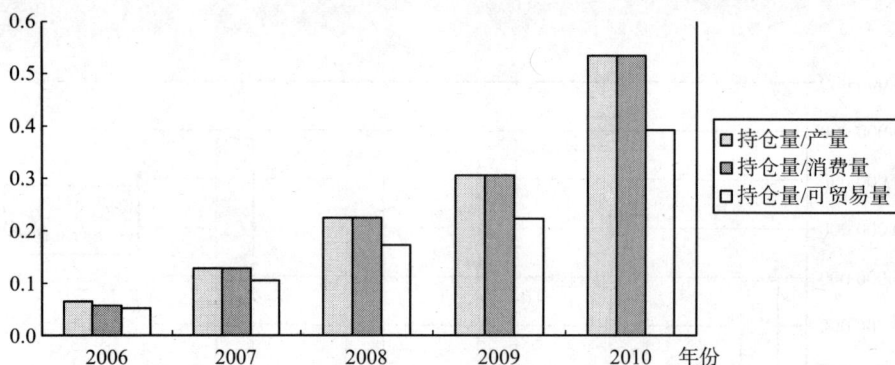

图 9 – 1 – 13　持仓量与产量、消费量和可贸易量的比值关系

资料来源：易盛数据库。

（4）交割量/产量、交割量/消费量、交割量/可贸易量。

2006～2010 年，白糖的这三个比值走势基本一致，整体来看稳定增长，见图 9 – 1 – 14。

4. 本节小结

我国白糖的产量比较大，相对比较稳定，消费量和可贸易量在近年内稳定增长，贸易比较活跃，产业对白糖期货认知度比较高，现货基础比较好。受益于食糖行业消费和贸易旺盛的国际大环境，白糖期货自 2006 年上市以来，交易量和交割量大幅增加，持仓量也呈现稳步增长的态势，交割率逐步趋于稳定，说明市场逐步成熟。从期货交易量与产量、消费量和可贸易量的比值来看，白糖期货上市 5 年来，交易活跃，发展势头良好。

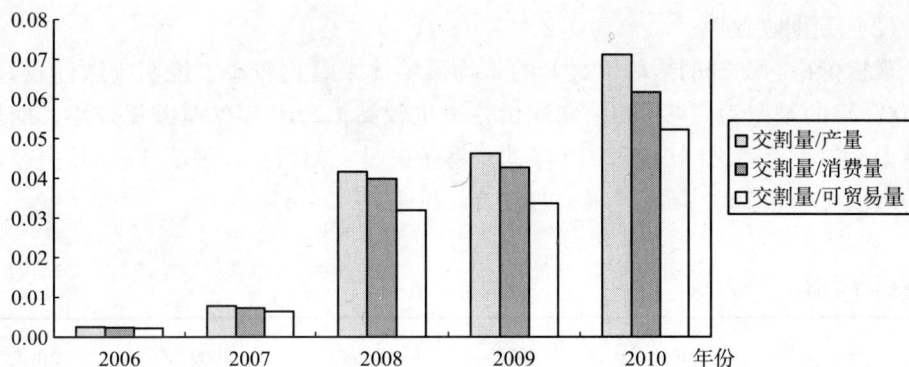

图 9 - 1 - 14 交割量与产量、消费量和可贸易量的比值关系

资料来源：易盛数据库。

9.1.6.2 套期保值功能发挥情况

1. **市场结构性指标**

（1）法人客户与自然人客户持仓占比情况统计。

白糖期货自上市以来自然人持仓量一直高于法人客户持仓量，基本上是比较理想的状态。

（2）法人客户与自然人客户交易占比情况统计。

2006～2009 年，自然人客户交易量与法人客户交易量的比值在 4.3 倍左右波动；2010 年，白糖期货市场自然人客户交易量进一步发展，达法人客户交易量的 9.53 倍。

2. **套期保值有效性**

（1）基差。

白糖期货的基差比较大，其中 2007 年最低，为 - 83.62 元，从均值来看 2010 年基差不大，但方差比较大，说明基差变化不够稳定，波动比较大，见表 9 - 1 - 63。

表 9 - 1 - 63 基差描述性统计 单位：元/吨

年份 类别	2006	2007	2008	2009	2010
均值	205.94	- 83.62	- 453.50	- 398.66	110.34
方差	178 698.47	27 010.75	41 063.93	20 923.61	75 010.56
最大	1 097	272	- 31	- 30	715
最小	- 866	- 534	- 971	- 823	- 649

资料来源：根据易盛数据库数据计算得出。

（2）到期收敛性。

现货价格与交割的结算价之差的年均值整体来看比较小，说明收敛性较好，但 2009 年的基差为 -496 元，期现价差率也较高，2010 年的基差比较小，期现价差率也很小，考虑到白糖 2010 年的交易量也是大幅增加，说明 2010 年白糖期货的市场质量较 2009 年有了很大的改善，见表 9 - 1 - 64。

表 9 - 1 - 64　　　　　　　　　　　　期现价差率

年份 类别	2006	2007	2008	2009	2010
基差（元/吨）	248	-32	-83	-496	-39
期现价差率	0.055818	-0.00935	-0.02294	-0.13279	-0.00785

资料来源：根据易盛数据库数据计算得出。

（3）套期保值比率和效率。

可以看出，白糖期货的套期保值效果越来越好，2010 年的周套期保值效率已达到 73.58%，说明在理想状态下，利用白糖期货风险程度可以减少 73.58%，见表 9 - 1 - 65。

表 9 - 1 - 65　　　　　　　　　　　套期保值比率与效率

类别	年份	2006	2007	2008	2009	2010
套期保值比率	周	0.9535	0.7480	0.6538	0.3821	0.6341
	月			1.0966	0.8368	0.8064
	季					0.9148
套期保值效率	周	0.5413	0.3732	0.6780	0.5137	0.7358
	月			0.7392	0.7531	0.8662
	季					0.8700

资料来源：根据易盛数据库数据计算得出。

3. 本节小结

白糖期货的法人客户持仓相对比较稳定，自然人交易量占比较高，随着市场规模的扩大，近几年申请套期保值的机构数呈现增加的趋势，且申请卖出套保量大于买入套保量，套期保值的交易量、持仓量和交割量也逐年增加，主力合约的基差稳定性小于交割合约，期现价差率呈现出逐步减小的趋势，套期保值效率越来越高。

9.1.6.3　价格发现功能发挥情况

1. 价格发现功能的有效性

（1）期现价格的相关系数。

白糖期货价格与现货价格的相关系数比较高，除 2007 年（0.5）、2006 年（0.87）较低之外，其他年份都在 0.9 以上。

（2）期现价格的协整关系检验。

检验发现，白糖的期现货价格序列为同阶单整的，更进一步进行协整关系检验发现，在初上市的两年，期现货价格不具有协整关系，从 2008 年起，二者具有协整关系。

（3）期现价格引导关系检验。

Granger 因果检验结果发现，2008 年以后期货价格对现货价格有引导效应，初上市的两年（2006 年和 2007 年）则没有，说明期货对现货的影响越来越大，现货市场对期货市场的关注程度越来越高。

2. 市场行为及流动性

（1）日内交易。

日内交易量与总交易量之比在五年内基本稳定在 40% 左右，说明白糖期货市场比较活跃。

（2）期现价格波动比率。

日、月期现价格波动比率整体上处于降低的趋势，周期现价格波动比率趋势不明显，见表 9 - 1 - 66。

表 9 - 1 - 66　　　　　　　　　　期现价格波动比率

类别	年份	2006	2007	2008	2009	2010
期货价格波动率	日	0.2499	0.1367	0.2196	0.1724	0.2079
	周	0.2663	0.1320	0.2433	0.1673	0.2169
	月	0.2291	0.1428	0.2191	0.1890	0.1725
期现价格波动比率	日	1.24	0.90	1.18	1.44	0.38
	周	1.19	0.66	1.45	1.08	1.20
	月	1.23	1.22	1.22	0.55	0.48

资料来源：根据易盛数据库数据计算得出。

（3）日均换手率。

2006～2010 年的年度日均换手率分别为 2.15、1.14、2.15、1.54 和 2.21，

说明白糖期货比较活跃，流动性较好。

（4）市场容量。

如表 9-1-67 所示，市场容量在 5 年内逐渐增加，说明流动性逐渐增强。

表 9-1-67　　　　　　　　　　　　　市场容量

年份	2006	2007	2008	2009	2010
市场容量	138 923	288 197	807 591	740 365	1 299 430

资料来源：根据易盛数据库数据计算得出。

（5）流动性比率。

如表 9-1-68 所示，流动性比率在五年内逐渐减小，说明流动性越来越好。

表 9-1-68　　　　　　　　　　　　　流动性比率

年份	2006	2007	2008	2009	2010
流动性比率	0.007472	0.008966	0.007280	0.008152	0.005308

资料来源：根据易盛数据库数据计算得出。

3. 异常风险发生情况

2006~2010 年每年发生涨停板的次数分别为 77 次，15 次，86 次，25 次，40 次，而单边市的次数只在 2006 年有一次，其他 4 年都没有发生过，说明白糖期货市场尽管交易量越来越大，但市场的运行越来越好，没有异常风险发生。

4. 国际定价影响力

将主力合约结算价对数日收益率与对照的国际上其他交易所的同类产品主力合约对数日收益率进行 Granger 因果检验。结果显示，2006 年、2007 年、2009 年 3 年都是美国 ICE 原糖期货价格引导我国白糖期货价格，而我国白糖期货对 ICE 原糖期货价格无引导，2008 年的美国 ICE 原糖期货价与我国白糖期货价格互不引导，2010 年则为相互引导，说明我国白糖期货的国际定价影响力逐步增强。

5. 本节小结

整体来讲，随着交易量的增加，市场流动性增强。期现货价格相关性比较高，在初上市的前两年（2006 年、2007 年），期现货价格没有通过协整关系和引导关系检验，而 2008 年之后，这种状况得到改善。国际影响力比较复杂，结果显示 2008 年为互不影响，2010 年为相互引导，其余 3 年为受外盘引导，说明我国白糖期货的国际定价影响力逐步增强，仍有待进一步提高。

9.1.6.4　白糖期货功能发挥总结

我国白糖现货市场化程度比较高，市场基础较好，因此我国白糖期货自上市以来，市场规模不断扩大，参与套期保值的机构数逐渐增加，套期保值量也不断增加，法人客户持仓基本稳定在 40% 左右，市场流动性以及对现货市场的影响大大增强，国际定价影响力也正逐步增强，仍有进一步提高的空间。

9.1.7　精对苯二甲酸

9.1.7.1　市场基本情况

1. 期货市场规模及发展情况

（1）保证金。

PTA 期货上市 3 年多，保证金规模不断增加。2010 年日均保证金规模同比增长 38.76%，增速较 2009 年有所放缓。

（2）成交量及成交额。

2006～2007 年 PTA 上市之初，聚酯化纤企业多持观望态度，参与积极性很低。随着行业内越来越多的贸易商和生产企业的介入，PTA 期货日渐成熟，成交量从原来的几万手上升至几十万手，并在 2009 年突破百万手。2010 年 8 月 16 日 PTA 日内成交量创下历史新高，达到了 139.8 万手，市场认知度和参与度也逐渐提高。

从年度成交量和成交额数据来看，PTA 的成交量和成交额逐年增加。2009 年成交量 52 746 699 手，成交额达 19 071 亿元，同比分别增长 200.26% 和 211.95%。2010 年成交量和成交额继续稳步增长，但增速较 2009 年放缓，市场进入稳定发展期，见表 9－1－69。

表 9－1－69　　　　　　　　　PTA 年度成交量和成交额

类别 \ 年份	2007	2008	2009	2010
成交量（手）	4 960 825	17 567 290	52 746 699	61 415 070
成交额（亿元）	1 936	6 113	19 071	25 920

注：1. 资料来源于中国期货业协会、郑州商品交易所的单边成交量数据。
　　2. 2006 年年底 PTA 期货上市，当年的交易日只有 10 天，在此只采用 2007 年之后的数据。
　　3. 工业品指除了农产品之外的所有期货品种（下同）。

与工业品和所有期货品种的成交量及成交额的增长速度相比，PTA 明显高于二者，见图 9 – 1 – 15。PTA 期货市场正逐渐成熟，日益良好的流动性为企业套保和更多投资者的参与提供了基础，为市场功能更好地发挥提供了保障。

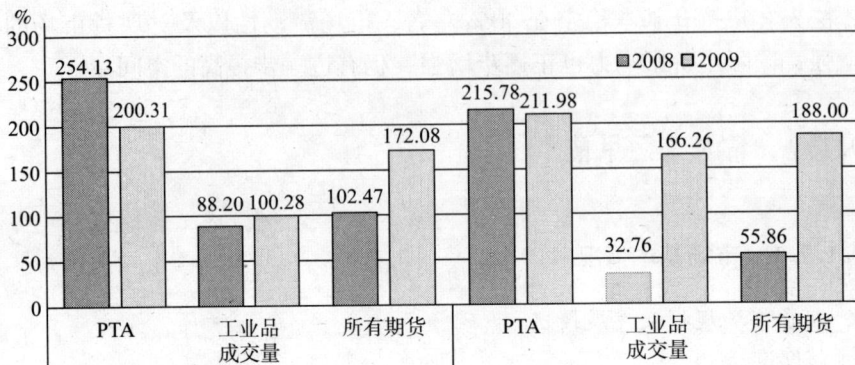

图 9 – 1 – 15 PTA 成交量及成交额的年增长速度

资料来源：中国期货业协会。

PTA 期货成交量和成交额稳步增加，逐步在中国期货市场上占据了一席之地，市场交易的活跃提高了市场的流动性，为企业和个人投资者参与 PTA 期货提供了基础，使期货市场的功能得到更好的发挥。

（3）持仓量及增长情况。

持仓量及其变化情况反映了市场全部投资者持有该期货品种的兴趣，是充分发挥品种期货市场功能、完善定价机制的重要条件。

PTA 上市之初持仓量高于成交量，反映出投机交易者较少，现货企业参与意愿较强。随着投资者对于 PTA 期货的熟悉，2008 年持仓量大幅增加，2009 年和 2010 年 PTA 持仓量继续稳步增加，表明市场投机资金活跃，市场的流动性增加，有利于 PTA 期货市场的功能更好地发挥，见表 9 – 1 – 70。从 PTA 上市以来的持仓量变化图来看（见图 9 – 1 – 16），总体呈现出波段式递增的态势。

表 9 – 1 – 70　　　　　　　　　　　　**持仓量及增长速度**

年份 类别	2007	2008	2009	2010
单边持仓量（手）	29 136	59 017	81 929	137 300
增速（%）	348.81	102.56	38.82	67.58

资料来源：易盛数据库。

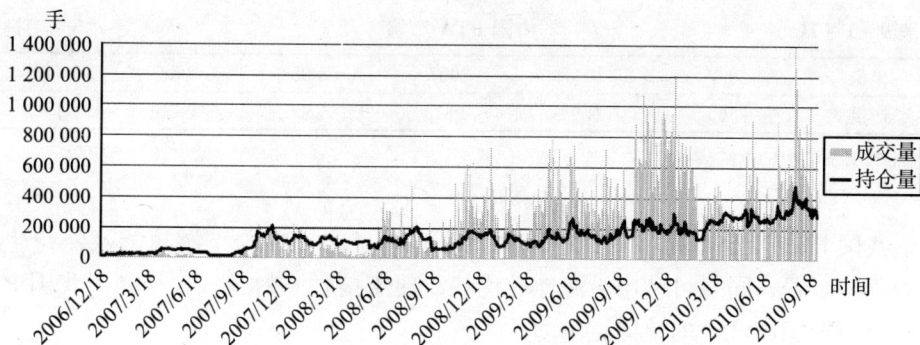

图 9 - 1 - 16　PTA 上市以来的成交量和持仓量

资料来源：易盛数据。

PTA 期货以现货市场为基础理性发展，其规模发展到一定程度之后，开始适应现货市场的规模发展情况缓慢增长。以后在郑州商品交易所的正确引导下，PTA 期货将继续以现货市场为基础，持仓量将随着现货市场规模的扩大而稳步增加。

（4）交割量。

尽管期货交割量在期货交易总量中占的比例很小，然而正是这很小的期货交割量的存在，使得期货价格随着合约到期日的临近而逐步趋近现货价格。

PTA 期货交割量呈下降趋势，表明企业对于 PTA 期货的了解逐步深入，其了解头寸的方式不再局限于实物交割，反映 PTA 期货套期保值操作逐渐趋于理性化，可以更灵活地运用期货市场实现其规避风险的目的。

（5）交割率。

在上市之初，PTA 期货交割率明显高于其他品种，表明市场投机资金不足，套保较多，市场的流动性较差。但随着 PTA 上市时间的延长，企业和其他投资者对于 PTA 的认识深入，参与者增加，PTA 期货市场逐渐活跃，交易量增加，期货交割率也逐渐下降，2009 年的交割率已经降至 0.09%，远远低于 2008 年的 0.98% 的交割率水平，2010 年交割率为 0.23%，维持在较低水平。企业参与 PTA 期货市场在大部分时间选择平仓了结头寸，而不是把期货市场作为主要的贸易市场，这也正是期货市场存在的重要意义之一。

2. 现货市场规模

（1）产量。

从 2001 年到 2009 年，中国 PTA 发展迅速，10 年间 PTA 产量增长 5.5 倍。PTA 产能的迅速扩增有效地扭转了国内 PTA 市场短缺的格局，并使中国进口依存度保持在 50% 左右，2009 年的进口依存度降至 33% 左右，见表 9 - 1 - 71。

表 9-1-71　　　　　　　　　　　中国 PTA 产量　　　　　　　　　　　单位：万吨

年份	2005	2006	2007	2008	2009	2010
产量	565	659	981	930	1 190	1 420

资料来源：中国化纤信息网。

我国 PTA 产业布局相对集中，主要靠近消费市场，与下游聚酯及涤纶生产能力集约布置，同时可利用沿海地域优势，便于接收原料进口，提高了我国 PTA 行业乃至聚酯产业链的整体竞争力。

（2）进口量。

虽然近年来国内 PTA 产能明显扩增，PTA 的消费同样迅速增长，国内产量满足不了聚酯企业对于 PTA 原料的需求，因此，我国每年都要大量进口 PTA，韩国、中国台湾、泰国、日本等都是主要进口地。

2006 年之前，中国 PTA 的进口依存度在 50% 以上，2007 年首次下降至 50% 以下，2009 年和 2010 年维持在 1/3 左右的水平，月度进口量维持在 50 万吨左右，见表 9-1-72。

表 9-1-72　　　　　　　　　　　中国 PTA 进口量

类别 ＼ 年份	2005	2006	2007	2008	2009	2010
进口量（万吨）	649	700	699	594.1	625.6	665
进口依存度（%）	53.46	51.09	41.63	38.85	34.46	32.05

资料来源：中国化纤信息网。

（3）出口量。

进入 21 世纪以来，在国家产业政策和相关专项规划的引导下，我国 PTA 产业实现了有序发展，并一直保持着高速发展的态势，有效地扭转了国内 PTA 市场严重短缺的格局，但我国的 PTA 供应依旧缺乏，需要依靠进口来弥补日益增长的消费。因此，中国很少有 PTA 出口，见表 9-1-73。

表 9-1-73　　　　　　　　　　　中国 PTA 出口量　　　　　　　　　　　单位：万吨

年份	2005	2006	2007	2008	2009	2010
出口量	0.05	—	—	2.4	—	10

资料来源：中国化纤信息网。

（4）表现消费量。

聚酯是 PTA 的最直接产品，聚酯产业的发展直接影响 PTA 的需求。20 世纪

90 年代后期，中国聚酯产业快速发展，成为世界最大的聚酯生产国，相应地，对于 PTA 的需求也快速增加。2004 年，中国 PTA 需求突破 1 000 万吨。2002～2007 年中国 PTA 需求增速保持在 20% 左右的水平，2008 年受金融危机影响导致需求下降，2009 年 PTA 的表观消费达到 1 812 万吨，增速为 19%，基本恢复到金融危机之前的增长水平，见表 9 - 1 - 74。

表 9 - 1 - 74　　　　　　　　　　**中国 PTA 表观消费量**　　　　　　　　单位：万吨

年份	2005	2006	2007	2008	2009	2010
表观消费量	1 214	1 370	1 680	1 527	1 815	2 075

资料来源：中国化纤信息网。

3. 期货现货市场依存度

期货市场是现货市场发展的产物，期货市场补充了现货市场功能的不足，二者互相依存、相互补充，使市场机制更趋于完善。也就是说，现货市场是期货市场存在的基础，期货市场使现货交易更为顺利地进行。

（1）注册企业产能。

郑州商品交易所对 PTA 交割实行品牌管理，PTA 基准交割品必须是经交易所认定的 PTA 生产厂家生产的商品。

2009 年，我国 PTA 注册企业 10 家，总产能为 1 046 万吨，2010 年 9 月之前，国内注册企业增加至 12 家，总产能为 1 276.5 万吨。另外，中国台湾地区有 3 家 PTA 注册企业，产能 426 万吨；韩国 5 个注册企业总产能为 272 万吨，见表 9 - 1 - 75。

随着 PTA 新产能的扩增，现货市场规模逐渐扩大。为了适应市场发展的需要，将有更多的企业申请成为 PTA 注册企业，PTA 期货市场将随着现货市场的发展而逐渐扩大，以便于更好地发挥期货市场的功能，为现货企业的生产经营提供依据。

（2）注册企业产能/总产能。

现货市场中符合期货交割标准的现货占现货市场总量的比率为期货合约标的可交割率。可交割率越高，期货价格的代表性越强，越有利于期货市场功能的发挥。

由于实行的是品牌交割，排除了一些新建产能和落后产能（主要是新建产能，新项目一般规模大，单套装置的产能基本上都在 60 万吨以上）。2010 年 9 月之前，国内 PTA 注册企业产能为 1 276.5 万吨，而国内 PTA 总产能为 1 556 万吨，PTA 进口量为 622.3 万吨，可交割率为 90.64%，见图 9 - 1 - 17。PTA 期货价格的形成有着广泛的市场基础，PTA 期货市场功能具有较大的发展潜力。

表 9 - 1 - 75   PTA 注册企业及产能

国家或地区	注册企业	产能（万吨）
中国大陆	中国石化上海石油化工股份有限公司	40
	中国石化扬子石油化工股份有限公司	130
	中国石化仪征化纤股份有限公司	99
	中国石油化工股份公司洛阳分公司	32.5
	大连逸盛石化有限公司	150
	浙江逸盛石化有限公司	135
	浙江远东石化有限公司	180
	翔鹭石化企业（厦门）有限公司	160
	亚东石化（上海）有限公司	60
	珠海 BP 化工有限公司	150
	台化兴业（宁波）有限公司	80
	宁波三菱化学公司	60
中国台湾	台湾化学纤维股份有限公司	220
	东展兴业股份有限公司	44
	中美和石油化学股份有限公司	162
韩国	三星石油化学株式会社 SAMSUNG PETROCHEMICAL CO.，LTD.	140
	高合化学公司 KP CHEMICAL CORP.	25
	三南石油化学株式会社 SAM NAM PETROCHEMICAL CO.，LTD.	30
	株式会社晓星 HYOSUNG CORPORATION	35
	泰光产业株式会社 TAE KWANG INDUSTRIAL CO.，LTD.	42

资料来源：永安期货。

（3）成交量/产量。

PTA 期货成交量逐年增加，2008 年期货市场交易规模为现货市场的 9 倍，2009 年和 2010 年成交量稳步上升，已经达到了现货产量规模的 22 倍左右。2008 年之后，由于价格波动带来的风险和投资机遇，使大量投机者和套保者纷纷进入市场，PTA 期货市场日益成熟，交易规模不断扩大（见表 9 - 1 - 76）。

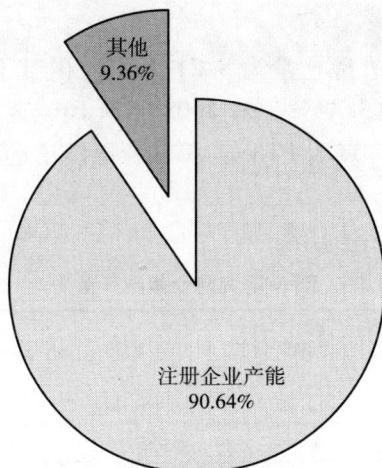

图 9 – 1 – 17　PTA 注册企业产能／总产能

资料来源：永安期货。

表 9 – 1 – 76　　　　　　　　　　　　**PTA 期货成交量与现货产量**

年份	2007	2008	2009	2010
成交量（万手）	496	1 757	5 275	6 142
产量（万吨）	980	935	1 190	1 420
成交量／产量（％）	2.53	9.39	22.16	21.63

注：1. 成交量为单边。
　　2. 成交量／产量 = 成交量 ×5（吨/手）/产量。
资料来源：郑州商品交易所，中国化纤信息网。

（4）成交量／消费量。

在 PTA 期货上市之初，投资者的观望态度较强，参与期货市场的程度不高，因此期现货市场规模比较低，仅为 1.48。2009 年 PTA 的期货成交量/表观消费量为 14.53，2010 年的期货成交量是表观消费量的 14.8 倍，按照市场经验，目前的 PTA 期货市场流动性适中，表明 PTA 期货市场已经走向成熟，见表 9 – 1 – 77。

表 9 – 1 – 77　　　　　　　　　　　**PTA 期货成交量与表观消费量**

类别 \ 年份	2007	2008	2009	2010
成交量（万手）	496	1 757	5 275	6 142
消费量（万吨）	1 679	1 529	1 815	2 075
成交量／消费量（％）	1.48	5.74	14.53	14.80

注：1. 成交量为单边。
　　2. 成交量／消费量 = 成交量 ×5（吨/手）/表观需求量。
资料来源：郑州商品交易所，中国化纤信息网。

（5）持仓量/产量。

2009 年 PTA 日均单边持仓量为 8.21 万手，相当于 41 万吨的现货量，占国内总产量 1 190 万吨的 3.44%，较 2008 年 3.16% 有所上升，2010 年二者比重继续上升，至 4.83%，表明 PTA 期货市场规模正逐步扩大，市场发展势头良好，见表 9 - 1 - 78。

表 9 - 1 - 78　　　　　　　　　　PTA 期货持仓量与产量

年份 类别	2007	2008	2009	2010
持仓量（万手）	2.91	5.90	8.21	13.73
产量（万吨）	980	935	1 190	1 420
持仓量/产量（%）	1.49	3.16	3.44	4.83

注：1. 持仓量为日均单边持仓量。
　　2. 持仓量/产量 = 持仓量 ×5（吨/手）/产量。
资料来源：易盛数据库。

（6）持仓量/消费量。

2009 年 PTA 持仓量占国内表观消费量的 2.27%，较 2008 年的 1.95% 提高了 0.32 个百分点，2010 年该比重继续上升，至 3.31%。国内 PTA 的消费量逐年提高，而 PTA 期货的持仓量也逐年增加，且与消费量比值提高，表明期货市场和现货市场规模同时稳步增加，且期货市场较现货市场增速快，见表 9 - 1 - 79。

表 9 - 1 - 79　　　　　　　　　　PTA 期货持仓量与消费量

年份 类别	2007	2008	2009	2010
持仓量（万手）	2.91	5.90	8.19	13.73
消费量（万吨）	1 679	1 529	1 815	2 075
持仓量/消费量（%）	0.87	1.93	2.26	3.31

注：1. 持仓量为日均单边持仓量。
　　2. 持仓量/消费量 = 持仓量 ×5（吨/手）/表观消费量。
资料来源：易盛数据库。

9.1.7.2　套期保值功能发挥情况

1. 市场结构性指标

PTA 期货市场的参与者主要有一般散户、金融机构投资者、企业客户和贸易商。根据投资者的性质及参与的目的不同，可以将其分为个人客户和法人客户。

PTA 期货市场的自然人成交量远高于法人客户成交量，持仓量二者基本相当，市场的参与结构正在不断改善。

2. 套期保值有效性

（1）基差。

采用 PTA 每日现货价格与郑州商品交易所 PTA 期货主力合约每日结算价之差，按年计算均值、方差、最大值、最小值。数据结果表明，在 2006 年 PTA 期货刚上市之初，PTA 基差波动较大，但是随着 PTA 期货市场不断完善，其发现价格功能逐渐显现，PTA 基差逐渐趋于平稳，也有利于 PTA 企业参与期货市场进行套期保值，见表 9 - 1 - 80。

表 9 - 1 - 80　　　　　　　　　PTA 各年度基差　　　　　　　　单位：元/吨

类别＼年份	2006	2007	2008	2009	2010
均值	− 730. 4	− 259. 643	− 119. 882	49. 42975	− 325. 246
方差	8 802.489	22 379. 35	33 337. 92	47 019. 86	19 879. 96
最大值	− 603	110	398	660	220
最小值	− 883	− 623	− 646	− 393	− 1 200

资料来源：易盛数据库、中国化纤信息网。

（2）到期价格收敛性。

选取郑州 PTA 期货各月合约数据并按年度分类，从而算出各类合约最后交易日的基差。

数据结果表明，郑州 PTA 期货各月合约的到期日基差呈逐年缩小趋势，而且郑州 PTA 期货各月合约的期货价格每到最后交易日时与现货价格较为接近。此外，由于 2008 年 9 月合约出现逼仓事件，因此该合约最后交易日的基差大幅偏离了正常值。如果不剔除该值，那么 2008 年度内各月合约最后交易日的均值为 205.27；如果剔除该值，那么 2008 年度内各月合约最后交易日的均值为 − 19.55，体现出合约到期价格具有良好的收敛性，见表 9 - 1 - 81。

表 9 - 1 - 81　　　　　　　　郑州 PTA 期货到期日基差　　　　　　　单位：元/吨

合约＼年份	2007	2008	2009	2010
1 月合约		5	− 100	38
2 月合约	− 499	5	120	− 246
3 月合约	− 111	− 18	20	154

续表

合约＼年份	2007	2008	2009	2010
4 月合约	−95	50	14	−16
5 月合约	0	28	30	68
6 月合约	13	62	36	−70
7 月合约	28	60	40	20
8 月合约	103	−192	0	0
9 月合约	−4		36	60
10 月合约	−150	−180	0	−98
11 月合约	12	−70	−66	60
12 月合约	−53	35	70	−46
均值	−68.7273	−19.55	27.27273	−14.2222

资料来源：易盛、中国化纤信息网。

（3）套期保值比率。

分别按照周、月、季度套期保值期限以最小二乘法计算当年（周）、最近 3 年（月）、最近 5 年（季度）静态最优套期保值比率。数据选取郑州 PTA 期货的近月交割合约的日数据，其结果见表 9 - 1 - 82。

表 9 - 1 - 82　　　　　　　　　　PTA 期货套期保值比率

2007 年（周）	2008 年（周）	2009 年（周）	2010 年（周）	最近三年（月）	最近五年（季）
0.7149	0.8747	0.9578	0.9239	1.0192	1.0396

资料来源：根据易盛数据库数据计算得出。

（4）套期保值效率。

基于前面得到的最优套期保值比率分别按照周、月、季度套期保值期限计算当年（周）、最近 3 年（月）、最近 5 年（季度）计算郑州 PTA 期货套期保值效率。数据分析结果表明，由于 2007 年的郑州 PTA 期货刚刚上市、品种不太成熟以及 2008 年的全球金融危机，因此参与郑州 PTA 套期保值绩效并不是很理想，但随着品种逐渐完善、成熟，所以现货企业在 2009 年和 2010 年参与郑州 PTA 期货进行套期保值可以大幅降低现货贸易的风险（见表 9 - 1 - 83）。

表 9 - 1 - 83　　　　　　　　　　PTA 期货套期保值效率

2007 年（周）	2008 年（周）	2009 年（周）	2010 年（周）	最近 3 年（月）	最近 5 年（季）
0.616	0.739	0.768	0.822	0.942	0.975

资料来源：根据易盛数据库数据计算得出。

9.1.7.3　价格发现功能发挥状况

1. 期货发现功能的有效性

如果期货价格与现货价格具有很强的相关性，期货市场就能够较好地反映各种市场信息，具备价格发现的基本功能。

（1）期现价格的相关性。

如表 9 - 1 - 84 所示，数据分析结果表明，郑州 PTA 期货价格与现货价格两者之间的相关系数长期维持在 0.9 以上，这表明郑州 PTA 期货价格与现货价格相关程度较高。这也表明 PTA 期货价格与现货价格具有很强的趋同性，期货市场形成的价格具有有效性，满足期货定价与套保功能的实现条件。

表 9 - 1 - 84　　　　　　　　期货价格与现货价格相关性统计

数据类型	年份	相关系数
主力合约	2007	0.9676
	2008	0.9934
	2009	0.9574
	2010	0.9873
	2006. 12. 18 ~ 2010. 12. 31	0.9807

资料来源：根据易盛数据库数据计算得出。

（2）期现价格协整关系检验。

如表 9 - 1 - 85 所示，数据分析结果表明，郑州 PTA 期货价格与现货价格之间在 5% 的显著水平下存在着协整关系，反映出期货价格与现货价格在长期具有稳定的关系，即短期的冲击并不能影响期货市场价格发现功能的实现。

表 9 - 1 - 85　　　　　　　　期货价格与现货价格协整关系检验结果

数据类型	年份	无趋势项		有趋势项		结论（5%的显著水平）
		统计量	P 值	统计量	P 值	
主力合约	2007	− 4.31	< 0.0001	− 4.42	< 0.0001	协整
	2008	− 3.20	< 0.0001	− 3.21	0.0002	协整
	2009	− 2.08	< 0.0001	− 3.00	< 0.0001	协整
	2010	− 3.99	< 0.0001	− 4.10	0.0006	协整
	2006. 12. 18 ~ 2010. 12. 31	− 4.70	< 0.0001	− 4.71	0.0008	协整

资料来源：根据易盛数据库数据计算得出。

（3）期现价格引导关系检验。

如表 9 - 1 - 86 所示，数据分析结果表明，在所有年度内，郑州 PTA 主力合约、近月合约和指数与现货价格之间均存在协整关系，从而都满足了进行 Granger 因果关系检验的前提条件。在 95% 的置信水平内，自 2006 年 12 月 18 日至 2010 年 8 月 31 日，郑州 PTA 期货价格与现货价格互为引导关系。

表 9 - 1 - 86　　　　　PTA 期价和现货价格的 Granger 因果关系检验

数据类型	年份	P 值		结论（95% 的置信区间）
		现货是否引领期货	期货是否引领现货	
主力合约	2007	0.1292	0.0056	期货引导现货
	2008	<0.0001	<0.0001	互为引导
	2009	0.0002	0.5069	现货引导期货
	2010	<0.0001	0.0102	期货引导现货
	2006.12.18~2010.12.31	<0.0001	<0.0118	互为引导

资料来源：根据易盛数据库数据计算得出。

此外，截取各年度的时间段数据发现，大多数时间内郑州 PTA 期货价格对现货价格有引导关系，而现货价格对期货价格却没有引导关系。当然也存在个别特殊情况，现货价格对郑州 PTA 近月交割日合约期货价格有引导关系，还有部分时间 PTA 期货价格指数与现货价格互为引导关系。

2. 市场行为及流动性

（1）期货价格波动率。

选取郑州 PTA 期货主力合约数据，并按年度依次分为 2007 年、2008 年、2009 年和 2010 年 1~8 月（即截至 2010 年 8 月 31 日），见表 9 - 1 - 87。

表 9 - 1 - 87　　　　　　　　　PTA 期货价格波动率

年份 类别	2007	2008	2009	2010
年化日波动率	0.1439	0.2691	0.2370	0.2358
年化月波动率	0.1269	0.5349	0.3052	0.2056

资料来源：根据易盛数据库数据计算得出。

通过对比数据发现，2008 年度的郑州 PTA 期货价格波动率最大，这主要是因为 2008 年全球爆发了金融危机，石油价格自 147 美元快速下跌至 40 美元下方。此外，由于 2008 年度跌势过猛，2009 年度郑州 PTA 走出一波较大幅度的反弹行情，因此 2009 年度的郑州 PTA 期货价格的波动率比 2007 年度和 2010 年度都要大。而 2007 年和 2010 年郑州 PTA 期货价格走势比较平稳，波动率都非常小，反映 PTA 市场运行平稳，具备了一定的市场承受能力。

（2）期现价格波动比率。

数据结果表明，郑州 PTA 期货价格波动率与现货价格波动率的比值基本维持在 1 附近，这反映了郑州 PTA 期货价格和现货价格长期保持着较高的相关性，而且期货价格长期对现货价格有着较强的引导作用，见表 9 – 1 – 88。

表 9 – 1 – 88　　　　　　　　　PTA 期现价格波动比率

年份 类别	2007	2008	2009	2010
年化日期现波动比率	1.4811	1.3606	1.1925	0.9314
年化月期现波动比率	0.8245	1.0891	0.8882	1.0636

资料来源：根据易盛数据库数据计算得出。

（3）换手率。

国内外主要采用交易量与持仓量的比例来计算期货市场的换手率；在此采用年总成交量与日均持仓量的比值来计算年度换手率。

2007～2009 年 PTA 期货市场的换手率逐渐提高，2009 年达到了 643.81，反映了 PTA 期货市场的投机资金增加，市场的交投逐渐活跃。2010 年换手率为447.31，较 2009 年有所下降，市场流动性保持在较高水平，见表 9 – 1 – 89。

表 9 – 1 – 89　　　　　　　　　PTA 期货换手率

年份	2007	2008	2009	2010
换手率	170.26	297.66	643.81	447.31

资料来源：根据易盛数据库数据计算得出。

（4）市场容量。

PTA 上市之初，由于市场参与度低，市场容量较小，一直到 2007 年年底的时候，市场容量只有 793 手，交易者反映 50 手的卖单就可以把 PTA 的期货市场价格打压下去，要完成 100 手的成交计划，有时候需要一个多小时。但随着 PTA期货的发展，市场的参与度提高，成交量增加，从市场容量就可以明显看出来，2009 年的市场容量达到了 7 320 手，2010 年市场容量继续提高，达到了 8 738手。PTA 期货市场容量增加，流动性增强，投资者进入 PTA 期货市场更容易实现自己的交易计划，到了 2009 年，交易者反映，50 手卖单不会对 PTA 期货市场带来任何的波动，可以更好地发挥期货市场的功能，见表 9 - 1 - 90。

表 9 - 1 - 90　　　　　　　　　　PTA 期货市场容量

年份	2007	2008	2009	2010
市场容量	793.25	2 094.68	7 320.51	8 738.08

资料来源：根据易盛数据库数据计算得出。

（5）流动性比率。

2007 年和 2008 年，PTA 期货的流动性比率呈逐渐上升的态势，但 2008 年之后呈下降态势，其中 2009 年为 0.02，2010 年降至 0.016。PTA 逐渐降低的流动性比率表明市场的流动性随着市场的发展逐渐向好，见表 9 - 1 - 91。

表 9 - 1 - 91　　　　　　　　　　PTA 期货的流动性比率

年份	2007	2008	2009	2010
流动性比率	0.012	0.021	0.020	0.016

资料来源：根据易盛数据库数据计算得出。

3. 国际定价影响力

世界上 90% 以上的 PTA 用于生产聚对苯二甲酸乙二醇酯，其他部分是作为聚对苯二甲酸丙二醇酯（PTT）和聚对苯二甲酸丁二醇酯（PBT）及其他产品的原料，应用比较集中。

作为全球最大的纺织品生产国和出口国，我国纺织业的快速增长导致对化纤旺盛的需求增加；同时，我国化纤行业在连续多年高速发展中暴露出许多问题，特别是原料缺口大、国际依存度高、价格波动频繁，已经成为制约行业生产和发展的瓶颈。我国 PTA 产量、消费量、进口量均居世界首位，PTA 现货高度市场化、价格波动大，由于缺乏避险工具，相关企业承受了非常大的市场风险，因此现货企业具有强烈的避险保值需求。目前国外尚无 PTA 期货品种，推出 PTA 期货将有利于市场相关各方规避价格波动风险，并进一步发挥 PTA 的定价功能。

采用一元线性回归模型计算郑州 PTA 期货价格与外盘 PTA 现货价格的相关性。结果表明，大多数时间内郑州 PTA 期货价格与外盘 PTA 现货价格相关系数都保持 0.9 以上的正相关性。郑州 PTA 期货价格与外盘 PTA 现货价格具有较高的相关性。

采用（Engle - Granger，E - G）两步法分析郑州 PTA 期货价格与外盘 PTA 现货价格、外盘 PX 价格之间的长期稳定关系。结果表明，在 95% 的置信水平内，郑州 PTA 期货价格与外盘 PTA 现货价格和外盘 PX 价格都存在着协整关系。在确定具有协整关系之后，采用 Granger 因果关系分别检验郑州 PTA 期货价格与外盘 PTA 现货价格、外盘 PX 价格之间的相互引导关系。结果表明，郑州 PTA 期货价格对外盘 PTA 现货价格和外盘 PX 价格都有一定引导作用。

PTA 期货上市不仅填补了国际期货市场交易品种的空白，还将进一步提升中国在世界化纤领域和期货领域的影响力，非常有利于尽快使我国成为全球 PTA 及其相关产品的定价中心。

最初在 PTA 期货推广之时，有人曾质疑 PTA 期货走势将会紧跟原油期货，缺乏自主性，但实际并非如此。在 2007 年，原油期货价格不断上涨，PTA 期价却萎靡不振；而 2008 年年底，PTA 期货先于原油期货上涨，说明中国的 PTA 期货并不是只能被动跟随原油价格上涨，而是有其自身的走势特点。由于在该产业链上 PTA 与原油之间还有多个环节，而 PTA 的期价走势越来越多地受到下游消费市场的影响，因此，PTA 的走势并不受制于原油期货。

我国 PTA 期货是全球首创，目前国际聚酯产业链企业都在关注我国的 PTA 期货，PTA 的市场地位越来越重要。PTA 期货合约的推出对于优化行业资源配置、促进我国纺织行业的健康发展有着重要意义。期货市场发现未来价格、揭示未来供求关系的功能，有利于指导现货企业的生产经营，为政府部门科学决策提供参考依据，实现行业资源优化配置。同时 PTA 期货上市后，与已上市的棉花期货相结合，可以为中国纺织行业提供完善的原料价格形成机制和避险工具，增加我国化纤行业、纺织行业在国际贸易中的话语权，促进我国纺织业的健康发展。

作为 PTA 产供销大国，我国率先上市 PTA 期货后，通过对市场的精心培育和现货企业的深度利用，通过期货市场形成高效、公开、透明的价格发现机制，对于形成 PTA 的价格中心和信息中心，发挥 PTA 期货的定价作用，扩大中国在世界化纤领域的影响，提高行业整体竞争力有着重要的意义。

9.1.7.4 PTA 期货功能发挥总结

我国 PTA 现货市场市场化程度比较高，市场基础较好，因此我国 PTA 期货自上市以来，市场规模不断扩大，参与套期保值的机构数逐渐增加，套期保值量也不断增加，法人客户持仓在 40% 以上，市场流动性以及对现货市场的影响大大增强，国际定价影响力也越来越强。

9.2 多品种的计算结果比较分析

单一品种评估的优点是有利于看出该品种的发展变化过程，展现该品种的个性化特征，并深入思考原因，做好下一步的工作。单品种评估的一个明显的缺陷是有一些指标没有办法定性，无法对不同品种进行比较。

多品种评估则可以弥补上述缺陷，通过不同品种的相同指标对比，更深入地认识指标的含义，反过来指导单品种评估工作，有利于更准确地评价每一品种的功能发挥状况。

9.2.1 期现货基本状况指标结果比较

1. 产量、消费量、成交量和持仓量及其相互关系

仅从单一品种来看，这些指标较好地反映了期现货市场的基本状况，如果不同品种放在一起比较，差别就很大，无法判断孰优孰劣。可以通过期货和现货量的比值，如交易量和消费量的比值来比较，见表9－2－1。

表9－2－1　　　　　　　　　各品种的交易量与消费量比值

品种		强麦	硬麦	早籼稻	棉花	菜籽油	白糖	PTA
交易量与消费量比值	2009 年	0.59	0.17	0.10	4.48	11.29	117.48	14.53
	2010 年	0.50	0.30	1.37	45.96	9.57	284.27	14.79

资料来源：根据易盛数据库数据计算得出。

从这7个品种的交易量与消费量比值指标来看，要达到一定的活跃度，这一指标要在20倍以上，就目前的市场发展状况来看，强麦、硬麦和早籼稻交易量不够高，当然这与国家价格调控政策有关，为更好地发挥期货市场的作用，需要采取一定的措施来改善这一状况。菜籽油和PTA需要进一步提升，做好市场培育工作。白糖和棉花达到了这一水平，需要在更高层次上引导投资者理性参与，同时注意做好风险监管。

如表9－2－2所示，持仓量与消费量比值应该在0.02以上比较合适，太低则说明市场参与程度有些低。

表 9 - 2 - 2　　　　　　　　　　　　　各品种的持仓量与消费量比值

品种		强麦	硬麦	早籼稻	棉花	菜籽油	白糖	PTA
持仓量与消费量比值	2009 年	0.0066	0.0001	0.0012	0.02	0.043	0.30	0.03
	2010 年	0.0044	0.0001	0.0051	0.10	0.058	0.53	0.02

资料来源：根据易盛数据库数据计算得出。

2. 参与交易客户数

客户数越多，说明市场吸引力越强，关注度较高，根据几个品种的情况，稳定的参与群体在 12 万以上比较合适。当然，从市场发展的角度来看，参与客户数越多形成的价格越合理，如果参与客户数太少，则形成价格的代表性不强。

3. 日均换手率

如表 9 - 2 - 3 所示，从 7 个品种的指标来看，日均换手率在 1 以上比较合适。太低则会缺乏流动性，参与者以自己的意愿达成交易的难度加大。但若过高则需注意做好风险监管，防止系统风险的发生。

表 9 - 2 - 3　　　　　　　　　　　　　各品种的换手率

品种		强麦	硬麦	早籼稻	棉花	菜籽油	白糖	PTA
换手率	2009 年	0.47	0.52	0.56	0.63	1.14	1.53	*
	2010 年	0.51	0.48	0.79	2.20	0.89	2.21	*

资料来源：根据易盛数据库数据计算得出。

4. 流动性比率

如表 9 - 2 - 4 所示，流动性比率一般应低于 0.01，过高则说明流动性不足。

表 9 - 2 - 4　　　　　　　　　　　　　各品种的流动性

品种		强麦	硬麦	早籼稻	棉花	菜籽油	白糖	PTA
流动性比率	2009 年	0.036	0.242	0.026	0.022	0.010	0.008	0.020
	2010 年	0.031	0.115	0.043	0.009	0.010	0.005	0.016

资料来源：根据易盛数据库数据计算得出。

9.2.2　套期保值状况指标结果比较

1. 法人客户持仓量及交易量占比

套期保值指标中，一部分是套期保值额度审批及实际应用情况，由于其中涉及需要保密的数据，因此本书不再特别解释。

套期保值量的认定是一个很棘手的问题，由于对套期保值申请程序上相对繁杂，制度设计上也没有什么太多优惠，除非情况特殊，法人客户尽量不去进行套期保值额度申请，因此通过套期保值申请进行套期保值交易的量占总交易量的比例很低（在万分之一到千分之一之间），从数量级上来讲，代表性不强；从实务角度讲，一些真正的套期保值没能够统计在内。另一种方法是统计法人客户的交易量，这种方法可能会将一些不是用于套期保值的交易量统计在内，但比较容易区分和界定，因此可以用法人客户的交易量和持仓量来近似刻画套期保值参与状况。

整体而言，法人客户参与期货交易，以套期保值为主，法人客户的持仓占总持仓的比例比较高，而交易量占比则相对要低得多。从 7 个品种的法人客户持仓和交易占比数据来看，法人客户持仓的适当比例应在 40%～50% 之间，较低则说明企业参与度不够，过高则说明市场活跃度不够。法人客户交易量应在 10% 左右。

2. 套期保值效果

一方面，企业进行套期保值的具体数据可能涉及企业的商业机密，因此企业大多不愿意披露这些数据。另一方面，套期保值的效果与参与时间的把握有很大的关系，不同的参与者把握市场机会的能力不同。这两方面原因导致微观上评价套期保值比较困难。

现有关于套期保值效果的衡量方法是从理性状态下，整个市场的角度进行的。通过对这种意义上套期保值效果的计算，可以直接判断套期保值功能发挥的状况，一般而言，理想状态下，成熟市场的套期保值效果应该在 85% 以上，按照这个标准来看，这 7 个品种中的白糖和 PTA 基本达到标准，而其他品种则需要更进一步的发展，见表 9 - 2 - 5。

表 9 - 2 - 5　　　　　　　　各品种的套期保值效果

品种		强麦	硬麦	早籼稻	棉花	菜籽油	白糖	PTA
套期保值效果（周）	2009 年	0.0214	0.0061	0.0116	0.149	0.080	0.514	0.768
	2010 年	0.0253	0.0267	0.0004	0.316	0.273	0.736	0.822
套期保值效果（月）	2009 年	0.0506	0.0102	—	0.381	0.594	0.753	0.936
	2010 年	0.0335	0.0313	0.0169	0.654	0.206	0.866	0.942

资料来源：根据易盛数据库数据计算得出。

9.2.3　价格发现状况指标结果比较

1. 期现价格波动比率

期货市场有规避价格风险的功能，不等于说期货价格波动小于现货价格波动，事实上，期货市场和现货市场受共同因素的影响，其价格波动率基本上是一致的,这一点从这7个品种的期现价格波动比率指标可以得到验证。也就是说期现价格波动比率应该在1左右比较合适,过大或过小都说明期货和现货市场的关联性不够。像强麦、硬麦和早籼稻都属于这种情况,主要是国家对粮食的价格调控和期货交割品与现货的差异两个方面造成的,见表9-2-6。

表9-2-6　　　　　　　　　　　**各品种的期现价格波动比率**

品种		强麦	硬麦	早籼稻	棉花	菜籽油	白糖	PTA
期现价格波动比率	2009 年	2.52	1.54	2.52	1.61	1.56	1.08	1.11
	2010 年	0.71	4.01	2.78	1.62	1.13	1.20	1.07

资料来源:根据易盛数据库数据计算得出。

2. 期现货价格协整关系

协整关系的含义是说两个时间序列值有长期、稳定的相关关系。由于期货和现货之间具有非常密切的联系,正常发挥功能的期货市场其期现货价格序列,一定存在协整关系,见表9-2-7。

表9-2-7　　　　　　　　　　　**各品种的期现货价格协整关系**

品种		强麦	硬麦	早籼稻	棉花	菜籽油	白糖	PTA
期现货价格协整关系	2009 年	协整	协整	协整	协整	协整	协整	协整
	2010 年	协整	协整	协整	协整	协整	协整	协整

资料来源:根据易盛数据库数据计算得出。

3. 期现货价格引导关系

成熟市场的经验是,期现货价格引导关系应该是期货引导现货,或者在某些特殊阶段是相互引导,如果是现货引导期货或者是相互不引导则说明期货市场发挥其功能的基础尚不牢固,需要采取措施吸引投资者参与,或者是加强投资者教育,扩大期货市场的影响,使期货市场价格成为相关企业组织生产经营的信号,发挥其价格发现的功能,见表9-2-8。

表9-2-8　　　　　　　　　　　**各品种的期现货价格引导关系**

品种		强麦	硬麦	早籼稻	棉花	菜籽油	白糖	PTA
期现货价格引导关系	2009 年	现引	互引	互不	期引	期引	期引	现引
	2010 年	期引	互引	期引	期引	期引	期引	期引

资料来源:根据易盛数据库数据计算得出。

9.3　简化的功能评估指标体系

对事物的认识要由浅入深，再由深到浅，不断深入浅出，最终达到科学认识的目的。我国期货市场功能评估工作也应如此，不能简单照搬国际经验，仅仅看到价格发现和套期保值两大基本功能，或者是微观上仅仅看到交易量和持仓量规模，而应该深入思考，涉及期货市场服务国民经济的方方面面都要考虑。也就是说在建立科学评估体系之初，应该是由简到繁，尽可能详尽考虑不同指标的不同含义、不同品种的不同特性、不同体制下市场的不同目标等诸多方面，本书之前的所有内容都属于这一层面的。在此基础之上，应该再化繁为简，一方面用简化（通俗易懂）的语言，另一方面用简化的指标，而不是用上百个指标，不利于公众的理解，不利于期货市场的宣传。这一部分，笔者尝试着建立一个简单的指标体系。

第一部分为市场基本状况指标，主要包括交易量、交易金额、日均持仓量、日均保证金，参与交易客户数、交易量与表观消费量之比、日均持仓量与表观消费量之比。这部分是客观描述，是对市场的基本状况的了解。交易量、交易金额和日均持仓量是市场规模大小的衡量指标。日均保证金是固化资金的量，参与交易客户数是市场参与状况的指标，交易量与表观消费量之比，以及日均持仓量与表观消费量之比反映期货市场是否发展到应有的规模。本部分可比较的指标为参与交易客户数、交易量与表观消费量之比以及日均持仓量与表观消费量之比。

第二部分为市场流动性指标，主要有日均换手率、流动性比率、市场容量、买（卖）五档订单深度及对应价格冲击指数。流动性比率是衡量流动性的专门指标，市场容量、买（卖）五档订单深度及对应价格冲击指数则是衡量投资者按自己意愿达成交易的状况。其中日均换手率、流动性比率为可比较的指标。

第三部分为套期保值状况指标，主要有法人客户持仓占比和交易占比、套期保值效率。法人客户持仓占比和交易占比可近似反映套期保值的参与程度，套期保值效率是一个直观判断套期保值效果的指标，这三个都是可比较指标。

第四部分为价格发现状况指标，主要有期现价格波动比率、期现货价格协整关系和期现货价格引导关系检验，这两个检验就是对众多市场数据通过计量方法检验得到的统计结果，是一个标准化的程序，得到一个概括性的结果。这三个也是可比较指标。

第五部分为异常风险发生状况，这一部分是对市场的特殊状况的详细说明，是风险监管的关键点，不仅需要报告次数，更需要对数字背后的状况有一个深入的原因探究。

经过这样的梳理，原来的 107 项指标最终可简化为 18 项指标。其中的市场基本状况、套期保值和价格发现状况这几个部分是整体市场的把握，流动性是投资者关注的以自己意愿进出市场的便利程度，异常风险发生状况是市场监管工作方面的。需要说明的是在套期保值状况中的法人客户持仓占比和交易占比体现了期货市场为实体经济服务的程度。

18 项指标中可以比较的有 11 项，根据前面研究结果和给定的标准值，可以按指标给不同的品种以相应的分值，分项指标的权重相同，7 个品种分为优、中、差三类，对应的分值为 3、2、1。将所得的分值加总，然后进行排名，分值越高说明市场功能发挥状况越好。

如表 9 - 3 - 1 所示，11 项指标，最高分为 33 分。2009 年，7 个品种前 3 名分别为白糖、PTA 和菜籽油，分值分别为 31、27 和 25，棉花、强麦、早籼稻和硬麦分列后几位。

表 9 - 3 - 1　　　　　　2009 年郑州商品交易所各品种分值及综合排名

指标	强麦	硬麦	早籼稻	棉花	菜籽油	白糖	PTA
交易量/表观消费量	1	1	1	1	2	3	2
持仓量/表观消费量	1	1	1	2	3	3	2
参与交易客户数	2	1	1	1	2	3	3
日均换手率	1	1	1	1	2	3	2
流动性比率	1	1	2	2	3	3	2
法人客户持仓占比	3	1	1	2	1	3	3
法人客户交易占比	2	1	3	1	2	2	3
套期保值效率	1	1	1	1	2	2	3
期现价格波动比率	1	2	1	2	2	3	3
期现价格协整关系	3	3	3	3	3	3	3
期现价格引导关系	1	2	2	3	3	3	1
总分合计	17	15	17	19	25	31	27
排名	5	7	5	4	3	1	2

资料来源：本研究整理。

2010 年，7 个品种的排名有了一些变化，排名前 3 的分别为白糖、棉花和PTA，菜籽油、强麦、早籼稻和硬麦位列 4～7 位，见表 9 - 3 - 2。

表9-3-2　　　　　2010年郑州商品交易所各品种分值及综合排名

指标	强麦	硬麦	早籼稻	棉花	菜籽油	白糖	PTA
交易量/表观消费量	1	1	1	3	2	3	2
持仓量/表观消费量	1	1	1	3	2	3	2
参与交易客户数	1	1	2	3	1	3	3
日均换手率	1	1	1	3	1	3	2
流动性比率	1	1	1	3	2	3	2
法人客户持仓占比	2	1	1	1	1	3	3
法人客户交易占比	3	1	1	2	2	3	3
套期保值效率	1	1	1	2	1	3	3
期现价格波动比率	1	1	2	2	3	3	3
期现价格协整关系	3	3	3	3	3	3	3
期现价格引导关系	3	2	3	3	3	3	3
总分合计	18	14	17	28	21	33	27
排名	5	7	6	2	4	1	3

资料来源：本研究整理。

如表9-3-3所示，从两年的排名变化来看，白糖在2009年和2010年两年位列第1，2010年各项指标均取得最高分。棉花排名由第4位上升至第2位，排名上升最多。PTA由第2位跌至第3位，菜籽油由第3位降至第4位，早籼稻由第5位降至第6位。菜籽油跌出前三。从分值来看，白糖涨至满分，棉花涨幅最大，PTA维持不变，菜籽油跌幅最大。这基本反映了2010年的市场状况。

表9-3-3　　　2009～2010年郑州商品交易所各品种综合排名及变化情况

指标	强麦	硬麦	早籼稻	棉花	菜籽油	白糖	PTA
2009年分值、排名	17、5	15、7	17、5	19、4	25、3	31、1	27、2
2010年分值、排名	18、5	14、7	17、6	28、2	21、4	33、1	27、3
排名变化	0	0	-1	2	-1	0	-1

资料来源：本研究整理。

第 10 章

中国期货市场主力及近月
合约套期保值效果研究

10.1 中国产品期货主力合约和近月合约偏离现象

主力合约和近月合约偏离是一个至今未得到研究者关注的中国特有的现实问题。主力合约是指同一品种中某一月份交易量最大的合约，近月合约是指距当前月份最近的非交割月期货合约。例如对 DCE 豆一①期货而言，2010 年 9 月，交割月合约为 9 月合约，近月合约为 11 月合约，主力合约为 2011 年 5 月到期的 1105 合约；2010 年 10 月，无交割月合约，近月合约为 11 月合约，而主力合约为 2011 年 5 月到期的 1105 合约。

在发达的期货市场，企业大多利用近月合约进行套期保值，近月合约参与者众多，价格信息含量大，交易量也最大，因此近月合约大多同时也是主力合约；而新兴加转轨的中国期货市场，由于注重风险防范，防止期货交割日过度炒作的风险，在制度设计上对于近交割月和交割月在保证金等风险控制方面有特别的安排，造成近交割月和交割月的交易成本高于其他月份，期货交易者在交割月和近交割月就会大幅减仓，转而投资于其他合约。表 10-1-1 分别给出了郑州商品交易所棉花期货、大连商品交易所豆一期货、上海期货交易所铜期货、纽约洲际交易所棉花期货和芝加哥 CBOT 大豆期货的主力合约分布情况。如果近月合约是主力合约，则成为主力合约的平均提前月数记为 T_0，即表中的理论均值，实际的主力合约平均提前月数记为 T，即表中的均值，用比值 $(T-T_0)/T_0$ 来表示偏离程度，比值越小表明偏离程度越小，表中还列出了实际的主力合约提前月数的最大值、最小值和众数。美国 CBOT 大豆的 T_0 为 1.42，T 为 1.83，偏离程度 $d=$

---

① 豆一期货的标的物为国产大豆，豆二期货标的物为转基因大豆，下面提到豆一现货指国产大豆。

$(T-T_0)/T_0 = 0.29$[①]，偏离程度最小。其他依次为美国 ICE 棉花、中国 SHFE 铜、ZCE 棉花和 DCE 豆一，DCE 豆一的偏离程度最大，为 2.62，是 CBOT 大豆的 9 倍。即便是 SHFE 其偏离程度也为 1.7，也接近 CBOT 大豆的 6 倍。可以看到，中国 SHFE 铜、ZCE 棉花和 DCE 豆一主力合约与近月合约的偏离程度远远大于美国 CBOT 大豆和 ICE 棉花。从最大值可以看出，作为标的物为农产品的棉花和豆一期货，其主力合约的时间比较提前，中国 DCE 豆一期货主力合约最长提前时间为 10 个月，ZCE 棉花期货主力合约最长提前时间为 8 个月，美国 ICE 棉花主力合约最长提前时间为 6 个月，而中国 SHFE 铜主力合约最长提前时间为 4 个月，这可能与不同的合约设计有关。[②] 从最小值可以看出，CBOT 大豆和 ICE 棉花期货合约在成为主力合约后，会一直保持到近月，而中国 SHFE 铜和 ZCE 棉花期货临近交割月合约在交割月前两个月就遭到大量减仓，DCE 豆一更提前，为 4 个月，事实上，我国所有品种的期货合约在进入近交割月后，投资者往往大量平仓，而在非近月合约建仓（10.2 节有详细数据专门论述）。从众数可以看出，DCE 豆一提前 8 个月成为主力合约的比较多，ZCE 棉花提前 5 个月成为主力合约的比较多，SHFE 铜提前 3 个月成为主力合约的比较多，而 ICE 棉花则是提前 2 个月较多，基本上就是近月合约为主力合约。

表 10 -1 -1　　　　　　　　不同品种期货主力合约提前时间统计

品种	最大值	最小值	众数	均值 T	理论均值 T_0	偏离程度 d
DCE 豆一	10	4	7，8	7.34	1.50	2.62
ZCE 棉花	8	2	5	4.64	1.50	2.09
SHFE 铜	4	2	3	2.70	1.00	1.7
ICE 棉花	6	1	2	2.53	1.75	0.45
CBOT 大豆	4	1	1，2	1.83	1.42	0.29

资料来源：根据易盛数据库数据整理得出。

10.2　实体企业近月持仓状况研究

我国期货市场近 10 年一直保持快速稳定发展的良好势头，期货市场和发展

---

① 因为存在合约转换，偏离程度不可能等于零，如果按周偏离程度会小一些，按天可能会更小，三个市场的结果都存在这个问题，但下面用倍数来比较应该具有可比性。

② ICE 棉花当年合约有 3 月、5 月、7 月、10 月、12 月 5 个合约，CBOT 大豆当年合约有 1 月、3 月、5 月、7 月、8 月、9 月、11 月 7 个合约，ZCE 棉花、DCE 豆一当年合约有 1 月、3 月、5 月、7 月、9 月、11 月 6 个合约，SHFE 铜当年有 12 个合约。

初期相比有了很大的变化，本研究对郑州商品交易所的棉花和白糖这两个品种共13 家实体企业 2008～2010 年的持仓状况进行了研究，以便弄清实体企业进行套期保值的具体做法。

10.2.1　棉花企业近月持仓状况

10.2.1.1　年交易量

六家棉花企业的年交易量统计如图 10－2－1 和表 10－2－1 所示。

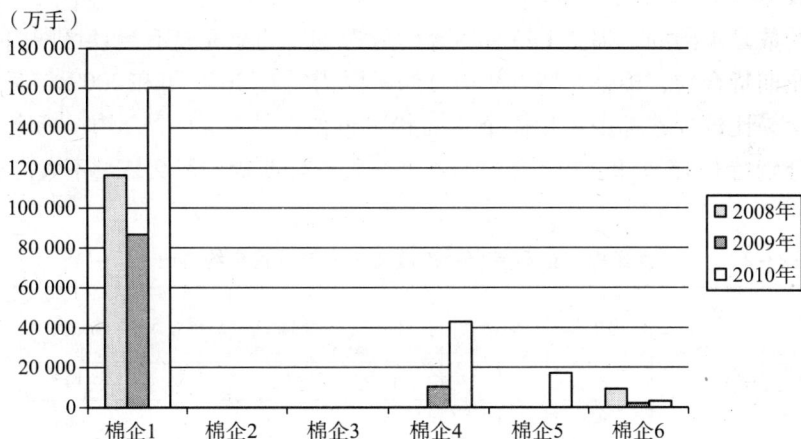

图 10－2－1　六家棉花企业年交易量

注：此处涉及敏感数据，故隐去原企业名称，用序号表示。

因为目的是研究企业的套期保值状况，这里的交易量是指该棉企的棉花期货交易量，而非该棉企的期货交易量，实际上企业在参与期货市场时，往往不是仅仅进行简单的套期保值，由于交叉套保和投资的需要，往往会参与其他期货品种的交易。这六家企业都是较早涉入期货市场，且具有一定的经营规模，对于利用期货市场都有自己的经验，表 10－2－1 中棉企 2 近 3 年的交易量为 0，据了解是因为此前参与期货市场的一次失误，企业损失较大，因此企业管理层对进入期货市场比较谨慎，这在中国有一定的代表性。棉企 1 近 3 年的交易量一直都比较大，是利用期货做法比较成熟的典型企业代表。棉企 4 和棉企 5 近 2 年的成交量增速较大，是利用期货逐渐成熟的众多企业的典型代表。

表 10 - 2 - 1   六家棉花企业年交易量   单位：万手

年份 \ 企业	棉企 1	棉企 2	棉企 3	棉企 4	棉企 5	棉企 6
2008	116 634	0	394	0	3	9 297
2009	86 696	0	820	10 802	285	2 346
2010	160 457	0	1 116	43 190	16 906	3 414

资料来源：郑州商品交易所。

10.2.1.2　企业持有近月合约状况

如表 10 - 2 - 2 所示，2008 年 1 月到 2010 年 12 月这 3 年中，不同的企业持有的合约数是不同的，棉企 1 持有的合约数为 24，也就是持有统计区间内存在的所有棉花期货合约，棉企 5 持有 9 个合约，因为它在 2008 年和 2009 年两年中参与期货交易比较少，棉企 4 和棉企 5 的状况近似，持有 11 个合约，棉企 3 和棉企 6 则分别持有 15 个和 14 个合约，属于一直参与期货，但交易量不大的企业。

表 10 - 2 - 2   六家棉花企业持仓合约数及持仓至近月合约占比

类别 \ 企业	棉企 1	棉企 2	棉企 3	棉企 4	棉企 5	棉企 6	合计
持仓总合约数	24	0	15	11	9	14	73
持仓至近月合约数	14	0	8	4	4	6	36
持仓至近月合约占比	0.78	0.00	0.53	0.36	0.44	0.43	0.49

资料来源：郑州商品交易所。

从持仓至近月合约的情况来看，棉企 1 最多，为 14 个（最多应为 18 个），占比高达 78%，棉企 3 和棉企 6 的近月合约占比分别为 53% 和 43%，棉企 4 和棉企 5 占比为 36% 和 44%，从持有近月合约的数量和占比来看，调查的六家企业有两家企业持有近月合约的占比超过 50%，除去棉企 2 这个特殊情况，其他三家企业占比在 30% ~50%。整体来看，实体企业大部分选择持有非近月合约。

10.2.1.3　近月持仓量与总持仓量情况

不管从交易量，还是从持仓至近月合约占比情况来看，棉企 1 是利用期货进行套期保值比较成熟的企业代表，因此本部分以棉企 1 为代表，对棉花企业的近月合约持仓量情况进行研究。

图 10 - 2 - 2 直观地展示了棉企 1 近月持仓量与总持仓量的占比情况，可以

看出占比大部分在 30% 以下，占比在 70% 以上的很少。将数据进行统计整理分析，得到表 10 - 2 - 3 和图 10 - 2 - 3。

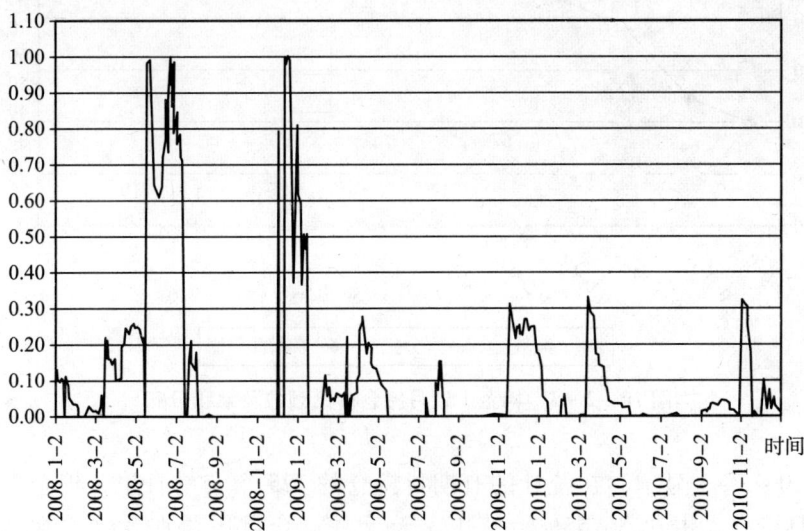

图 10 - 2 - 2　棉企 1 近月持仓量与总持仓量占比

表 10 - 2 - 3　　　　　　　　棉企 1 近月持仓与总持仓占比频数分布

近月持仓占比	频数	百分比（%）	累计百分比（%）
0 ~ 0	265	36.55	36.55
0 ~ 0.03	64	8.83	45.38
0.03 ~ 0.1	173	23.86	69.24
0.1 ~ 0.2	77	10.62	79.86
0.2 ~ 0.3	67	9.24	89.10
0.3 ~ 0.4	17	2.34	91.45
0.4 ~ 0.5	6	0.83	92.28
0.5 ~ 0.6	6	0.83	93.10
0.6 ~ 0.7	12	1.66	94.76
0.7 ~ 0.8	13	1.79	96.55
0.8 ~ 0.9	19	2.62	99.17
0.9 ~ 1.0	6	0.83	100.00
合计	725	100	

资料来源：郑州商品交易所。

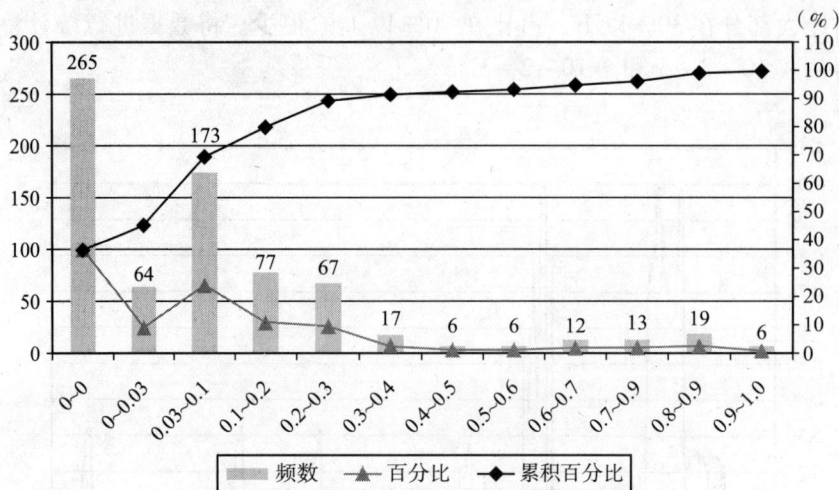

图 10 – 2 – 3　棉企 1 近月持仓占比频数及累积分布

图 10 – 2 – 3 显示，在统计的有期货持仓的 725 个交易日里，棉企 1 有 265 天无近月持仓，占比 36.55%，有 173 天近月持仓量占比在 3% ~ 10%，占比 23.86%，近月持仓量低于 10% 的占比 69.24%，低于 30% 的达到 89.1%，低于 50% 的达到 92.28%，超过 50% 占比仅为 7.72%。这表明企业在进入近月后，大多时间内会大幅降低近月合约持仓量，而持有非近月合约。

10.2.1.4　小结

以上对棉花企业的近月持仓状况的研究，主要得到如下两个结论：

（1）相当一部分企业在多数情况下，选择持有非近月合约。

（2）即便是持有近月合约次数较多的企业，与其总持仓量相比，其近月合约持仓量的比例比较低，近 70% 的时间持仓占比低于 10%，超过 90% 的时间持仓占比低于 50%，不足 10% 的时间持仓占比高于 50%。

10.2.2　白糖企业近月持仓状况

10.2.2.1　年交易量

七家白糖企业的年交易量统计如图 10 – 2 – 4 和表 10 – 2 – 4 所示。

（万手）

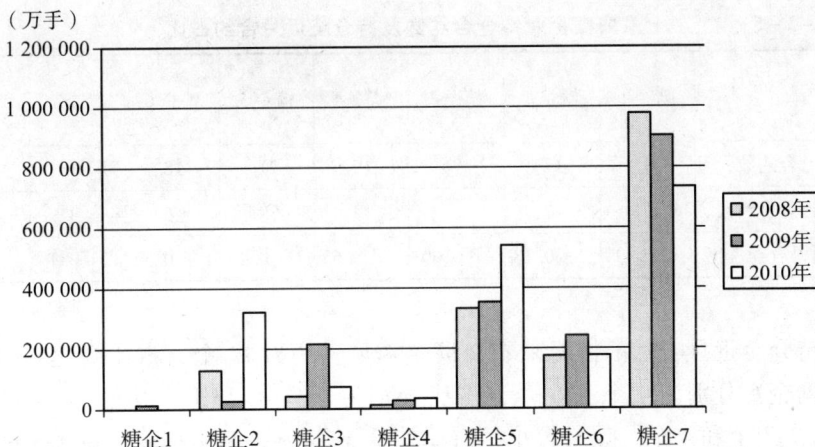

图 10 - 2 - 4　七家白糖企业年交易量

表 10 - 2 - 4　　　　　　七家白糖企业年交易量　　　　　　单位：万手

年份＼企业	糖企 1	糖企 2	糖企 3	糖企 4	糖企 5	糖企 6	糖企 7
2008	1 244	128 402	38 284	10 650	329 673	172 966	976 652
2009	12 540	26 842	215 416	29 179	352 582	239 988	902 657
2010	3 708	320 470	74 600	36 247	537 100	178 529	735 369

资料来源：郑州商品交易所。

　　这里的交易量是指该糖企的白糖期货交易量，而非该糖企的期货交易量，这七家企业都是较早涉入期货市场，且具有一定的经营规模，对于利用期货市场都有自己的经验，表 10 - 2 - 4 中糖企 7 是一家贸易企业，其近 3 年的交易量一直都比较大，但交易量呈下降趋势。糖企 4 和糖企 5 近两年的成交量稳定增长，显示出比较好的发展势头。糖企 1、糖企 2 和糖企 3 交易量不太稳定，某种层面上反映了其利用期货的水平需要进一步提高。

10. 2. 2. 2　企业持有近月合约状况

　　如表 10 - 2 - 5 所示，2008 年 1 月到 2010 年 12 月这 3 年中，不同的企业持有的合约数是不同的，糖企 5 和糖企 7 持有的合约数均为 21，糖企 1 和糖企 3 持有 9 个合约，因为它在这 3 年中是选择性参与期货交易，糖企 4 和糖企 6 则分别持有 19 个和 18 个合约，需要指出的是，糖企 4 虽然交易量不大，但持有 19 个合约，显示出其稳健的参与期货交易的特点。

表 10 - 2 - 5　　　　　　七家白糖企业持仓合约数及持仓至近月合约占比

类别 ＼ 企业	糖企 1	糖企 2	糖企 3	糖企 4	糖企 5	糖企 6	糖企 7	合计
持仓总合约数	9	17	9	19	21	18	21	114
持仓至近月合约数	1	3	0	12	9	6	4	35
持仓至近月合约占比	0.11	0.18	0.00	0.63	0.43	0.33	0.19	0.31

从持仓至近月合约的情况来看，糖企 4 最多，为 12 个，占比高达 63%，糖企 5 和糖企 6 分别为 9 个和 6 个，占比分别为 43% 和 33%，其他企业分别为 0 个、1 个、3 个和 4 个，数量较小，占比均低于 20%，其中糖企 3 的持仓至近月合约数为 0。从持有近月合约的数量和占比来看，调查的七家企业仅有一家企业持有近月合约的占比超过 50%，另有两家企业在 30%～50% 之间，其余四家企业占比低于 20%。整体来看，大部分实体企业选择持有非近月合约，个别企业则完全不持有近月合约。

10.2.2.3　近月持仓量与总持仓量情况

尽管从交易量来看，糖企 7 交易量一直比较大，但从持仓至近月合约占比来看，糖企 7 的占比仅为 19%，远低于总平均数 31%，而从持仓至近月合约占比情况来看，糖企 4 和糖企 5 占比较高，因此本部分以糖企 4 和糖企 5 为代表，对白糖企业的近月合约持仓量情况进行研究。

1. 糖企 4

糖企 4 近月持仓量与总持仓量占比情况直观地展示如图 10 - 2 - 5 所示，可以看出占比大部分在 20% 以下，占比在 60% 以上的很少。将数据进行统计整理分析，得到表 10 - 2 - 6 和图 10 - 2 - 6。

图 10 - 2 - 6 显示，在统计的有期货持仓的 638 个交易日里，糖企 4 有 137 天无近月持仓，占比 21.47%，有 171 天近月持仓量占比在 10%～20% 之间，占比 26.8%，近月持仓量低于 10% 的占比 61.29%，低于 20% 的达到 88.09%，低于 50% 的达到 91.07%，超过 50% 占比仅为 8.93%。这表明糖企 4 在进入近月后，大多数时间内会大幅降低近月合约持仓量，而持有非近月合约。

2. 糖企 5

图 10 - 2 - 7 直观地展示了糖企 5 近月持仓量与总持仓量的占比情况，可以看出占比大部分在 10% 以下，占比在 30% 以上的很少。将数据进行统计整理分析，得到表 10 - 2 - 7 和图 10 - 2 - 8。

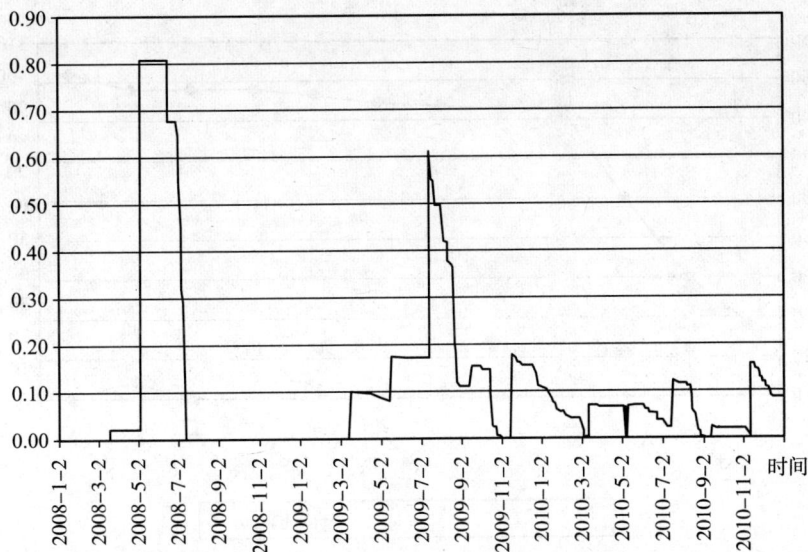

图 10 - 2 - 5　糖企 4 近月持仓量与总持仓量占比

表 10 - 2 - 6　　　　　　　糖企 4 近月持仓与总持仓占比频数分布

近月持仓占比	频数	百分比（%）	累计百分比（%）
0 ~ 0	137	21. 47	21. 47
0 ~ 0.03	99	15. 52	36. 99
0.03 ~ 0.1	55	8. 62	61. 29
0.1 ~ 0.2	171	26. 80	88. 09
0.2 ~ 0.3	4	0. 63	88. 71
0.3 ~ 0.4	7	1. 10	89. 81
0.4 ~ 0.5	8	1. 25	91. 07
0.5 ~ 0.6	14	2. 19	93. 26
0.6 ~ 0.7	13	2. 04	95. 30
0.7 ~ 0.8	0	0. 00	95. 30
0.8 ~ 0.9	30	4. 70	95. 30
0.9 ~ 1.0	0	0. 00	100. 00
合计	638	100	

资料来源：郑州商品交易所。

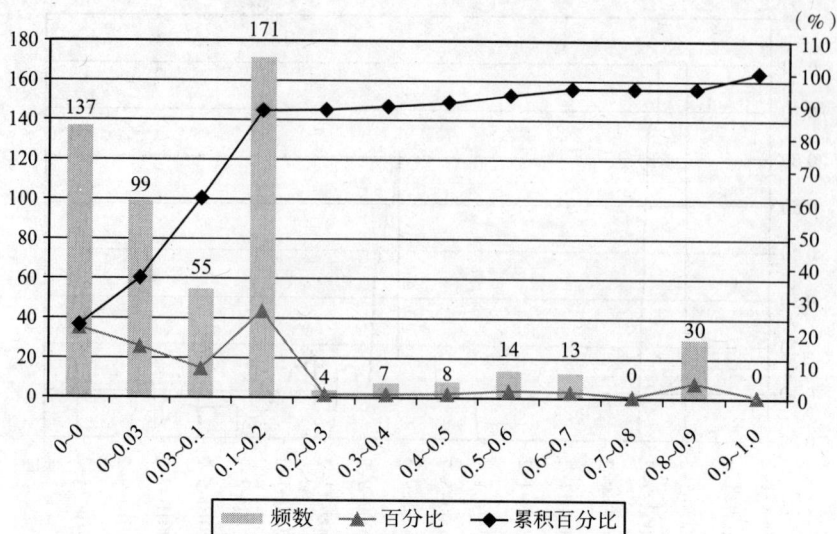

图 10 - 2 - 6　糖企 4 近月持仓占比频数及累积分布

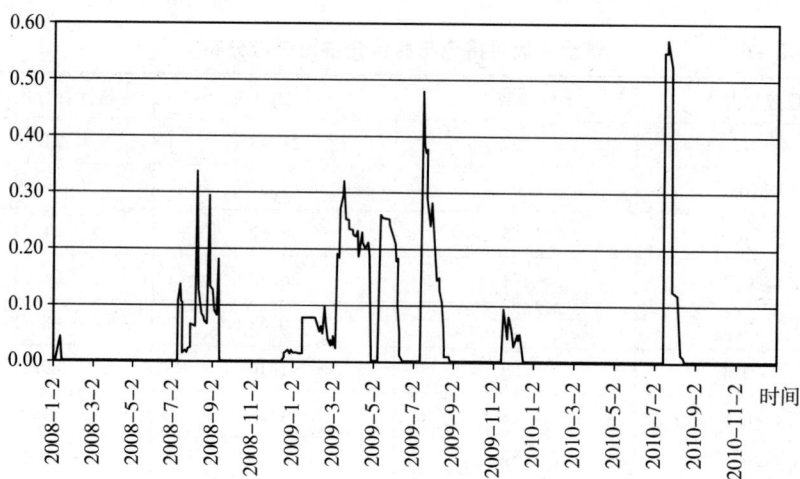

图 10 - 2 - 7　糖企 5 近月持仓量与总持仓量占比

表 10 - 2 - 7　　　　　　　糖企 5 近月持仓与总持仓占比频数分布

近月持仓占比	频数	百分比（%）	累计百分比（%）
0 ~ 0	484	66. 21	66. 21
0 ~ 0. 03	63	8. 62	74. 83
0. 03 ~ 0. 1	72	9. 85	84. 68
0. 1 ~ 0. 2	38	5. 20	89. 88

续表

近月持仓占比	频数	百分比（%）	累计百分比（%）
0.2～0.3	56	7.66	97.54
0.3～0.4	7	0.96	98.50
0.4～0.5	4	0.55	99.04
0.5～0.6	7	0.96	100.00
0.6～0.7	0	0.00	100.00
0.7～0.8	0	0.00	100.00
0.8～0.9	0	0.00	100.00
0.9～1.0	0	0.00	100.00
合计	731	100	

资料来源：郑州商品交易所。

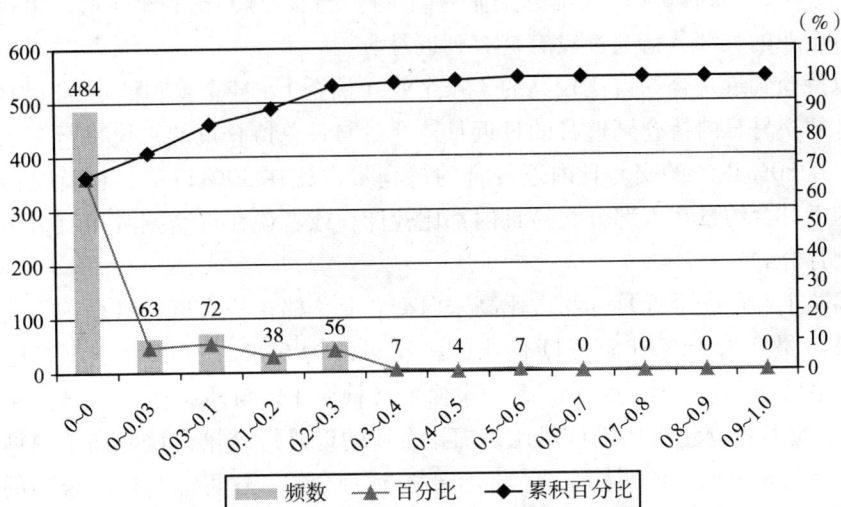

图 10-2-8　糖企 5 近月持仓占比频数及累积分布

图 10-2-8 显示，在统计的有期货持仓的 731 个交易日里，糖企 5 有 484 天无近月持仓，占比 66.21%，有 72 天近月持仓量占比在 3%～10% 之间，占比 9.85%，近月持仓量低于 10% 的占比 84.68%，低于 30% 的达到 97.54%，超过 30% 占比仅为 2.46%。这表明糖企 5 在进入近月后，大多时间内会大幅降低近月合约持仓量，而持有非近月合约。

10.2.2.4　小结

前面对白糖企业的近月持仓状况的研究，主要得到如下两个结论：

（1）相当一部分企业在多数情况下，选择持有非近月合约。

（2）即便是持有近月合约次数较多的企业，与其总持仓量相比，其近月合约持仓量的比例比较低，超过 60% 的时间持仓占比低于 10%，超过 90% 的时间持仓占比低于 50%，不足 10% 的时间持仓占比高于 50%。

10.2.3　总结与思考

本部分选取交易量相对较大，具有一定规模且有丰富的参与期货经验的六家棉花企业和七家白糖企业，对其持有近月合约的情况进行研究，力图反映农产品现货企业的套期保值持仓现状及存在问题，以利于期货市场更好地服务于实体经济。

从持仓到近月合约数与总持仓合约数占比来看，13 家企业中占比高于 50% 的只有 3 家，不到 30%，大部分企业的期货持仓到近月的比例比较低，也就是说大部分企业的大部分持仓都没有持有到近月。

以持仓到近月合约占比较高的 3 家企业（棉企 1、糖企 4 和糖企 5）为代表，对统计的交易日内持仓到近月的日近月持仓量与日总持仓量的占比进行深入研究发现，在 80% 以上的交易日内近月合约持仓量占比在 30% 以下，也就是说企业持有的近月合约量在大部分交易日内都比较低，或者说在近交割月持有大量的非近交割月合约。

棉花企业持仓至近月合约占比高于白糖企业，棉花持仓至近月合约占比最高为 78%、最低为 36%，而白糖企业的占比最高为 63%，有四家企业占比低于 20%，最低的一家占比为 0%。将一家棉企（棉企 1）与两家糖企（糖企 4 和糖企 5）的近月持仓量占比进行对比，棉花企业的近月持仓量占比要高于白糖企业的近月持仓量占比。说明糖企更倾向于持有远月合约，这可能与白糖合约的存活时间较长有关。

从套期保值实践的角度来看，企业在大部分时间内利用远月合约进行套期保值，或者说企业的套期保值量与总交易量的占比并不是很高，在我国期货交易量已经经历了 10 年的快速稳定增长的今天，如何在合约设计、制度创新和投资者教育方面开展工作，以利于期货市场功能的发挥，更好地服务于实体经济，是一个需要业界深入关注和思考的问题。

10.3　中国农产品期货主力合约套期保值效果

在中国农产品期货市场，主力合约参与者众多，信息含量也更大，某种程度上可以认为是更有效的价格，而近交割月合约，参与者减少，交易量极度萎缩，而仅仅是离到期日距离较近，到底利用哪一个合约进行套期保值效果会更好呢？这是一个值得深入研究的现实问题。据笔者了解，由于缺少相关研究作指导，中国企业在利用期货进行套期保值时，往往凭感觉行事，有的认为近月合约价格距到期日较近，和现货价格差距较小，因而更可靠；也有的认为，主力合约参与者众多，交易量大，或者出于流动性更好的考虑，或者由于羊群效应而选择利用主力合约进行套期保值。

关于期货套期保值效果，无论国内外，都存在大量的研究。埃德林顿（1979）首先在风险最小化的框架下给出了确定最优套期保值比率和效果的 OLS 方法，不少学者在此基础上进行了改进，约翰逊和沃尔瑟（Johnson and Walther，1984）建议应用其他的模型来研究套期保值的效果。克罗纳和苏丹（Kroner and Sultan，1993）提出了一种新的套期保值效果的测度方法对利用 EC – GARCH 模型进行套期保值的效果进行了研究，格佩特（Geppert，1995）运用共同趋势模型解决了不同期限的套期保值效果问题。国内学者华仁海和陈百助（2004）利用静态与动态四种套期保值模型对 SHFE 金属铜期货套期保值效果进行了研究。王骏和张宗成（2005）运用类似方法研究了我国 2004 年以前的小麦、大豆、铜和铝期货的套期保值效果。高勇和黄登仕（2008）运用格佩特提出的共同趋势模型对 SHFE 铝期货的不同期限的套期保值效果进行了研究。

上述这些研究，都是将近月合约价格连接成期货价格序列进行套期保值研究的。由于主力合约是中国特有的一个现实问题，因此国外至今未见到任何相关研究，国内关于主力合约的研究也只有一篇，宋军、吴冲锋（2008）等人对 SHFE 铜期货主力合约迁移现象进行了研究，国内至今也没见到关于 ZCE 棉花期货套期保值效果的研究，本部分以 ZCE 棉花和 DCE 豆一期货为代表，研究中国农产品期货的主力合约和近月合约套期保值问题，无疑具有重要的理论和现实意义。

与已有研究相比，本部分主要有以下三方面的创新：一是研究了主力合约这个中国特有的现实问题，对主力合约和近月合约套期保值效果进行了比较。当今中国期货市场经过 20 多年的发展，已经进入了量的扩张到质的提升的关键时期（曲德辉，2010），这要求进一步深入研究中国的现实问题，主力合约和近月合约分离是中国期货市场特有的现象，值得深入研究。二是对 ZCE 棉花和 DCE 豆一期货套期保值的研究，自 2003 年以来，党和政府高度重视"三农"问题，并且提出大力发展农产品期货市场来促进和服务于农业的发展。本书以大豆和棉花作为农产品期货的代表进行研究，一方面是基于我国大豆产业的困境[①]，发展大豆

---

① 由于转基因大豆的进入，我国食用大豆油行业几乎全被外资控制，本地大豆产业步履维艰。

期货市场是解困的一条可行道路，因此急需对大豆期货进行深入研究；另一方面，我国是棉花生产和消费大国，也是纺织工业大国、纺织品出口大国，随着中国国民经济的不断发展，中国对棉花的需求量越来越大，对棉花期货的套期保值进行研究以利于相关企业规避风险，具有非常重要的意义。三是文中数据取自2007年1月至2010年9月底，因为这一阶段中国期货市场进入了一个规范发展的时期，ZCE棉花是在2004年上市的，在2004～2007年这一段时间是成长时期，从期货发展规律上来讲，2007年以后这两个品种基本上是处于稳定发展期，选取这一时期的数据，得到的研究结果具有很强的现实意义。

10.3.1　样本数据、应用方法及软件说明

自2004年"国九条"发布以来，中国农产品期货市场经过两年多的发展，基本进入稳定发展期，用2007年以后的数据进行研究，结果比较可靠。因此本研究选取这两个品种自2007年1月5日到2010年9月21日共187个周数据，其中的期货数据来自于易盛信息提供的交易所交易数据，现货数据来自于易盛信息数据库。将对应日期的主力合约收盘价连接成主力合约价格序列，对应的近交割月合约收盘价连接成近交割月价格序列，以2010年9月21日为例，棉花和豆一期货主力合约价格为2011年5月到期的1105合约当日收盘价，近交割月合约则为2010年11月到期的1011合约当日收盘价，对应的棉花现货价格为作为基准交割品的328冀鲁豫棉花现货价格，豆一现货为大连港的3级油用大豆现货价格。

本书主要是对主力合约和近交割月合约套期保值效果进行比较研究，利用协整关系检验，OLS和ECM模型等计量方法，使用Eviews软件取得实证结果。

协整关系检验用E - G两步法来完成（高勇，2008），首先将原始价格序列取对数值，对所得的序列及其差分序列进行单位根ADF检验，如果它们不是同阶单整的，则无须往下进行，所研究的序列之间无协整关系；如果它们是同阶单整的，就进行下一步检验，将所得到的对数序列做如下OLS回归：

$$S_t = a + bF_t + u_t \qquad (10.1)$$

其中S_t、F_t分别为玉米现货和期货价格的对数值，u_t是残差项。

对得到的残差序列u_t进行单位根ADF检验，如果可以拒绝它存在单位根的假设，则说明对应的期货价格和现货价格具有协整关系。

如果对应的期货价格和现货价格不具有协整关系，则可对所得序列的差分序列进行OLS回归分析直接确定最优的套期保值比率。回归方程如下：

$$\Delta S_t = \alpha + \beta \Delta F_t + \varepsilon_t \qquad (10.2)$$

（10.2）式中的β值就是最优套期保值比率。

如果对应的期货价格和现货价格具有协整关系，则不能用 OLS 回归分析。需要做如下包含误差修正项的误差修正项模型（ECM）的估计：

$$\Delta S_t = \rho u_{t-1} + \beta \Delta F_t + \sum_{i=1}^{m} \delta_i \Delta F_{t-i} + \sum_{j=1}^{n} \theta_i \Delta S_{t-j} + e_t \qquad (10.3)$$

其中 S_t、F_t 分别为玉米现货和期货价格的对数值，Δ 为差分算子，u_t 是（10.1）式中 OLS 回归中的残差项，（10.3）式中的 β 值就是最优套期保值比率。

套期保值效果计算根据高勇（2008）的方法来实现，得到最优套期保值比率后，进一步根据埃德林顿（Ederington，1979），利用如下公式，

$$H_e = [\mathrm{Var}(U_t) - \mathrm{Var}(H_t)] / \mathrm{Var}(U_t) \qquad (10.4)$$

求得对应的套期保值效果。其中，

$$\mathrm{Var}(U_t) = \mathrm{Var}(\Delta \ln S_t) = \mathrm{Var}(\ln S_t - \ln S_{t-1}) \qquad (10.5)$$

表示现货收益率序列的方差。

$$\mathrm{Var}(H_t) = \mathrm{Var}(\Delta \ln S_t) + h_t^2 \mathrm{Var}(\Delta \ln F_t) - 2h_t \mathrm{Cov}(\Delta \ln S_t, \Delta \ln F_t) \qquad (10.6)$$

表示按最优套期保值比率进行套保的资产组合收益率的方差。

$$H_t = \Delta \ln S_t + h_t \Delta \ln F_t \qquad (10.7)$$

表示对应的资产收益率组合，h_t 为最优套期保值比率。

本书中对主力合约和近月合约套期保值效果的计算方法是完全一样的，差别就在于期货价格序列分别由主力合约价格和近月合约价格连接而成。

10.3.2 实证检验结果

将主力合约价格、近月合约价格和现货价格序列取对数，然后对所得序列采用 E - G 两步法进行协整检验，以确定采用适当的测度套期保值效果的方法。

首先对价格对数序列进行 ADF 检验，结果如表 10 - 3 - 1 所示。

表 10 - 3 - 1　　　　　　　　棉花和大豆期货、现货价格序列的 ADF 检验

品种	数据	t - 统计量	单侧 P 值	t - 临界值
Z C E 棉花	主力合约	1.109471	0.9975	- 3.465585 ***
				- 2.876927 **
	近月合约	1.730275	0.9997	- 2.575051 *
	现货	0.448680	0.9845	- 3.465780 ***
				- 2.877012 **
				- 2.575097 *

品种	数据	t－统计量	单侧 P 值	t－临界值
D C E 豆 一	主力合约	－2. 173754	0. 2167	－3. 465585 ***
	近月合约	－2. 185428	0. 2124	－2. 876927 **
				－2. 575051 *
	现货	－2. 247806	0. 1903	－3. 465780 ***
				－2. 877012 **
				－2. 575097 *

注：ΨΨΨ 、ΨΨ 、Ψ 分别表示 1% 、5% 和 10% 的显著性水平。

表 10 − 3 − 1 显示，不论 ZCE 棉花，还是 DCE 豆一，其期货主力合约、近月合约及现货价格序列，它们的 ADF 检验 t－统计量的绝对值均小于临界值的绝对值，因此不能拒绝它们存在单位根的原假设，而应该认为它们是非平稳的。

表 10 − 3 − 2 显示，对于上述各序列的一阶差分序列，ADF 检验的 t－统计量的绝对值均大于临界值的绝对值，因此应拒绝它们存在单位根的假设，认为它们是平稳的。综合表 10 − 3 − 1 和表 10 − 3 − 2，ZCE 棉花和 DCE 豆一主力合约、近月合约及现货价格序列均为一阶单整的。

表 10 − 3 − 2　　　　棉花和大豆期货、现货价格一阶差分序列的 ADF 检验

品种	数据	t－统计量	单侧 P 值	t－临界值
Z C E 棉 花	主力合约	－11. 24392	0. 0000	－3. 465780 ***
	近月合约	－10. 82770	0. 0000	－2. 877012 **
	现货	－5. 577162	0. 0000	－2. 575097 *
D C E 豆 一	主力合约	－13. 67646	0. 0000	－3. 465780 ***
	近月合约	－12. 58204	0. 0000	－2. 877012 **
	现货	－9. 326985	0. 0000	－2. 575097 *

注：ΨΨΨ 、ΨΨ 、Ψ 分别表示 1% 、5% 和 10% 的显著性水平。

分别对主力合约和现货价格、近月合约和现货价格做 OLS 回归，得到其对应的残差序列，再对残差序列进行 ADF 检验，得到表 10 − 3 − 3。

表 10 − 3 − 3　　　　现货、期货价格回归残差序列的 ADF 检验

品种	OLS 回归残差	t－统计量	单侧 P 值	t－临界值
Z C E 棉 花	主力合约和现货价格	－3. 016944	0. 0351	－3. 465585 ***
				－2. 876927 **
	近月合约和现货价格	－4. 1629876	0. 0010	－2. 575051 *

续表

品种	OLS 回归残差	t – 统计量	单侧 P 值	t – 临界值
D C E 豆 一	主力合约和现货价格	– 3. 178374	0. 0229	– 3. 465585 ***
	近月合约和现货价格	– 4. 339802	0. 0005	– 2. 876927 **
				– 2. 575051 *

注: *** 、** 、* 分别表示 1% 、5% 和 10% 的显著性水平。

由表 10 – 3 – 3 可以看到, 不管是 ZCE 棉花, 还是 DCE 豆一, 对于主力合约和现货价格 OLS 回归后得到的残差序列, 在 5% 的显著性水平上其 ADF 检验的 t – 统计量的绝对值大于临界值的绝对值, 对于近月合约和现货价格 OLS 回归后得到的残差序列, 在 1% 的显著性水平上其 ADF 检验的 t – 统计量的绝对值大于临界值的绝对值, 因此应拒绝它们存在单位根的假设, 认为它们是平稳的。

综合以上三个检验, 可以认为, 不管是 DCE 豆一, 还是 ZCE 棉花期货, 它们的主力合约、近月合约都和对应的现货价格存在协整关系, 注意到其残差序列 ADF 检验的不同显著性水平, 可以在某种程度上认为, 近月合约和现货价格的协整关系比主力合约和现货价格的协整关系更稳定。

利用高勇 (2008) 和周 (Chou, 1996) 的研究, 得到误差修正模型 (ECM) 结果如表 10 – 3 – 4 ～ 表 10 – 3 – 7 所示。

表 10 – 3 – 4　棉花现货价格和 ZCE 棉花期货主力合约价格的 ECM 结果

变量	系数	标准误	t – 统计量	P 值
$F_d - F_d(-1)$	0. 183061	0. 027824	6. 579324	0. 0000
$R_1(-1)$	– 0. 034787	0. 013117	– 2. 652112	0. 0087
$S(-1) - S(-2)$	0. 572864	0. 054003	10. 60794	0. 0000
$F_d(-1) - F_d(-2)$	0. 064606	0. 031513	2. 050174	0. 0418
C	0. 000605	0. 000617	0. 980019	0. 3284
R^2	0. 578059	F 统计量		61. 64989
调整的 R^2	0. 568682	F 统计量的 P 值		0. 000000

表 10 – 3 – 5　棉花现货价格和 ZCE 棉花期货近月合约价格的 ECM 结果

变量	系数	标准误	t – 统计量	P 值
$F_n - F_n(-1)$	0. 245898	0. 027969	8. 791932	0. 0000
$R_2(-1)$	– 0. 094967	0. 021738	– 4. 368741	0. 0000

续表

变量	系数	标准误	t - 统计量	P 值
$S(-1) - S(-2)$	0.467125	0.051762	9.024417	0.0000
$F_n(-1) - F_n(-2)$	0.086304	0.035206	2.451434	0.0152
C	0.000624	0.000556	1.122897	0.2630
R^2	0.660394	F 统计量		87.50633
调整的 R^2	0.652847	F 统计量的 P 值		0.000000

表 10 - 3 - 6　大豆现货价格和 DCE 豆一期货主力合约价格的 ECM 结果

变量	系数	标准误	t - 统计量	P 值
$F_d - F_d(-1)$	0.290035	0.042723	6.788795	0.0000
$R_1(-1)$	- 0.006691	0.021278	- 0.314447	0.7535
$S(-1) - S(-2)$	0.226459	0.070764	3.200218	0.0016
$F_d(-1) - F_d(-2)$	0.079287	0.046392	1.709056	0.0892
C	0.000781	0.001376	0.567503	0.5711
R^2	0.336428	F 统计量		22.81479
调整的 R^2	0.321682	F 统计量的 P 值		0.000000

表 10 - 3 - 7　大豆现货价格和 DCE 豆一期货近月合约价格的 ECM 结果

变量	系数	标准误	t - 统计量	P 值
$F_n - F_n(-1)$	0.385513	0.042029	9.172459	0.0000
$R_2(-1)$	0.055813	0.033250	1.678592	0.0950
$S(-1) - S(-2)$	0.253367	0.070046	3.617132	0.0004
$F_n(-1) - F_n(-2)$	0.084653	0.049760	1.701230	0.0906
C	0.000477	0.001290	0.369909	0.7119
R^2	0.415757	F 统计量		32.02277
调整的 R^2	0.402774	F 统计量的 P 值		0.000000

　　表 10 - 3 - 4 和表 10 - 3 - 5 分别为棉花现货价格和 ZCE 棉花期货主力合约与近月合约的 ECM 结果，表 10 - 3 - 6 和表 10 - 3 - 7 则为豆一现货价格和 DCE 豆一期货主力合约与近月合约的 ECM 结果。其中，S 表示现货价格，F_d 和 F_n 分别表示主力合约和近月合约价格。表 10 - 3 - 4 显示，在现货价格和主力合约价格的误差修正模型中，主力合约价格差分项的系数为 0.183061，t 统计量和 P 值表明该系数显著不为 0，F 值和对应的 P 值表明该误差修正模型整体显著。根据周 (Chou，1996) 的研究，可知 ZCE 棉花期货主力合约套期保值比率为 0.183061。同样的，由表 10 - 3 - 5、表 10 - 3 - 6 和表 10 - 3 - 7 可知，ZCE 棉花期货近月合

约、DCE 豆一期货主力合约和 DCE 豆一期货近月合约的套期保值比率分别为
0.245898、0.290035 和 0.385513。

利用 Eviews 软件，得到 ZCE 棉花、DCE 豆一主力合约和现货价格收益率序
列的协方差矩阵：

$$A_1 = \begin{pmatrix} 0.000155 & 0.000114 \\ 0.000114 & 0.000496 \end{pmatrix} \quad A_2 = \begin{pmatrix} 0.018059 & 0.019668 \\ 0.019668 & 0.026759 \end{pmatrix}$$

及 ZCE 棉花、DCE 豆一近月合约和现货价格收益率序列的协方差矩阵：

$$A_3 = \begin{pmatrix} 0.000155 & 0.000127 \\ 0.000127 & 0.000398 \end{pmatrix} \quad A_4 = \begin{pmatrix} 0.028144 & 0.026475 \\ 0.026475 & 0.026759 \end{pmatrix}$$

进一步根据（10.3）式、（10.4）式、（10.5）式和（10.6）式，可以得到
对应的套期保值效果 $H_{1e} = 16.20\%$，$H_{3e} = 36.96\%$，$H_{2e} = 24.77\%$ 和 $H_{4e} = 60.65\%$。即与不进行套期保值相比，棉花企业利用 ZCE 棉花期货主力合约进行
套期保值可以减少 16.20% 的风险，而利用 ZCE 棉花期货近月合约进行套期保值
可以减少 24.77% 的风险；大豆企业利用 DCE 棉花期货主力合约进行套期保值可
以减少 36.96% 的风险，而利用 DCE 豆一期货近月合约进行套期保值可以减少
60.65% 的风险。可以看出，不管是 ZCE 棉花，还是 DCE 豆一，利用近月合约进
行套期保值的效果要远远好于利用主力合约进行套期保值。

从研究结果来看，尽管 ZCE 棉花期货和 DCE 豆一期货的近月合约套期保值
效果明显优于主力合约套期保值效果，然而这四个套期保值效果都比较低，利用
近月合约的套期保值效果 ZCE 棉花仅为 24.77%、DCE 豆一为 60.65%，而利用
主力合约的套期保值效果仅为 16.20% 和 36.96%，与理想的套期保值效果还有
不小的差距，因为现有很多研究表明，国外成熟的农产品期货市场，套期保值效
果都在 90% 以上（高勇，2008）。对比美国期货市场近月合约和主力合约重合这
一事实，可以想见，中国 ZCE 棉花和 DCE 豆一期货套期保值效果不够理想的一
个原因是近月合约和主力合约的偏离，因此应深入探究造成这一状况的原因，进
一步改善这一状况，以利于产业企业更好地利用中国农产品期货市场进行套期保
值，进一步发挥农产品期货市场服务实体经济的功能。

利用同样的方法，可以得到白糖、铜、玉米的套期保值效率，见表 10-3-8。

表 10-3-8　　　　铜、白糖、玉米的主力合约、近月合约套期保值比率与效果

品种	合约	比率 R	效果 E
铜	主力合约	0.8772	0.9877
	近月合约	0.9520	0.9946

品种	合约	比率 R	效果 E
白糖	主力合约	0.5285	0.6842
	近月合约	0.5925	0.8359
玉米	主力合约	0.0868	0.1001
	近月合约	0.2116	0.3415

资料来源：根据易盛数据库数据计算得出。

10.4 原因思考及建议

10.4.1 主力合约和近月合约套期保值效果比较及原因思考

书中套期保值比率的意义是与套期保值的现货对应的期货比例，如需要100万吨现货，则就在期货市场进行买期套保，头寸为现货头寸的对应比例。套期保值效果是指与不进行套期保值相比，进行期货套期保值的风险减少程度，数值越大，说明风险减少越多，套期保值效果越好。从合约角度来看，所有品种的近月合约套期保值效果均优于主力合约，但农产品期货的套期保值效果较低，远低于发达期货市场（美国等发达期货市场的套期保值效果一般都在90%以上）。从某种意义上说，一方面目前中国商品期货交易投机（资）性大于避险性，另一方面也可能说明期货套期保值者对期货市场存在一定的错误认识，没有认识到单从套期保值角度讲，近月合约要优于主力合约这一事实，其实际做法与理论研究得到的结果有出入，考虑到国际先进期货市场近月合约和远月合约基本重合，而套期保值效果较好这一事实，可以想见，近月合约和主力合约的偏离可能会对期货市场功能的发挥造成不良影响。导致这种状况的原因可能有两个方面：

（1）制度安排。中国期货市场在建设之初，由于监管不到位等诸多原因，造成一哄而上盲目发展的局面，使得期货市场没能发挥应有的作用，其后管理层实施了较为严厉的风险控制管理措施，经过治理整顿，市场得到稳定、快速的发展，可以说这一系列的措施在当时那个阶段是很有成效的，很好地保证了对期货市场的健康发展，期货市场年成交额从2003年首次突破10万亿元，到2010年突破300万亿元，期货市场进入了从量的扩张到质的提升的关键时期。这些风险控制管理措施在交易制度安排方面主要包括保证金制度、涨跌停板制度、限仓制度、大户报告制度、强行平仓制度和风险警示制度。其中近交割月和交割月保证金与普通月份相比有较大提高，提高了期货交易者在近交割月和交割月的交易成本，期货交易者出于交易成本方面的考虑，会降低近交割月和交割月持仓，而建仓远月合约。

（2）投资者不够成熟。期货是一种金融衍生品，作为金融产品的高级形态，必须具备一定的专业知识，不像股票那样容易操作，发达国家的期货市场建立在发达的现货市场基础之上，产生于现货企业的需求之中，因此发达期货市场的参与者都对期货有深刻的理解。与发达国家不同，中国期货市场是为促进市场经济发展而建立起来的，是建立在计划经济基础之上的，相当一部分现货企业对期货一知半解，甚至一无所知，真正既懂期货、又懂现货的人才比较匮乏，产业链企业参与期货交易的比例较低，这种状况使得市场上羊群效应比较明显，加之出于风险监管考虑的制度安排，使得期货参与者进入近交割月就开始大幅减仓。

10.4.2 不同品种的套期保值效果比较及原因思考

从品种角度来看，不同品种的套期保值效果不同，以近月合约为例，在所研究的五个品种中，铜最好，高达 99%，其他依次为白糖（84%）、豆一（61%）、玉米（34%）和棉花（25%），农产品期货的套期保值效果低于工业品。导致这种状况的原因可能有两个方面：

（1）现货定价方式的不同。以上海铜为代表的有色金属产业，由于工业化、市场化程度比较高，参与期货的程度也较高，因此期货价格影响现货价格，如铜企业的现货定价基本上是点价模式，亦即现货价格是以期货价为基准加上升贴水得到的，因此得到的现货价格数据和期货数据的相关性很强，套期保值效果就非常好。农产品的相关企业市场化程度比较低，期货市场对现货市场的影响也较小，现货的定价主要是大的供应商和需求商协议定价，并且由于农产品（小麦、玉米）在国计民生中的重要地位，国家还有一定的政策约束，现货价格不是完全的市场价格，因此农产品现货市场和期货价格相关性不强，基于期货和现货关系基础之上研究套期保值效果就比较差。

（2）不同品种的供求特性。农产品的供应量主要受两个因素影响：种植面积和天气状况，在作物收获以后，市场上全年的供应量就决定了，其价格受供求关系的影响相对要小，正常情况下现货价格波动也相对较小，和期货的联动性也没有工业品那么强。另外，由于我国地域辽阔，农产品产区比较多，收获时期差异和运输成本等原因，造成我国的农产品现货市场比较分散，难以形成规模，并且价格之间相关性不强，也没有一个代表性的现货价格，而期货价格包含的信息较多，这也造成期货和现货价格较差的联动性。工业品处于不断地生产之中，供求关系随时都会发生变化，现货价格波动比较频繁和期货的联动性也较强。

10.4.3　若干改进措施

（1）制度调整。中国乃至世界期货发展的历史表明，只有在有效的风险管理之下，期货市场才能实现健康发展。同时，风险管理的方法、手段应随着市场的发展和风险管理技术的提高而不断优化，没有一劳永逸的风险管理手段。我国现有的期货市场风险管理制度自 1998 年以来没有做过修改，如今期货市场已经发生了很大的变化，应该考虑在风险可控的前提下，对某些制度，尤其是可能造成近月合约和主力合约偏离的保证金制度进行调整，参考国际经验，可以在持仓限制和持仓报告方面进行严格管理，就好像是证券市场的信息披露制度一样，将会极大促进期货市场功能的发挥。

（2）投资者教育。研究结果表明，近月合约的套期保值效果优于主力合约，但目前的期货市场却是近交割月极不活跃，说明投资者对期货市场认识不够，尽管经过这么多年，投资者的成熟度有了很大的提高，但由于期货自身的复杂性，在今后一个相当长的时期，投资者教育仍是一个很重要的工作，同时需要相关研究机构加大对中国期货市场的研究，并将研究成果传达给投资者，这是期货市场功能发挥的有力保障。

（3）现货市场的建设。从铜期货和其他农产品期货的比较来看，我国农产品现货市场的不发达，是阻碍期货市场功能发挥的一个重要因素，中国应加大投入建设规范、高效、具有辐射力的现货市场，搭建期货市场和现货的桥梁，促使二者共同发展，为现货企业积极参与期货交易创造条件。

第 11 章

结论与展望

11.1 主要工作与创新点

本研究在期货功能理论研究概述与回顾的基础上，对功能发挥评价指标进行层次上的梳理，探究它们的含义和计算方法，并对郑州商品交易所 7 个期货品种的指标进行计算及功能发挥状况对比，结合现实的市场状况来深入理解各个评价指标的作用，然后尝试性地提出一个简化的功能评估指标体系。接着对中国期货市场的一个特殊现象，主力合约和近月合约偏离进行研究，对主力合约和近月合约的套期保值效果进行比较研究。

具体而言，本研究主要做了以下几个工作，得到了以下结果：

（1）指标层次的梳理。将 100 多个指标，分为基础性指标（不需要复杂计算的指标）和功能性指标（需要特别的计算和专门的计量模型）。其中基础性指标分为期货、现货基本情况、市场流动性和市场行为四个方面。功能性指标分为套期保值和价格发现两个方面。

（2）客观评估中国期货市场的指标体系的建立。对上百个指标含义进行深入研究，分析不同期货品种的相关数据，对基本功能的评估则需要用到 Cointegration test、Granger – Causality test、GARCH 模型、ECM 模型等经济计量方法，数据的处理需要用到 Eviews 和 Matlab 等软件来实现。根据对不同品种的评估分指标的分析，确定出指标体系及各指标的标准值。建立的指标体系分为五个部分、十八项指标，可比较的指标 11 项。

（3）对郑州商品交易所七个上市品种进行评估。根据前面研究结果和给定的标准值，按指标给不同的品种以相应的分值，分项指标的权重相同，七个品种分为优、中、差三类，对应的分值为 3、2、1。将所得的分值加总，然后进行排名，分值越高说明市场功能发挥状况越好。按照这种规则对七个品种 2009 年和

2010 年的功能发挥状况进行评估，结果基本与这两年的市场状况相吻合。

（4）我国期货市场特有的主力合约与近月合约分离现象的研究。从这一现象的现状、原因到其对套期保值效率的影响，都进行了研究。研究发现：主力合约和近月合约分离是中国期货市场的普遍现象；利用近月合约套期保值效果要优于主力合约；目前企业持有较多的远月合约而持有极少比例的近月合约；这不利于期货市场套期保值功能的发挥。

11.2 研究展望

本研究结合我国期货市场发展的实际状况，对中国期货市场功能发挥及其影响因素这一根本问题进行深入研究，得到了一些有意义的结果。但由于时间、精力和资料收集的难度所限，本文的研究还有一些需要继续深入研究的部分：

（1）本研究提出了评估指标的几个原则，具有很强的可操作性和实践意义。我们知道评估指标的选取是一个进益求精的过程，随着数据的积累和市场的发展，可用于评估的指标必将越来越完善。这应该是一个有意义的研究方向。

（2）由于诸多限制，本研究对影响期货市场功能发挥的诸多因素只选取了其中最为急迫、最具技术性、最有中国特色的主力和近月合约这一因素进行研究，其他因素没有做详细分析，对其他因素的研究也将是一个很有意义的研究方向。

参 考 文 献

[1] Anderson R W, Danthine J P. The time pattern of hedging and the volatility of futures prices [J]. Review of Economic Studies. 1983, 50 (161): 249 – 266.

[2] Arago V, Izquierdo A F. Optimal hedging and the investment horizon length: the decomposition model [J]. Derivatives Use, Trading & Regulation. 2001, 7 (1): 23 – 36.

[3] Baillie R T, Myers R J. Bivariate garch estimation of the optimal commodity futures hedge [J]. Journal of Applied Econometrics. 1991, 6 (2): 109 – 124.

[4] Benet B A. Hedge period length and ex-ante futures hedging effectiveness: the case of foreign-exchange risk cross hedges [J]. Journal of Futures Markets. 1992, 12 (2): 163 – 175.

[5] Bollerslev T. Generalized autoregressive conditional heteroskedasticity [J]. Journal of Econometrics. 1986, 31 (3): 307 – 327.

[6] Bos T, Newbold P. An empirical investigation of the possibility of stochastic systematic risk in the market model [J]. Journal of Business. 1984, 57 (1): 35 – 41.

[7] Briys E, Schlesinger H. Optimal hedging when preferences are state dependent [J]. Journal of Futures Markets. 1993, 13 (5): 441 – 451.

[8] Broll U, Wong K P. Optimal full-hedging under state-dependent preferences [J]. Quarterly Review of Economics & Finance. 2002, 42 (5): 937.

[9] Brown S L. The reformulation of the portfolio model of hedging [J]. American Journal of Agricultural Economics. 1985, 67 (3): 508.

[10] Carter C A. Commodity futures markets: a survey [J]. Australian Journal of Agricultural & Resource Economics. 1999, 43 (2): 209 – 247.

[11] Cecchetti S G, Cumby R E, Figlewski S. Estimation of the optimal futures hedge [J]. Review of Economics & Statistics. 1988, 70 (4): 623 – 630.

[12] Chambers R G, Quiggin J. Separation and hedging results with state-contingent production [J]. Economica. 1997, 64 (254): 187 – 209.

[13] Chen, S S, Lee, C F, Shrestha K. On a mean-generalized semivariance

approach to determining the hedge ratio [J]. Journal of Futures Markets. 2001: 581 – 598.

[14] Chen S S, Lee C, Shrestha K. Futures hedge ratios: a review [J]. Quarterly Review of Economics & Finance. 2003, 43 (3): 433 – 465.

[15] Cheung C S, Kwan C C Y, Yip P C Y. The hedging effectiveness of options and futures: a mean-gini approach [J]. Journal of Futures Markets. 1990 (10): 61 – 74.

[16] Chou W L, Fan K K, Lee C F. Hedging with the nikkei index futures: the conventional model versus the error correction model [J]. Quarterly Review of Economics and Finance. 1996 (36): 495 – 505.

[17] Choudhry T. The hedging effectiveness of constant and time-varying hedge ratios using three pacific basin stock futures [J]. International Review of Economics & Finance. 2004, 13 (4): 371 – 385.

[18] Collins R A. Toward a positive economic theory of hedging [J]. American Journal of Agricultural Economics. 1997, 79 (2): 488.

[19] Dale C. The hedging effectiveness of currency futures markets [J]. Journal of Futures Markets. 1981, 1 (1): 77 – 88.

[20] Danthine J P. Information, futures prices, and stabilizing speculation [J]. Journal of Economic Theory. 1978, 17 (1): 79.

[21] Dickey D A, Fuller W A. Distribution of the estimators for autoregressive time series with a unit root [J]. Journal of the American Statistical Association. 1979, 74 (366): 427 – 431.

[22] Ederington L H. The hedging performance of the new futures markets [J]. Journal of Finance. 1979, 34 (1): 157 – 170.

[23] Ederington L H, Salas J M. Minimum variance hedging when spot price changes are partially predictable [J]. Journal of Banking & Finance. 2008, 32 (5): 654 – 663.

[24] Elliott G, Rothenberg T J, Stock J H. Efficient tests for an autoregressive unit root [J]. Econometrica. 1996, 64 (4): 813 – 836.

[25] Engle R F. Autoregressive conditional heteroscedasticity with estimates of the variance of united kingdom inflation [J]. Econometrica. 1982, 50 (4): 987 – 1007.

[26] Engle R F, Granger C W. Co-integration and error correction: representation, estimation and testing [J]. Econometrica. 1987, 55 (2): 251 – 276.

[27] Feder G, Just R E, Schmitz A. Futures markets and the theory of the firm

under price uncertainty [J]. Quarterly Journal of Economics. 1980, 94 (2): 317 – 328.

[28] Figlewski S T. Hedging performance and basis risk in stock index futures [J]. Journal of Finance. 1984, 39 (3): 657 – 669.

[29] Gagnon L, Lypny G. Hedging short-term interest risk under time-varying distributions [J]. Journal of Futures Markets. 1995, 15 (7): 767 – 783.

[30] Geppert J M. A statistical model for the relationship between futures contract hedging effectiveness and investment horizon length [J]. Journal of Futures Markets. 1995, 15 (5): 507 – 536.

[31] Ghosh A. The hedging effectiveness of ecu futures contracts: forecasting evidence from an error correction model [J]. Financial Review. 1995, 30 (3): 567 – 581.

[32] Gordon M, Bodnar G S, Hayt. 1998 wharton survey of financial risk management by us non-financial firms [J]. Financial management. 1998, 27 (4): 70 – 91.

[33] Grammatikos T, Saunders A. Stability and the hedging performance of foreign currency futures [J]. Journal of Futures Markets. 1983, 3 (3): 295 – 305.

[34] Granger C W, Newbold P. Spurious regressions in econometrics [J]. Journal of Econometrics. 1974, 2 (2): 111 – 120.

[35] Hammer J A. Hedging performance and hedging objectives: tests of new performance measures in the foreign currency market [J]. Journal of Financial Research. 1990, 13 (4): 307 – 323.

[36] Hayenga M L, Dipietre D D. Cross-hedging wholesale pork products using live hog features [J]. American Journal of Agricultural Economics. 1982, 64 (4): 747 – 751.

[37] Hill, J Schneeweis T. The hedging effectiveness of currency futures [J]. The Journal of Financial Research. 1982, V (1): 95 – 104.

[38] Hill J, Schneeweis T. A note on the hedging effectiveness of foreign currency futures [J]. Journal of Futures Markets. 1981, 1 (4): 659 – 664.

[39] Ho T S. Intertemporal commodity futures hedging and the production decision [J]. Journal of Finance. 1984, 39 (2): 351 – 376.

[40] Holthausen D M. Hedging and the competitive firm under price uncertainty [J]. American Economic Review. 1979, 69 (5): 989 – 995.

[41] Howard C T, D'antonio L J. A risk-return measure of hedging effectiveness

[J]. Journal of Financial and Quantitative Analysis. 1984 (19): 101 – 112.

[42] Hsin, C. W., Kuo, J., Lee C F. A new measure to compare the hedging effectiveness of foreign currency futures versus options [J]. Journal of Futures Markets. 1994 (14): 685 – 707.

[43] Hylleberg S, Mizon G E. Cointegration and error correction mechanisms [J]. Economic Journal. 1989, 99 (395): 113 – 125.

[44] Johansen S. Estimation and hypothesis testing of cointegration vectors in gaussian vector autoregressive models [J]. Econometrica. 1991, 59 (6): 1551 – 1580.

[45] Johnson L. The theory of hedging and speculation in commodity futures [J]. Review of Economic Studies. 1960, 27 (72): 139 – 151.

[46] Johnson L J, Walther C H. New evidence of the effectiveness of portfolio hedges in currency forward markets [J]. Management International Review. 1984, 24 (2): 15 – 23.

[47] Junkus J C, Lee C F. Use of three index futures in hedging decisions [J]. Journal of Futures Markets. 1985 (5): 201 – 222.

[48] Kahl K H. A reformulation of the portfolio model of hedging: comment [J]. American Journal of Agricultural Economics. 1986, 68 (4): 1007.

[49] Karp L S. Methods for selecting the optimal dynamic hedge when production is stochastic [J]. American Journal of Agricultural Economics. 1987, 69 (3): 647 – 657.

[50] Kit P W. Hedging, liquidity, and the competitive firm under price uncertainty [J]. Journal of Futures Markets. 2004, 24 (7): 697 – 706.

[51] Kolb, R W, Okunev J. Utility maximizing hedge ratios in the extended mean gini framework [J]. Journal of Futures Markets. 1993 (13): 597 – 609.

[52] Kolb R W, Okunev J. An empirical evaluation of the extended mean-gini coefficient for futures hedging [J]. Journal of Futures Markets. 1992 (12): 177 – 186.

[53] Kroner K F, Sultan J. Time-varying distributions and dynamic hedging with foreign currency futures [J]. Journal of Financial & Quantitative Analysis. 1993, 28 (4): 535.

[54] Kwiatkowski, D Phillips, P Schmidt, P and Shin Y. Testing the null hypothesis of stationarity against the alternative of a unit root [J]. Journal of Economics. 1992 (54): 159 – 178.

[55] Lapan H, Moschini G. Futures hedging under price, basis, and production risk [J]. American Journal of Agricultural Economics. 1994, 76 (3): 465.

[56] Laws J, Thompson J. Hedging effectiveness of stock index futures [J]. European Journal of Operational Research. 2005, 163 (1): 177 – 191.

[57] Lence S H, Hayes D J. The empirical minimum-variance hedge [J]. American Journal of Agricultural Economics. 1994, 76 (1): 94.

[58] Lien D, Tse Y K. Some recent developments in futures hedging [J]. Journal of Economic Surveys. 2002, 16 (3): 357 – 396.

[59] Lien D. Cointegration and the optimal hedge ratio: the general case [J]. Quarterly Review of Economics & Finance. 2004, 44 (5): 654 – 658.

[60] Lien D. State-dependent preferences and futures hedging: the effects of basis risk [J]. Pacific Economic Review. 2004, 9 (2): 143 – 149.

[61] Lien D. The use and abuse of the hedging effectiveness measure [J]. International Review of Financial Analysis. 2005, 14 (2): 277 – 282.

[62] Lien D. A note on the hedging effectiveness of garch models [J]. International Review of Economics & Finance. 2007, In Press, Corrected Proof: Preprint.

[63] Lien D. Statistical properties of post-sample hedging effectiveness [J]. International Review of Financial Analysis. 2007, 16 (3): 293 – 300.

[64] Lien D, Luo X. Estimating multiperiod hedge ratios in cointegrated markets [J]. Journal of Futures Markets. 1993, 13 (8): 909 – 920.

[65] Lien D, Shrestha K. Hedging effectiveness comparisons: a note [J]. International Review of Economics & Finance. 2008, 17 (3): 391 – 396.

[66] Lien D, Tse Y K. Hedging downside risk with futures contracts [J]. Applied Financial Economics. 2000, 10 (2): 163 – 170.

[67] Malliaris A G, Urrutia J L. The impact of the lengths of estimation periods and hedging horizons on the effectiveness of a hedge: evidence from foreign currency futures [J]. Journal of Futures Markets. 1991, 11 (3): 271 – 289.

[68] Marcus A J, Modest D M. Futures markets and production decisions [J]. Journal of Political Economy. 1984, 92 (3): 409 – 426.

[69] Martinez S W, Herring K D. Optimal dynamic hedging decisions for grain producers [J]. American Journal of Agricultural Economics. 1992, 74 (4): 879 – 888.

[70] Mckinnon R I. Futures markets, buffer stocks, and income stability for primary producers [J]. Journal of Political Economy. 1967, 75 (6): 844 – 855.

［71］ Miller S E. Simple and multiple cross-hedging of millfeeds ［J］. Journal of Futures Markets. 1985, 5 (1): 21 - 28.

［72］ Myers R J. Estimating time-varying optimal hedge ratios on futures markets ［J］. Journal of Futures Markets. 1991, 11 (1): 39 - 53.

［73］ Myers R J, Thompson S R. Generalized optimal hedge ratio estimation ［J］. American Journal of Agricultural Economics. 1989, 71 (4): 858 - 868.

［74］ Ng S, Perron P. Lag length selection and the construction of unit root tests with good size and power ［J］. Econometrica. 2001, 69 (6): 1519 - 1554.

［75］ Park T H, Switzer L N. Bivariate garch estimation of the optimal hedge ratios for stock index futures: a note ［J］. Journal of Futures Markets. 1995, 15 (1): 61 - 67.

［76］ Paroush J, Wolf A. Production and hedging decisions in the presence of basis risk ［J］. Journal of Futures Markets. 1989, 9 (6): 547 - 563.

［77］ Peck A E. Hedging and income stability: concepts, implications, and an example ［J］. American Journal of Agricultural Economics. 1975, 57 (3): 410 - 419.

［78］ Phillips P Y, Fuller W. Testing for a unit root in time series regression ［J］. Biometrika. 1988 (75): 335 - 346.

［79］ Rolfo J. Optimal hedging under price and quantity uncertainty: the case of a cocoa producer ［J］. Journal of Political Economy. 1980, 88 (1): 100 - 116.

［80］ Sakong Y, Hayes D J. Hedging production risk with options ［J］. American Journal of Agricultural Economics. 1993, 75 (2): 408.

［81］ Sandmo A. On the theory of the competitive firm under price uncertainty ［J］. American Economic Review. 1971, 61 (1): 65 - 73.

［82］ Sephton P S. Hedging wheat and canola at the winnipeg commodity exchange ［J］. Applied Financial Economics. 1993 (3): 67 - 72.

［83］ Stein J L. The simultaneous determination of spot and futures prices ［J］. American Economic Review. 1961, 51 (5): 1012 - 1025.

［84］ Stock J H, Watson M W. Testing for common trends. ［J］. Journal of the American Statistical Association. 1988, 83 (404): 1097 - 1107.

［85］ Tsay R, Tiao G. Asymptotic properties of multivariate nonstationary processes with applications to autoregressions ［J］. Annals of Statistics. 1990 (18): 220 - 250.

［86］ Vukina T, Li D. Hedging with crop yield futures: a mean-variance analysis

[J]. American Journal of Agricultural Economics. 1996, 78 (4): 1015.

[87] Wagner R. Risk management strategies for traders and processors [D]. North Dakota State University of Agriculture and Applied Science, 2001.

[88] Wilson W W, Nganje W E, Wagner R. Hedging strategies for grain processors [J]. Canadian Journal of Agricultural Economics. 2006, 54 (2): 311 – 326.

[89] Witt H J, Schroeder T C, Hayenga M L. Comparison of analytical approaches for estimating hedge ratios for agricultural commodities [J]. Journal of Futures Markets. 1987, 7 (2): 135 – 146.

[90] Yun W. Selective hedging strategies for oil stockpiling [J]. Energy Policy. 2006, 34: 3495 – 3504.

[91] Working H. New concepts concerning futures and prices [J]. American Economic Review. 1961, 51 (2): 160.

[92] 曹中红. 论传统行业规避风险的新思路 [J]. 现代商贸工业. 2008, 20 (2): 62 – 64.

[93] 陈裕稽. 期货实战——概率交易系统与反射系统 [M]. 中国金融出版社, 2005.

[94] 董科. 铝加工企业利用期市渐入佳境——珠三角铝下游企业套期保值考察 [J]. 有色金属再生与利用. 2006 (12): 28 – 29.

[95] 冯春山, 蒋馥, 吴家春. 石油期货套期保值套期比选取的研究 [J]. 系统工程理论方法应用. 2005 (02): 190 – 192.

[96] 甘正在. 农产品期货市场经济功能分析 [D]. 北京: 中国社会科学院研究生院, 2003.

[97] 高勇, 郭彦峰. 中国天然橡胶期货的套期保值比率与绩效研究 [J]. 工业技术经济. 2008, 27 (7): 158 – 161.

[98] 高勇, 黄登仕, 蒋玉石. 基于分解模型的多期限期货合约套期保值绩效研究 [J]. 统计与决策. 2008 (17): 125 – 128.

[99] 高勇、黄登仕, 魏宇. 中国铝期货的长期限合约套期保值比率与绩效研究 [J]. 软科学. 2008, 22 (3): 45 – 48.

[100] 高勇, 魏宇, 黄登仕. 中国燃料油期货的套期保值比率与绩效研究 [J]. 华东经济管理. 2008, 22 (4): 39 – 42.

[101] 何海海. 高铜价下涉铜企业套期保值业务探讨 [J]. 中国有色金属. 2007 (12): 70 – 71.

[102] 胡俞越, 刘仲元, 徐欣, 鲁静. 中国期货市场回顾与展望 [M]. 北京: 中国财政经济出版社, 2006: 24.

[103] 华仁海，陈百助．上海期货交易所铜、铝套期保值问题研究［J］．中国金融学．2004（5）：169－183．

[104] 华仁海，仲伟俊．期货市场套期保值理论述评［J］．经济学动态．2002（11）．

[105] 黄长征．期货套期保值决策模型研究［J］．数量经济技术经济研究．2004（07）．

[106] 江男．铜加工企业套期保值案例［J］．中国有色金属．2008（4）：68－69．

[107] 刘列励，严美艺．协整关系对期货套期保值率影响的实证研究［J］．北京理工大学学报（社会科学版）．2006（5）：72－74．

[108] 齐明亮．套期保值比率与套期保值的效绩——上海期铜合约的套期保值实证分析［J］．华中科技大学学报（社会科学版）．2004（2）：51－54．

[109] 沈开艳．中国期货市场运行与发展［M］．上海：学林出版社，2003．

[110] 汪炜，施建军．期货市场功能、业态及其国际化［M］．北京：经济科学出版社，2005：60－112．

[111] 王建．期货市场理论与实务［M］．北京：对外经济贸易大学出版社，1996：1－13．

[112] 王骏．中国期货市场基本功能的实证研究［D］．华中科技大学，2006．

[113] 王骏，张宗成．中国期货市场套期保值绩效实证研究［J］．证券市场导报．2005（11）．

[114] 王骏，张宗成，赵昌旭．中国硬麦和大豆期货市场套期保值绩效的实证研究［J］．中国农业大学学报．2005（4）．

[115] 王骏，张宗成．中国有色金属期货市场套期保值绩效的实证研究：2000～2004年［J］．中国地质大学学报（社会科学版）．2006（1）：46－51．

[116] 王赛德．套期保值期限、期货合约选择与最优套期保值比率——基于中国铜、铝期货市场的实证研究［J］．当代经济管理．2006（3）：100－103．

[117] 严太华，孟卫东，刘昱洋．铜和绿豆期货价格与现货价格协整关系的实证［J］．重庆大学学报（自然科学版）．2000，23（4）：115－119．

[118] 张茂．期货——财富永动机［M］．中国经济出版社，2005．

[119] 郑明川．最小风险套期保值比率方法［J］．系统工程理论与实践．1997（6）：132－135．

[120] 中国证监会．中国期货市场专题研究［M］．中国财政经济出版社，2000．

［121］中华人民共和国国务院．国务院关于推进资本市场改革开放和稳定发展的若干意见［Z］．北京：2004．

［122］曲德辉．尚福林：拓宽期货公司业务范围　促进期市质的提升［N］．期货日报．2010.9.21．

［123］崔利华，饶红浩，姜洋．期市在更高层次服务经济发展条件已具备［N］．期货日报．2010.11.8．

［124］曲德辉．理性看待商品上涨　鼓励企业期货避险［N］．期货日报．2010.11.9．

［125］矫月．棉价高涨倒逼纺织服装业洗牌［N］．证券日报．2010.11.9．

［126］高勇．中国玉米期货主力合约和近月合约套期保值效果研究［J］．价格理论与实践．2011（10）：64－65．

［127］高勇．中国农产品期货主力及近月合约套期保值效果研究［J］．金融理论与实践．2011（12）：19－22．

后　记

书稿终于完成，感慨万千！

我自感我的研究才刚刚起步，内容不够丰富，没想着要出书，因此这本书能够面世，首先要感谢河南财政税务高等专科学校的信任、厚爱及资助，没有这些，这本书也许就不会和大家见面。

本书的主体内容是我在博士和博士后期间的研究成果，感谢西南交通大学（博士阶段）、北京大学（博士后阶段）以及郑州商品交易所（博士后工作站）所有给予我无私关心、指导、帮助的老师和同学，在此不一一赘述。

感谢各位学者已有研究提供的基础。前人的成果从理论、思路、数据、资料、方法等各方面都具有启示或借鉴作用。本人在页脚注释和文后参考文献中，尽量对引用或参考过的成果作了一一说明，但难免挂一漏万，若有遗漏或注释不全、不准等情况，绝非本人故意为之，还请见谅。

衷心感谢我的父母、妻子和孩子，他们给了我最强有力的精神支持，使我得以尽最大可能地投入做这件事情。

最后，感谢生活给予我的一切！

作者

2014 年 12 月